BÓG

ŻYCIE I TWÓRCZOŚĆ

[Szymon Hołownia]

BÓG

ŻYCIE I TWÓRCZOŚĆ

WYDAWNICTWO ZNAK | KRAKÓW 2010

Projekt okładki oraz opracowanie typograficzne
Vavoq (Wojciech Wawoczny)

Fotografia autora na okładce
Albert Zawada/Agencja Gazeta

Opieka redakcyjna
Elżbieta Kot

Weryfikacja merytoryczna
dr Elżbieta Wiater

Korekta
Julita Cisowska
Barbara Gąsiorowska

Łamanie
Irena Jagocha

ISBN 978-83-240-1481-1 (oprawa broszurowa)
ISBN 978-83-240-1496-5 (oprawa twarda)

znak | Książki z dobrej strony: www.znak.com.pl
Społeczny Instytut Wydawniczy Znak, 30-105 Kraków, ul. Kościuszki 37
Dział sprzedaży: tel. (12) 61 99 569, e-mail: czytelnicy@znak.com.pl

Rodzicom i Kamili

[Dlaczego o Bogu?]

Bo w Kościele – i to mnie doprowadza do pasji – mówimy często o wszystkim, tylko nie o Nim. Chrześcijanie mają coraz większą wiedzę o katolickiej etyce seksualnej, nauce społecznej Kościoła, na bieżąco śledzą bardziej lub mniej wesołe przygody hierarchii. Gdyby jednak zapytać ich o źródło, o to, ze względu na Kogo się gromadzą, pojawiłyby się kłopoty. Jasne, wiemy i słyszymy sporo o Jezusie (bardziej szczegółowy test wykazałby, że był On przeciwko złym ludziom, a popierał dobrych). Ale co wiemy o Bogu Ojcu? A o Duchu Świętym? Coraz trudniej przychodzi mi cierpliwe słuchanie, że Trójca Święta to samotny Ojciec wychowujący Syna i wraz z Nim hodujący Gołębia. Mamy skarb. Zakopany w ogródku.

Byłbym intelektualnym i duchowym samobójcą, twierdząc, że uda mi się opisać Boga. Spróbuję jedynie przyjrzeć się kilku wybranym punktom z dziejów Jego relacji z tym światem. Poczekać na Niego, zobaczyć, jak przechodzi. Pamiętając, że – jak mówi Księga Wyjścia – „nikt nie może widzieć Boga i pozostać przy życiu". I że – jak pisał Lampedusa – „wiadro napełnione morską wodą nie jest morzem. Żeby poznać morze, trzeba się z nim zżyć, żeglować po nim, narażać się na rozbicie". Porzucić na chwilę kojącą myśl, że On stworzył nas na swój obraz i podobieństwo, a więc jest po prostu naszym wujkiem.

Przez kilkanaście lat świadomych zmagań z wiarą nauczyłem się już, że zamiast Go „przyszpilać", trzeba próbować Go poznać (co w biblijnym języku oznacza bardzo intymną relację). Z pełną premedytacją nie będę się więc bawił w tej książce w udowadnianie, że może jednak Bóg istnieje. W kręcenie intelektualnych bacików na tych wszystkich, których najwidoczniej coś w duszy strasznie męczy, bo pracują ciężko dniem i nocą, próbując znaleźć ten jeden jedyny dowód, który pokaże światu, że poza nami nie ma nic. Zamiast walczyć o laur w nieustającym Okręgowym Turnieju Tych, Co Stoją pod Drzwiami i Szukają Odpowiedzi na Pytanie, Czy Wejść, ja wolę zaryzykować, nawet jeśli banał tego zachowania miałby spotkać się z pogardą innych graczy. Zastrzegam – piszę z perspektywy człowieka wierzącego, ale bez pretensji do udowadniania komukolwiek czegokolwiek, choć z wyraźną pokusą, by zacytować kardynała Ratzingera, który nawiązując do słynnego zakładu Pascala, zadał pytanie za sto punktów: współczesny świat z taką pasją testuje hipotezę, że Boga nie ma, ale skoro wszystkie opcje są w grze, co strasznego by się stało, gdybyśmy zaczęli żyć tak, jak gdyby On był?

Od niewierzących słyszę czasem, że u wierzących drażniące jest to, że nie mają wątpliwości. Nie wiem, jak inni, ja je mam. Mało tego, odnoszę wrażenie, że „rozkręcanie się" wiary nie zmniejsza puli pytań, które jej się stawia, a z posuwaniem się na drodze wiary – paradoksalnie – będą rosnąć też i wątpliwości (które jednak niekoniecznie muszą już wtedy „wysadzać" wszystko w powietrze, są raczej jak budzik, z którym zmaga się maszynista, by nie zasnąć na trasie). Mój przyjaciel Marcin Prokop, czytający tę książkę przed drukiem, zwrócił mi uwagę, że argumenty wysuwane w sporach z cyklu „czy w ogóle jest Bóg, czy Go nie ma?" przez wojujących ateistów (choć zgrabniej byłoby nazwać ich „antyteistami") traktuję ze zniecierpliwieniem, ba – z poznawczą agresją. Głupio mi, ale to może być prawda. Czasem przesadnie ćwiczę na nich polemiczny temperament, bo ich postawa psuje całą zabawę, uniemożliwia „przetestowanie auta w trasie", każąc mi tkwić na starcie i debatować, czy nie jest ono tylko omamem. Powtarzam: wolę wyruszyć w drogę, na której czekają przeszkody, znacznie lepiej nadające się do tego, by mierzyć się z pytaniem o istnienie Absolutu. Nie wiem, dlaczego Bóg, choć jest wszechmocny, dopuszcza, by ludzie korzystali ze swojej wolności w sposób, w jaki zdarza im się to robić. Nie wiem, czy kiedykolwiek będę w stanie spójnie wytłumaczyć komuś, co Bóg chciał powiedzieć, prosząc Abrahama o zabicie syna. I to mimo że w obu wypadkach słyszałem setki mądrych, inspirujących, „uszczelniających" wyjaśnień (ukułem ten termin, słuchając teologów i kaznodziejów, którzy każdą wątpliwość natychmiast klajstrują stuprocentową pewnością, nie dopuszczając do kolejnych pytań – a to głupota, pytania Boga nie obrażają, jedyne, z czym trzeba uważać, to zbyt szybkie, na plus czy na minus, odpowiedzi).

Przyznaję, wybór kwestii, których chciałem dotknąć w tej książce, jest arbitralny. To nie religioznawcze kompendium czy autoryzowany przez Święte Oficjum wykład prawd wiary katolickiej. Pisałem o tym, co mnie samemu nie dawało spokoju, o czym sam chciałem się czegoś dziś dowiedzieć, pominąłem masę kwestii, które ktoś inny mógłby uważać za znacznie ważniejsze. Bardzo mało, jak na próbę „opisania" Boga, mówi się w tej książce o samym „mechanizmie zbawienia", rzeczy absolutnie fundamentalnej dla zrozumienia chrześcijaństwa. Na ten temat powstały przeogromne prace. Tu postanowiłem zatrzymać się krok wcześniej, „pomęczyć" rzecz od strony Jego natury, zobaczyć, jak to możliwe, że Bóg, który najpierw zabraniał ludziom tworzenia swoich wizerunków, nagle postanowił się wcielić. Narażając się na to, że dwadzieścia wieków później w każdej księgarni znajdzie się co najmniej dziesięć książek dowodzących, że co z Niego za Bóg, skoro jadł jak zuch – to jasne, że był raczej krzyżówką Kaszpirowskiego z biblistą.

Nie piszę wiele o Duchu Świętym, tej najbardziej niepojętej Osobie Trójcy Świętej, bo należy Mu się osobna biografia. W tej książce nie ma wiele tła – powszechnej historii rozwoju wierzeń religijnych ludzkości. Takie książki też już są, nierzadko znakomite (stąd rozbudowana bibliografia). Po co więc ta? Marzę, by stała się dla kogoś przynętą, *apetizerem*, który pomoże odkryć, że to, co wydawało mu się oklepane, jest fascynujące. Że językiem, którym Bóg komunikuje się z człowiekiem, jest cały nasz – niby to dobrze znany – świat, nie zaś jakieś cudowne wizerunki na szybach czy drzewach. Chciałbym też, by myśl ta stała się początkiem dalszej, znacznie ambitniejszej podróży.

Choć o tym, co czeka nas na mecie, też tutaj nie napiszę. Fakt, amatorska eschatologia to zawsze był mój konik (czemu próbowałem dać wyraz w *Tabletkach z krzyżykiem*). W tym czasie miałem jednak okazję odwiedzić katedrę pod wezwaniem Matki Bożej w Los Angeles. To, co tam zobaczyłem, sprawiło, że na razie nie mam w sobie ani słowa, ani myśli więcej. Po obu stronach nawy głównej zawieszono wielkie gobeliny (autorstwa Johna Navy) przedstawiające setki świętych, którzy wpatrując się w ołtarz, idą w jego stronę. Mają współczesne twarze, takie, jakie moglibyśmy zobaczyć na ulicy, ale widać, że są już przemienieni, promieniejący (nie głupkowato uśmiechnięci), że niezależnie od tego, co spotkało ich w życiu, teraz mają już szaty wybielone we krwi Baranka. Wypłukane ze wszystkich sensów poza Jednym. Jak to zrobić, by jakoś niepostrzeżenie wmieszać się w ten tłum? Iść w stronę ołtarza. Bo to tam jest cały Bóg i całe kompendium wiedzy o Nim.

W Psalmie 139 czytam: „choć jeszcze nie ma słowa na języku, Ty, Panie, już znasz je w całości". Stąd wnoszę, że Bóg z pewnością ma niezły ubaw, patrząc na tę o Nim książeczkę. Śmieje się również ze mnie. Odtąd najbardziej dotkliwym dowodem na Jego istnienie będzie dla mnie uczucie, które towarzyszyło mi przy każdej kolejnej stronie tej książki. Bóg po prostu musi istnieć, skoro aż tak bardzo nie da się Go opisać. Na IV Soborze Laterańskim (wiek XIII) błyskotliwie stwierdzono, że między nami a Bogiem „nie ma takiego podobieństwa, żeby niepodobieństwo nie było jeszcze większe." Dziś rozumiem teologów apofatycznych, którzy uznają, że nie jesteśmy w stanie powiedzieć, kim Bóg jest, a jedynie, kim Bóg nie jest, a których myśl tak pięknie streściła idolka mojego dzieciństwa, konkludując: „Im więcej Ciebie, tym mniej".

Tę książkę będę pisał już przez całe życie.

Czytelnika pokornie zaś proszę, żeby przetrwał jakoś kilka pierwszych, teoretycznych rozdziałów, gdzie dłubiemy w istocie świata; za nimi są takie, gdzie akcja się rozkręca, są usiłowania zabójstw, mocne słowa i napadające na ludzi anioły...

[Przed wszystkim]

– nic nie było. A więc jak mógł być tam Ktoś?

„Czym zajmował się Bóg, nim stworzył niebo i ziemię? Przygotowywał piekło dla tych, którzy chcieliby dociec tajemnic". Tę zgrabną odpowiedź przytacza w swoich *Wyznaniach* jeden z największych mędrców chrześcijaństwa, żyjący na przełomie IV i V wieku święty Augustyn. Zaznaczając, że on osobiście w ten sposób swoich interlokutorów nie „spławia", woli bowiem niekonfrontacyjnie odpowiedzieć im, że nie wie. Ba, że nie bardzo widzi sens w takim dociekaniu.

O to, gdzie był i co robił Bóg, zanim stworzył świat, nie da się zapytać dobrze. Słowa, które wymyśliliśmy, by opisywały ten świat, używane do opisu tamtego, pękają jak mydlane bańki. „Co" lub „nic" traci sens w rzeczywistości, w której nie ma materii. Po co pytać: „gdzie?", skoro przed stworzeniem świata nie istniała przestrzeń i pojęcie miejsca? Bóg wcale nie był wtedy „w górze", bo wtedy nie było „góry", nie było „tu", „tam" ani „pięć kilometrów w lewo".

Słowo „zanim" też prowadzi nas prościutko na manowce. Czasu przed stworzeniem też przecież nie było. Nie ma czegoś takiego jak obiektywnie istniejące gdzieś tam we wszechświecie dwie lub trzy godziny (podobnie jak wzorzec metra z Sèvres nie jest „metrem", ale kawałkiem metalu, który ma dokładnie metr długości). Czas to nie osobny byt, to skala – narzędzie, które ma pomagać nam opisywać zmienność tego świata. Boga nam więc nie opisze, bo On był i jest niezmienny. Co nie znaczy jednak, że statyczny, nieruchomy.

Tych, którym grunt już usuwa się spod nóg od nadmiaru abstrakcyjnej filozofii, trzeba uspokoić – to właściwa reakcja. Pamiętam zawroty głowy, na granicy mdłości, gdy kontemplując niebo na jakiejś odludnej plaży, próbowałem wyobrazić sobie wieczność. Kolejne lata, miesiące przyspieszają niczym kolejka w wesołym miasteczku. Nagle uświadamiasz sobie, że lecisz wprost na ścianę, na której wielkimi literami wypisane jest, że wieczność to wcale nie – jak to sobie zwykliśmy wyobrażać – nieograniczona liczba minut. Wieczność to totalny bezczas! W tym momencie, niczym katapulta w pikującym F16, jakaś siła odrzuca cię do tyłu. Zaobserwowałem, że podobny mechanizm działa w snach. Zawsze gdy śni mi się, że ginę po spotkaniu z grupą nieusatysfakcjonowanych czytelników – sen w tym miejscu się urywa. Nasze mózgi nastrojone są tak, by czytać świat w wymiarach, w których zostaliśmy stworzeni. Transcendencji – tego, co poza poznaniem *via* rozum, przyszpilić się nie da. W takim śnie opowieść lepiona ze znanych obrazków zderza się z poznawczym szlabanem.

W człowieku jest jednak jakiś imperatyw, poznawcze „parcie", które każe mu leźć przez zieloną granicę, tajemnicę brać gwałtem. Tak po ludzku rozumiem więc tych, co na sklepieniach kościołów Niepojętą Trójcę przerabiali na brodato-latające trio. Gdy będzie trzeba, wytłumaczę mormonów, którzy z zapałem snują swoje totalnie odjechane *religion fiction*. Ich zdaniem, zanim powstał świat, my wiedliśmy już duchowe życie na planecie Kolob, gdzie zasiadaliśmy w Wielkiej Radzie wraz z Bogiem i wszystkimi aniołami i uchwaliliśmy, że trzeba iść na Ziemię. Zaplanowaliśmy wszystko, z grzechem włącznie oraz z dobrowolną zgodą na to, by póki będziemy w ciele, nasz umysł spowijała zasłona, przez którą nie przedostaną się żadne wspomnienia z naszego „przedżycia".

Czego byśmy nie wydumali o świecie, w którym nie było jeszcze historii, będziemy jednak opowiadać bajki. Nie możemy mieć nawet pewności, że Bóg zechce nam o tym powiedzieć po naszej śmierci. Może uzna, że będzie miało to tyle sensu, co ciąganie przedszkolaka na wykłady z fizyki kwantowej? Ale skoro Stwórca istnieje poza naszymi realiami, skąd możemy mieć pewność, że w ogóle jest?

A czy z tego, że cyrklem nie da się opisać wody, wynika, że ona nie istnieje? Dowodzenie Jego istnienia wyłącznie na płaszczyźnie intelektualnej nigdy nie będzie niczym więcej niż niekończącą się wycieczką po rondzie, interesującym ćwiczeniem, które nigdy nie przyniesie rozstrzygnięcia (bez szkody dla swojego intelektualnego wizerunku możesz więc zakładać, że Bóg istnieje – jak głosi starodawna formuła – „aż do dostarczenia przeciwnego dowodu"). Osobiście bardzo lubię masować wątły mózg racjonalnymi argumentami, które ćwiczył święty Tomasz z Akwinu – skoro na ziemi nie ma *perpetuum mobile* i wszystko porusza się z jakiegoś powodu, to musi być jakaś przyczyna, która poruszyła świat *et cetera*. Sensowny (nawet na mój chłopski rozum) wydaje mi się argument teologa Karla Rahnera, który zwracał uwagę, że człowiek widzi przecież, iż jest „skończony", umie bowiem dostrzec granice swojego poznania. A granicę jesteśmy przecież w stanie nazwać tylko wtedy, jeśli za nią istnieje coś jeszcze. Bo jeśli nie byłoby tego czegoś jeszcze, w ogóle nie myślelibyśmy o tym, że jest jakaś granica.

Może więc o tym, że Bóg jest, świadczy już to, że człowiek chce o Niego pytać? A pyta nie tylko ponad miliard katolików, ale dwa miliardy chrześcijan, w końcu w sumie ponad pięć miliardów tych, którzy deklarują wiarę w jakiegoś Boga. Czy ten powszechny egzystencjalny głód (ładnie pisał o nim Plutarch: „możesz znaleźć miasta bez murów, bez królów, bez praw, bez szkół, ale narodu bez boga, bez modlitwy, bez ofiar – nikt nie widział ani nigdy nie zobaczy") nie naprowadza na myśl, że jeśli taką masę ludzi od tylu lat zżera tak silne wykraczające poza nich samych pragnienie, musi gdzieś być jakaś woda, która je nasyci?

Z obserwacji, nie tylko z reklam, wiem jednak, że spora część ludzkości w sytuacjach konfrontacji z takim głodem załatwia sprawę małym serkiem. Ale mały głód – jak powszechnie wiadomo – powraca. Niemiecki teolog Johannes Hessen i polski biskup Alfons Nossol pokazali, jak wyprzedzić jego atak, wymienili kilka bram, przez które człowiek zawsze może sam – nie czekając na uczucie deficytu – przejść z głową, sercem, duszą w inny wymiar. Ich zdaniem wystarczy pilnować w życiu paru postaw, a prędzej czy później zobaczymy przechodzącego nam przed nosem Boga.

Pierwsza to szacunek. Wobec innej istoty, wobec życia, wobec kruchości i subtelności stworzenia. Druga – pokora, realizm, świadomość swojego miejsca w kosmosie, własnej na tym świecie przygodności. Kolejna to czystość serca – prawda życia, dostrzeganie i niezrywanie delikatnych nici relacji między światem zmysłowym i duchowym (kto nie rozumie zależności między swoją seksualnością i duchowością, nigdy nie pojmie relacji między ciałem a duszą, człowiekiem a Bogiem). Wreszcie miłość. W mówieniu o Bogu słowo odmieniane chyba przez wszystkie przypadki. Totalnie zdewaluowane, zbanalizowane, przerobione na ckliwą, mdłą bezę. Bóg to jednak nie obwoźna akademia wzniosłych uczuć, ale czysty jak kryształ konkret. W kolejnych rozdziałach tej książki pokażę, że jedną z najistotniejszych Jego cech jest konsekwentne, uparte, czasem aż – z ludzkiego punktu widzenia – nierozsądne dzielenie się sobą. Tak właśnie działa Trójca Święta. Dlatego ulepiony został ten świat. Dlatego Abraham i Mojżesz tak intensywnie nakłaniani byli, by otworzyć oczy na Światło. Dlatego na świat przyszedł Jezus. Dlatego chrześcijanie wierzą, że będą żyć z Bogiem po śmierci.

Wszystko pięknie, ale wciąż nie padł argument-masakra, młot na niewierzących, wciąż nic nie przeszkodzi nam uznać, że to wszystko słodkie baśnie podobne do tych o planecie Kolob, samonapędzająca się kojąca opowieść potarganych życiem istot. Bo skoro już na wstępie założyliśmy, że nie jesteśmy w stanie niczego z naukową pewnością potwierdzić, dowolna bujda, którą tu wciśniemy, stać się może przedmiotem naszej wiary. Dlaczego ów wiszący nad nami gorący oddech Boga, który do wszystkiego musi wściubić nos oraz udzielić porad o konieczności przechodzenia na zielonym świetle i przyzwoitego traktowania dziewczynek, nie może być zastąpiony chłodnym powiewem własnych decyzji, dorosłym przedzieraniem się – tylko na swoją odpowiedzialność – przez cały światowy chaos?

Jasne, że można w ten sposób. Każdy, kto był na tak zwanym świeckim pogrzebie, wie jednak, jak brzmią wszystkie te wielkie słowa o ludzkim bohaterstwie w marnym świecie, wygłaszane nad czymś, co przed chwilą było dumnym wojownikiem, a za chwilę będzie bezbronną pożywką dla całego podziemnego tałatajstwa. Nasze bohaterstwo przetrwa w pamięci pokoleń? Te pokolenia zostaną zjedzone przez kolejne pokolenia robaków. Francuski filozof i ateista André Comte-Sponville zwraca uwagę, że ateista też może mieć swoją duchowość, przeżywać na swój sposób doświadczenia ogromu, pełni, pustki, sam nadawać sens swoim wysiłkom i zmaganiom. Polemizuje z nim (w „Więzi") teolog ojciec Michał Paluch OP, którego zdaniem między wiarą a nihilizmem ciężko szukać trzeciej drogi: „*Tertium non datur.* Tytanicznym wysiłkiem człowiek może próbować nadać sobie sens. Ale prędzej czy później doświadczy, że stworzenie bez Stwórcy zanika. A ludzkie wysiłki nie uprawomocnią naszej egzystencji. Mogą tylko nieco odwlec w czasie konfrontację z pustką, zamieść pod dywan problem zawieszenia w aksjologicznej próżni instytucji, które utrzymujemy. Czy ostatnie wieki jeszcze nas o tym nie przekonały?".

Poznałem ludzi, którzy wyruszają w świat, by samotnie okrążyć go w łódce – mówią, że robią to, by coś sobie lub innym udowodnić albo by uciec od męczącego zgiełku. Czy motywacją jest ambicja, czy lęk, ich świat jest jednoosobowy, na nich zaczyna się i kończy. Daje złudzenie kontroli. Bo na ziemi może być prawie siedem miliardów takich światów. A uciekając od chaosu otoczenia, zmieniamy go w jeszcze większy chaos miliardów monad obijających się o siebie bez żadnego związku. Człowiek stworzony jest po to, by wchodzić w relacje. Inaczej nie przetrwa, nie poradzi sobie ani w wymiarze ekonomicznym, ani duchowym. Benedykt XVI miał sto procent racji, gdy pisał: „Nikt nie wie wszystkiego, ale wszyscy razem wiemy to, co wiedzieć trzeba".

Bóg, w którego wierzę, nie został na swojej chmurze, „zszedł" i objawił się w Kościele, żeby pokazać, że wiary nie da się przeżywać w samotności. Że trzeba się leczyć z marzeń o samotnym żeglowaniu i zawijaniu do różnych portów idei, które zawsze kończy się tym, że człowiek będzie może nieco mądrzejszy, ale tak samo samotny, schorowany, stary. Gromadzenie poglądów, pieniądze, różne ludzkie sprawności tylko wtedy mają metasens (wykraczający poza chwilowe znaczenie.

Z takim patrzeniem ludzie mają dziś kłopot. W XX wieku duchowość, świat, w którym z założenia musisz układać się z Bytem innym niż ty sam, zastąpiła znacznie prostsza w obsłudze psychologia, w której liczą się przede wszystkim własne stany, pragnienia, przeżycia. Z przerażeniem patrzę, jak spora część zwłaszcza młodych księży nieświadomie utwardza jeszcze ten gościniec. W ich kazaniach nie ma słowa o Bogu, jest za to wiele o „potrzebie wewnętrznej integracji", „dawania sobie prawa do emocji", „wsłuchiwania się w wewnętrzne potrzeby". Osobiście znam zakonnika, który, przeżarty takim rozumowaniem, podczas wspólnego oglądania telewizji podniósł głos, krzycząc, że on sam wie, co jest dla niego najlepsze i co chce oglądać, Jezus może mu w tym pomóc, ale to on sam jest panem swojego świata, a więc chce rządzić pilotem.

Gotowość do otwarcia na kogoś diametralnie innego niż ja to główny punkt, o który moim zdaniem wszystko, również stosunki z Bogiem, dzisiaj nam się rozbija. Antyteista może być człowiekiem do bólu towarzyskim, w szerszym, przekraczającym tu i teraz wymiarze, wyznaje jednak dramatyczną w swej ostrości samotność. Rzecz nie w wykazaniu mu tego, że Wielki Wybuch musiał być dziełem Stwórcy. Raczej w przestawieniu w głowie wajchy, która pozwoli pogodzić się z myślą mogącą przyprawić o drgawki współczesnego człowieka, pieszczącego i pielęgnującego w sobie mity o self-made manie i potędze ludzkości (która od pół wieku nie jest w stanie dolecieć na najbliższą planetę, ale co tam). Nie jesteś samowystarczalny, niezależny. Jeśli chcesz przeżyć coś większego niż ty sam, musisz otworzyć się na kontakt z Bytem, którego nie da się wytłumaczyć, wyjaśnić, kontrolować. Na partnera, który jak mówi Pismo: „daje się znaleźć tylko tym, którzy nie wystawiają Go na próbę".

I porzuć złudne nadzieje, że dojdziesz do Niego przez debatę z jakimś wprawnym apologetykiem (gościem, który ćwiczy się w zbijaniu tez przeciwnych wierze), który „zabije" cię jednym rozjaśniającym horyzont niczym bomba atomowa argumentem (będziesz „wierzył" tak długo, aż nie pojawi się kontrargument. Coraz mniej wierzę w nawrócenie przez fascynacje ideą (na przykład zachwyt tym, jak chrześcijaństwo jest „konserwatywne") albo szlachetnymi postanowieniami, że „od dziś będę lepszy dla mamy". To może być sucha zaprawa. Ażeby naprawdę spotkać Boga, trzeba wyjść z siebie, z tego co zadomowione, oswojone (co dalej pokaże historia Abrahama). To wcale nie bywa przyjemne, niech się więc uprzejmie schowają ci, co przekonują, że wiara to plaster na życiowe odciski lub że to rodzaj egzystencjalnego tchórzostwa. Jest dokładnie odwrotnie. Stowarzyszenie cykorów trzęsących się, by tylko nie wyściubić nosa poza własny mały światek, dogaduje ludziom, którzy mieli odwagę wypłynąć na ocean. Wiara to – jak mawiał niezapomniany ojciec Joachim Badeni – „Whiskey on the Rock", przygoda dla tych, których nie kręci siedzenie okrakiem na barykadzie, wizja reszty życia spędzonej na melancholijnej kontemplacji własnej biedy w dramatycznym spięciu z komplikacją świata.

Jednym z podstawowych pojęć w słowniku wierzącego człowieka winna więc być ekstaza. To słowo oznacza po prostu „wyjście z siebie". Wyśmiane przez oświeceniowych i pozytywistycznych mędrców, którzy zrobili z niej coś w rodzaju duchowego hiperorgazmu w wykonaniu niespełnionych seksualnie mistyczek, musi dziś wrócić w swojej oryginalnej wersji. Albo współczesny człowiek odzyska umiejętność ekstazy, albo go za chwilę w ogóle nie będzie, udusi się, biegając w kółko na smyczy refleksji o sobie samym. W *Traktacie o Bogu Jedynym* ksiądz Jerzy Szymik cytuje filozofkę Chantal Millon-Delsol: „Współczesnemu człowiekowi to, że Bóg istnieje w trzech Osobach, nie wydaje się istotne, on bowiem zastanawia się, co różni go od zwierzęcia". Podszyta autoerotyzmem poznawczym antropologia zjada po kawałku teologię.

O Bogu nie da się więc powiedzieć nic, póki się Go nie spotka. Jak zacząć Go szukać? Odpowiedź, którą słyszę ostatnio coraz częściej, brzmi: iść do lasu. Kontemplować zachód słońca czy góry. Bóg jest przecież we wszystkim, co stworzył, zostawił tu swoje ślady. Kłopot w tym, że odkąd w raju wypaczyliśmy relacje z Nim i ze światem, nie bardzo umiemy owe ślady czytać. A w rozmowie z Bogiem prowadzonej tylko w formie kontemplacji stworzenia słyszymy, lekko licząc, co piętnaste, a i to zniekształcone, słowo. Jeśli ludzie mieli poznać Boga, Ten nie miał wyjścia, musiał zejść do nich, wysłał Syna. Ów mówił zaś, że kto widzi Jego, widzi i Ojca, a kto Jego nie widzi, nie zobaczy Ojca. Chrześcijaństwo głosi więc, że nie ma innej drogi poznania Boga niż osobiste spotkanie z Chrystusem. A wszystkich, którzy wypatrują jeszcze jakichś cudów albo sami czują, że chyba rodzi się w nich prorok i mieliby ochotę na założenie nowej religii, zasmucę – innego objawienia nie będzie.

Parę ładnych lat zajęło mi stłumienie w sobie buntu wobec schematu wbijanego mi przez oazowych animatorów, każących mi „uznać Jezusa za swojego Pana i Zbawiciela" i wpisać to do formacyjnego zeszytu, bo inaczej nie pojadę na letnie wczaso-rekolekcje. Dziś, bez żadnych przymusów i ekstrazachęt, podzielam przekonanie, że Jezus to szczyt relacji Boga z ludźmi (bo co więcej można zrobić lub powiedzieć, niż przyjść na ten świat i dać się zabić swojemu własnemu stworzeniu). Na ten szczyt wiodła jednak droga. Nie mniej ciekawy jest też rzut oka na to, jak po osiągnięciu szczytu ludzkość wędrowała granią. O tym – w telegraficznym skrócie – ma opowiedzieć ta książka.

Poradnik

Tak zwani racjonaliści (tak zwani, bo nie lubię, jak ktoś wmawia mi, że wiara w Boga wyklucza używanie rozumu, i sam za racjonalistę również się uważam) czują się czasem niczym agent 007 wyposażony przez Q w tajemną morderczą broń mającą dowieść, że wszystkie te historie o Bogu to bajania księży (stosowali ją też chętnie marksistowscy dialektycy). Jest nią pytanie: „Czy wszechmocny Bóg jest w stanie stworzyć kamień, którego nie podniesie?". Kocham, najszczerzej kocham te momenty, gdy na jakimś spotkaniu ktoś wstaje, prosi o mikrofon i myśli, że zakończy chrześcijaństwo, judaizm i islam wyprowadzeniem tego jednego banalnie prostego ciosu. Patrzę wówczas na delikwenta jak pająk na muchę, leniwie się przeciągam, po czym z czarującym uśmiechem, najsłodziej jak umiem, wyjaśniam: pytanie jest boleśnie niezgodne z podstawowymi założeniami logiki. Logika, zanim odpowie na pytanie, każe badać, czy zawarte w nim założenia są słuszne. Tu nie są, bo pierwsze zdanie już na wejściu przeczy drugiemu, na to pytanie nie da się więc sensownie odpowiedzieć. Wszechmoc nie może stworzyć czegoś, co wszechmocy przeczy. A więc już zakładając wszechmoc Boga, unieważniamy drugą część pytania. A jeśli jej nie zakładamy – w ogóle nie zadajemy jego pierwszej części. Radzę przećwiczyć sobie ten dylemat, bo coraz więcej fanów takiego amatorskiego pseudointelektualnego *jujitsu* chodzi po imieninach, barach i ulicach. Z poziomu przepychanek można też jednak zejść głębiej. Pewna racjonalistka ładnie pisze w sieci, że takim kamieniem, który Bóg stworzył, a później nie mógł podnieść, jest ludzka wola. Odpowiedź: nie to, że nie mógł, gdyby chciał, złamałby wolę każdego, ale nie chce. Tak stworzył ten świat, że po pierwsze wola drugiego to dla Niego świętość, po drugie daje sugestię: wzoruj się na mnie – nawet gdy możesz i masz prawo komuś coś zrobić, nie oznacza to, że nie powinieneś się czasem wstrzymać. Im się człowiek robi starszy, tym częściej dopada go myśl, że powściągliwość to jedna z cech Boga.

Co jednak, gdy ktoś uparcie twierdzi, że Bóg nie istnieje? Wiem, że powinienem ćwiczyć się w umiarze, ale łatwo nie jest... Znów dzwoni telefon z zamówieniem na tekst i znów słabnę, gdy słucham kolejnych współczesnych mędrców, próbujących – jest sens czy go nie ma – kopać fosę między ziemskimi realiami a światem wiary, zarzucając chrześcijanom poznawczy egotyzm. Co się im pokaże, że jedno nie przeczy drugiemu, zaraz z łopatą podbiega następny i obwieszcza, jak nie przymierzając Stephen Hawking, że Bóg do zaistnienia świata wcale nie był niezbędny, a odkrycia współczesnej nauki w ciągu najbliższych lat (a jeśli nie, to wieków) stopniowo do zera ograniczą pole niewytłumaczalnego *sacrum*.

Historia stara jak świat, chętnym polecam znany tekst Orygenesa, który już w II wieku musi stawić czoła Celsusowi, tak streszczając jego naukę: „Według Celsusa jesteśmy podobni do robaków, które mówią: Bóg istnieje, my zaś zajmujemy drugie miejsce po Nim. Wszystko jest nam poddane:

ziemia, woda, powietrze, gwiazdy. Wszystkie istnieją dla nas. Wszystko jest na nasze usługi. Łatwiej takie głupstwa znieść, gdy rozprawiają o nich robaki i żaby, niż kiedy mówią tak Żydzi i chrześcijanie". Przedstawiciele tej formacji będą mi dowodzić, że się jak głupi pysznię. I to, w czym ja widzę działanie Boga, jest – o moja święta naiwności! – zbiegiem okoliczności (rym zgrabny, choć niezamierzony). Podobnych uzasadnień dla swoich teorii może szukać przedstawiciel każdej religii, a gdy odpowiednio ułoży fakty, zawsze dowiedzie, że świat musiał stać się kołyską, w której spoczął jego bóg.

Albo latający talerz. Redaktor Janusz Weiss swego czasu zadał mi pytanie: „Co jest bardziej realne: Pan Bóg czy UFO?". Oczywiście, że istnienie jednego i drugiego będzie dla człowieka zawsze przedmiotem wiary, nie oznacza to jednak, że możemy postawić między nimi znak równości. Wiara w Boga, jakkolwiek niepoddająca się naukowej weryfikacji, dostarcza nam jednak wielu życiowych dowodów, że akurat tu coś musi być na rzeczy. Nie słyszałem, by w ruchu wyznawców UFO działała jakaś Matka Teresa, Jan Paweł II, święty Franciszek, by wniósł on tak wielki wkład w rozwój ludzkości. Zasada „po owocach poznacie ich" wydaje się dość dobrym testerem sensowności dróg w sytuacji, gdy inne metody pozostają niedostępne. Jasne, za chwilę usłyszę klasyczną wyliczankę, przypominającą, że chrześcijaństwo to też inkwizycja i przemoc wobec Indian. To z kolei rozumowanie z gatunku: „Istnienie dróg to główna przyczyna wypadków". Wypadki zdarzają się i zdarzać się będą, jednak na każde dachowanie – z winy kierowcy czy okoliczności – jestem w stanie wskazać tysiąc osób, które tą drogą sprawnie dojechały do celu.

Wciąż warto jednak pamiętać, że ziemskie życie jest układem, którego nie da się ocenić z wewnątrz (niczym mózg człowieka, którego nie da się dogłębnie zbadać *in vivo*). Ojciec Michał Paluch cytuje André Comte-Sponville'a: „tylko imbecyl może uważać, że wie, iż Bóg istnieje lub nie istnieje". Czy to znaczy, że sprawę załatwia nam klasyczny argument głoszący, iż hipotezy Boga nie da się ani potwierdzić, ani obalić naukowo? Kiedyś lubiłem go stosować. Rzucać w twarz wojującym antyteistom, że to, co robią, to lustrzane odbicie mojej wiary (tyle że w to, że Boga nie ma). Słysząc to, strasznie się wkurzali, oskarżając mnie o intelektualny terroryzm. Bo oto tworzę niesprawdzalną koncepcję (w tym wypadku Boga), a później każę całemu światu do tej mojej fanaberii się odnosić. Na podobnej zasadzie ktoś mógłby uznać, że na Marsie siedzi wielka żaba, ja, nie wierząc w to, już mogę zostać zidentyfikowany jako „gość, który nie wierzy w wielką marsjańską żabę", a wcale nie chcę się tak opisywać, nie chcę, żeby ktoś wmontowywał mnie w taki kontekst. Dziś wiem, że takie debaty nie mają sensu, jeśli z obu stron jest choćby ślad chęci podboju przeciwnika. Intelektualnie się podniecam, biegam po polu jak Zbyszko z Bogdańca, ostatecznie muszę jednak pogodzić się z tym, że komuś jest dobrze tam, gdzie jest. Ów niech pogodzi się z moim doświadczeniem spotkania Boga, który składa się z samych paradoksów. O którym da i nie da się mówić, który jest widzialny i niewidzialny. Osobiście uważam, że wierząc w Niego, nic nie tracę, nawet gdyby Go nie było, jest to niezwykle poszerzające skalę doświadczenie intelektualne, na szczęście jednak – On istnieje. A ja wcale nie jestem ofiarą prześladowań, indoktrynacji, nie jest mi w życiu smutno i nie szukam egzystencjalnej przytulanki. Wiary nie ma się co wstydzić, nie ma w sobie nic bardziej zawstydzającego niż niewiara.

Katechizm Kościoła katolickiego stwierdza, że człowiek jest *capax Dei* – z natury otwarty na Boga. Religioznawcy, odkąd istnieją, spierają się jednak zażarcie, czy człowiek z natury jest istotą „czującą" jakiś wymiar poza sobą samym, czy nie. Z doświadczenia (nie tylko mojego) wiadomo jednak, że jeśli ten rodzaj „swędzenia" duszy, coś, co nie daje spokoju, nasycenia, jednak się pojawi, można je szybko zagłuszyć i na tym swoją przygodę, wędrówkę w kierunku czegoś większego niż ja zakończyć. Metoda pierwsza (i pierwsza ślepa uliczka) to w odpowiedzi na głos z zewnątrz zajęcie się sobą (sytuacja z gatunku: chłopak zaprasza dziewczynę na randkę, a ta nie wychodzi z domu, rozrysowując z pomocą psychoanalityka wykresy – na jakie lęki w moim życiu odpowiada to, że w ogóle dałam się na tę randkę zaprosić?). Metoda druga to koncentracja na tym wycinku relacji z *sacrum*, który da się jakoś kontrolować. Gdy byłem jeszcze w podstawówce, proboszcz mojej parafii powierzył mi przygotowanie do służby grupy kandydatów na ministrantów. Każdego z nas jakoś ciągnęło do jakiejś przekraczającej nas tajemnicy, nawet jeśli nie umieliśmy tego jeszcze składnie wyrazić. Do pracy zabrałem się z zapałem i determinacją, były zajęcia teoretyczne, praktyczne, z historii liturgii, Kościoła, podstawy teologii, a na końcu komisyjne egzaminy z dzwonienia dzwonkiem, odróżniania wody od wina i rozkładania korporału. Do dziś przy wieczornym rachunku sumienia zastanawiam się: czy po tym kursie z technicznej obsługi Pana Boga moi kursanci nadal w Niego wierzą, czy może przeciwnie – wdrukowana koncentracja na technologii na dobre już wyprała ich z głodu nieoczywistości?

(Do)czytania

- Ks. Jerzy Szymik, *Traktat o Bogu Jedynym* (w: *Dogmatyka*, t. 3, Warszawa 2006) – seria Z Muszelką Biblioteki Więzi – to chyba najlepszy na polskim rynku podręcznik dogmatyki i najbardziej przystępny, a więc podstawowy wykład tego, w co wierzą katolicy. Ksiądz Szymik to nie tylko znakomity teolog, ale i świetny poeta, stąd w jego pisaniu mnóstwo odniesień do literatury, niekiedy wstrząsających, jak próba wytłumaczenia, gdzie jest Bóg, gdy ludzie chorują, umierają? Co ten wielki, piękny, „wskrzeszający" Bóg robi, gdy patrzy na powolne więdnięcie, odchodzenie ludzkiego staruszka?

- Św. Augustyn, *Wyznania* (tłum. Z. Kubiak, Kraków 1995) – miejscami kryminał, miejscami psychodrama, najwyższej próby spirytualne *reality show*, klejnot wśród duchowych pamiętników. Żadne pobożne pitu, pitu. Wszystko pisane z niezwykłą, brutalną wobec siebie szczerością, detaliczne opisy zarówno głupoty i męsko-damskich wpadek, jak i najbardziej płomiennych duchowych uniesień. Historia człowieka, który nawet po chrzcie sądził, że Pan Bóg jest chyba jednak utkany z jakiejś delikatnej materii (nie może przecież, kurczę, być tak totalnie niematerialny), i którego Stwórca zaprowadził na szczyty intelektu i mistyki. Pewnie wielu jeszcze ludziom Bóg powiedział o sobie tyle, ile Augustynowi, ale jak on to umiał opowiedzieć! Co za język! Kto nie przeczytał, z tym trzeba natychmiast zerwać znajomość.

- Ks. Ryszard Myśliwiec SJ, *Drogi dojścia do Boga* (Kraków 2009) – sam smak. Apologetyka w wydaniu przedwojennym.

Wszystkie możliwe cytaty i argumentacje wszystkich możliwych mędrców, którzy kiedykolwiek wypowiadali się za istnieniem Boga. Uwielbiam takie szczelne intelektualnie układy, w których równo ważą, układając się w spójną całość, i monoteistyczne inskrypcje na egipskich grobowcach, i odkrycia fizyków, i cytaty z dyktatora Bałkanów Josipa Broz-Tity, który też pewnego razu miał stwierdzić (o niespożyta przenikliwości komunistycznych przywódców!), że „tak naprawdę to nic nie wiadomo". Na tym przykładzie wyraźnie widać, że o ile apologetyka może dozbroić już wierzących, żeby nie dali się zagonić w kąt jak dzieci jakiemuś panu przekonującemu, że nieistnienie Boga to fakt naukowy, o ile jest cudowną bronią defensywną i może rozebrać jakieś dziwne rusztowania, o tyle nowych raczej – piszę to, choć nie mam pewności – nie postawi.

Użytkownikom internetu polecam, by wpisali do Google'a frazę „Deepak Chopra God 2.0". Michael Shermer, publicysta „The Scientific American" i zdeklarowany racjonalista, informuje, że jeden z moich ulubieńców, król pomieszania z poplątaniem, książę ajurwedy i cesarz newage'owej papki, postanowił stworzyć nową teologię, która będzie pasowała wszystkim (i pozwoli mu sprzedać milion książek więcej). Nawiązuje on w niej do średniowiecznej teorii, która mówiła, że każdemu mikrokosmosowi odpowiada jakiś makrokosmos, i teologiczne pojęcia takie jak piekło i niebo przekłada na język fizyki. Wychodzi z tego tak cudowny pseudointelektualny koktajl (sam już nie wiem, czy bardziej Margarita, czy bardziej Mołotowa), że boki zrywać. Deepak Chopra to magik w rodzaju doprowadzającego rzymskie matrony do intelektualnych orgazmów Apoloniusza z Tiany, nad którym pochylę się z troską trochę później. Obaj panowie zbudowali swe kariery na odkryciu, że każdy z nas nosi w sobie pragnienie, ale nie każdy chce je gasić szampanem, dostarczą nam więc sproszkowaną oranżadę.

Przywoływany tekst o. Michała Palucha OP (*Nowy misyjny ateizm. Rozczarowanie i kilka zadań*) do przeczytania pod adresem: http://laboratorium.wiez.pl/teksty.php?nowy_misyjny_ateizm&p=6.

Ostry opis świata, z którego uchodzi nadzieja, podstawowe paliwo człowieka sporządził, Czesław Miłosz w *Oeconomia Divina*. Na medytację:

„Nie myślałem, że żyć będę w tak osobliwej chwili.
Kiedy Bóg skalnych wyżyn i gromów,
Bóg Zastępów, Kyrios Sabaoth,
Najdotkliwiej upokorzy ludzi,
Pozwoliwszy im działać, jak tylko zapragną,
Im zostawiając wnioski i nie mówiąc nic.
Było to widowisko niepodobne, zaiste,
Do wiekowego cyklu królewskich tragedii.
Drogom na betonowych słupach, miastom ze szkła i żeliwa,
Lotniskom rozleglejszym niż plemienne państwa
Nagle zabrakło zasady i rozpadły się.
Nie we śnie, ale na jawie, bo sobie odjęte
Trwały, jak trwa to tylko, co trwać nie powinno.
Z drzew, polnych kamieni, nawet cytryn na stole
Uciekła materialność i widmo ich
Okazywało się pustką, dymem na kliszy.
Wydziedziczona z przedmiotów mrowiła się przestrzeń.
Wszędzie było nigdzie i nigdzie, wszędzie.

Litery ksiąg srebrniały, chwiały się i nikły.
Ręka nie mogła nakreślić znaku palmy, znaku rzeki, ni znaku ibisa.
Wrzawą wielu języków ogłoszono śmiertelność mowy.
Zabroniona była skarga, bo skarżyła się samej sobie.
Ludzie, dotknięci niezrozumiałą udręką,
Zrzucali suknie na placach, żeby sądu wzywała ich nagość.
Ale na próżno tęsknili do grozy, litości i gniewu.
Za mało uzasadnione
Były praca i odpoczynek
I twarz i włosy i biodra
I jakiekolwiek istnienie".

[Coś z niczego]

– a może z chaosu?

Spróbuję, choć wielu przez tysiące lat też próbowało. Robili to całkowicie na trzeźwo lub stosowali substancje płynne, sproszkowane, palne. Z bezsilności łamali pióra, z obłędem w oku zapadali się w filozoficzne debaty, z wściekłości roztrzaskiwali komputery. O tym, co się działo, zanim zaistniał nasz wszechświat, nie wiemy literalnie nic. Nauka jest w tej sprawie dokładnie tak samo bezradna jak religia, to rzadka okazja – widzieć fizyków i mistyków jadących smętnie na tym samym wózku. O ile jednak mogę snuć jakieś mniej lub bardziej uprawdopodobnione przypuszczenia co do tego, jak będzie wyglądał świat przyszły – wiem coś o ludziach, słyszałem o Jezusie, znam Jego zapowiedzi w tej w kwestii, czytałem Pismo Święte, mam w domu pięć albumów o aniołach i oglądałem film o końcu świata – o tyle nie mam żadnych punktów, ani milimetra czegokolwiek, o co można by zaczepić jąkąkolwiek wizję kosmosu, w którym ni ludzi, ni aniołów, ni czasu, ni przestrzeni nie było. Mój mózg (nawet w połączeniu z duszą) nie jest przystosowany do ogarniania rzeczywistości, w której istniał tylko Bóg. Płynie we mnie ten sam Boski prąd, ale człowiek jest urządzeniem przystosowanym do pracy pod znacznie niższym napięciem. Każda próba zmierzenia się z tematem musi skończyć się wysadzeniem korków (może dlatego Pismo mówi, że kto widzi Pana, musi umrzeć, nie jest w stanie udźwignąć tego napięcia, tego szczęścia, musi ewakuować się do nieba).

Pobalansuję więc na granicy przepięcia, sprawdzając, kiedy system mi strzeli. Ustalmy, co wiemy na pewno. Otóż mój Kościół niczego nie wie na pewno. Opiera się bowiem na wierze, a wiara to co innego niż wiedza. Kościół wierzy więc, że Bóg stworzył świat z niczego. Niby banał, rzecz, nad którą na katechezie przechodziłem do porządku dziennego setki razy, a przecież to – kurczę – fundament! Mezopotamscy bogowie na ten przykład lepili świat z tego, co już było dostępne, u nas Bóg porządkuje to, co sam stworzył. Przed Nim nie było nic, On jest Sprawcą wszystkiego. Kto w to wierzy, musi wierzyć i w to, że jest tylko jeden Bóg, i basta (w jednym świecie nie może być dwóch wszechmogących Stwórców). Tyle wiara. Kłopot w tym, że naukowcy w tej akurat sprawie też wiedzą prawie tyle co nic.

Do niedawna przekonywali oni, że przed Wielkim Wybuchem nie było naprawdę nic a nic, do tego stopnia, że nie da się tego sobie wyobrazić, można to tylko wyrazić za pomocą matematyki tak abstrakcyjnej, że aż strach. Ostatnio w prasie naukowej czytać można eseje zwolenników tezy, że nasz Wielki Wybuch był skutkiem zapadnięcia się jakiegoś istniejącego wcześniej wszechświata. Nie wiadomo, jak wyglądał i jak powstał – może z jeszcze jakiegoś innego wszechświata. Może i nasz wszechświat – gdy przejdzie w naturalną po fazie rozszerzania fazę kurczenia się, aż w końcu zniknie – da w tym momencie początek jakimś innym światom. Nie można jednak wykluczyć, że przed tamtym poprzedzającym nasz wszechświat wszechświatem była totalna pustka (a w zasadzie – jej też nie było, pustka to pustka, i koniec). Jak widać, odkrycia kosmologów nie tłumaczą świata przez jednoznaczne rozstrzygnięcia, ale przez ciekawe poszerzenie obszaru wątpliwości. Spotkanie nauki i religii wcale nie musi więc być śmiertelną wojną dwóch totalitaryzmów. Teologia obrabia fakty narzędziami pozwalającymi szukać odpowiedzi na pytanie o ich sens. W tym o sens najgłębszy, opisany w kwestii: gdzie w tym wszystkim Pan Bóg?

Gdy w poszukiwaniu Praprzyczyny, Absolutu, Boga zechcę wybrać się w przeszłość, trafię najpewniej na znak „Stop" zawieszony na szczelnej zasłonie, zaciągniętej niespełna sto trzydzieści osiem milionów wieków temu (gdy liczy się lata w miliardach, brzmią sucho, przeliczone na wieki dają odczuć skalę odległości). Co jest za nią? Na myśl o tym czuję się, jakbym tonął w lodowatym oceanie. Zero punktów zaczepienia, nie ma nic. Materii, energii, oddziaływań, wymiarów przestrzeni. Nagle, nie wiadomo skąd i dlaczego, eksplozja. W ciągu trzech minut powstają wszelkie istniejące we wszechświecie pierwiastki. Fizycy twierdzą, że w początkowej fazie ten świat mógł mieć aż dziesięć wymiarów, szybko się jednak uprościł. Po około dziesięciu milionach wieków z krążących w przestrzeni substancji formują się gwiazdy i to one przejmują pałeczkę tworzenia. Wokół nich wykształcają się układy ciał niebieskich, pięć miliardów lat temu powstaje nasze Słońce. Kilkadziesiąt tysięcy wieków zajmuje „wykonanie" Układu Słonecznego, w tym Ziemi.

Jakieś czterdzieści pięć milionów wieków temu na Ziemię wpada z impetem planeta wielkości Marsa (nazwano ją później Theia). Na szczęście pod takim kątem, że nie rozbija globu, odrywa jedynie fragment, który wraz z pozostałościami agresorki tworzy nasz piękny Księżyc, regulujący jak wiadomo choćby kwestię przypływów i odpływów. Na skutek uderzenia orbita Ziemi odchyla się na tyle, że na planecie pojawiają się pory roku. Co wcale nie znaczy jeszcze, że można odtąd będzie wiosną cieszyć się nowalijkami, a w lipcu ruszać stadnie opiekać ciała na plażach Egiptu.

Mam przed oczyma obraz, który wymalował William Bryant Logan, autor zajmującej apologii ziemskiego pyłu (szczegóły bibliograficzne pod tekstem). Jego zdaniem te czterdzieści parę milionów wieków temu Ziemia wyglądała koszmarnie. Gorące wnętrzności, oddzielone od reszty świata cienką powłoką, która czasem nie wytrzymywała ciśnienia i eksplodowała pod naporem stłoczonych pod skorupą ziemską gazów. Po jakichś pięciu milionach wieków chmury zagęściły się na tyle, że zasłoniły Słońce, Ziemia zaczęła stygnąć i parować. Para, bogata w dwutlenek węgla, formaldehydy, neon, cyjan i inne smakowitości, skropliła się i wtedy zaczęło padać. Padało bez przerwy przez jakieś sto dwadzieścia wieków. Skorupa ziemska ostygła, choć wszystko nadal wyglądało jak radzieckim odbiorniku: było czarno-białe. Brązy, czerwienie i pomarańcze, które zwykle mamy przed oczyma, myśląc o tamtym okresie, wiążą się z obecnością utlenionego żelaza, które wówczas rozpuszczone było w wodzie. To w wodzie przez następnych kilkanaście milionów wieków obserwować można było układanie się relacji wszystkich sił tworzenia, w końcu trzydzieści pięć milionów wieków temu – jak pisze Logan – „jakiś zbiór pierwiastków posłuszny Bożemu rozkazowi zaczął żyć". Owemu zbiorowi udało się wytworzyć powłokę, dzięki której był w stanie utrzymać w jednym miejscu swoje wnętrze i nie rozpływał się w kontakcie z otoczeniem, tak poukładał też pierwiastki chemiczne, że stworzyły coś w rodzaju prehistorycznego DNA, które pozwoliło mu się mnożyć.

Od tej pory było już z górki. Jakieś dziesięć milionów wieków później chytra cyjanobakteria nauczyła się wykorzystywać światło słońca do produkcji węglowodanów, wydzielając przy tym tlen. Tlen zaczął reagować z żelazem, na ziemi pojawiły się kolory. Bakterie, grzyby i mchy zaczęły trzymać się razem, siedem milionów wieków temu pojawiły się rośliny, następnie zwierzaki (które w ciągu ostatniego pół miliarda lat przetrzebiło podobno pięć wielkich kataklizmów). Naukowcy mówią, że gdyby całą dotychczasową historię Ziemi uznać za pełną dobę, człowiek pojawił się na niej o – uwaga! – 23.59.56. Jakieś półtora tysiąca wieków temu.

Po co ten rozwlekły opis? Bo go uwielbiam i uważam za doskonały materiał do kontemplacji. Kocham obracać w palcach wszystkie te naukowe szczegóły. Cóż może być bardziej święte od zapisanych w dziejach Ziemi śladów Boga ukazującego się tu w najbardziej Boskiej ze swoich Boskich cech – umiejętności stwarzania? Czytając o miliardach lat, które upłynęły od chwili, kiedy stworzył Ziemię, czuję „święty" spokój. W tym oszalałym z pośpiechu świecie niczym zimna cola koi mnie myśl o cierpliwości Stwórcy, o milionach wieków spędzonych „w ciąży", w oczekiwaniu na to, aż na świecie pojawi się istota rozumna, która dzięki wolnej woli będzie w stanie wejść z Nim i ze światem w świadomą relację.

Już słyszę chichot racjonalistów, którzy pukając się znacząco w czoło, będą mi z wyższością wyjaśniać, że dopatrywanie się w stworzeniu roboty siły wyższej to godne politowania dorabianie sensu do bezsensu, z którym prawdziwi mężczyźni poradziliby sobie bez takich dodatków. Tacy ludzie zawsze mogą liczyć na mój najgłębszy szacunek. Naprawdę trzeba niewyobrażalnej, trudnej wręcz do udźwignięcia wiary, by poznając kolejne elementy łańcucha przyczyn i skutków, które odkrywa przed nami nauka, utrzymywać, że to wszystko dzieło fantastycznego zbiegu okoliczności. OK, stopniowe mutowanie organizmów da się jeszcze jakoś wytłumaczyć, ale proszę udać się nad dowolny ocean, obejrzeć go rano, obejrzeć wieczorem, po czym wytłumaczyć mi w tym duchu fundamentalny dla równowagi pływów na Ziemi i dla pór roku - atak Thei!

Tak zwani racjonaliści zawsze w debatach z teologami wyciągają Księgę Rodzaju. Nic nie zgadza się tu z odkryciami nauki. Biedacy nie mają pojęcia, że Kościół od dłuższego czasu (pisał o tym już święty Augustyn) uprzejmie prosi, by nie traktować Biblii jako podręcznika biologii czy astrofizyki, jeśli stawia ona bowiem jakieś pytania, to filozoficznej, a nie naukowej natury. A jak słusznie zauważył piszący w początkach XX wieku francuski apologeta Guibert: „Duch Boży, przemawiający przez usta autorów, nie miał zamiaru uczyć ludzi prawd dotyczących wewnętrznego układu przedmiotów widzialnych, gdyż nie ma to żadnego związku z ich zbawieniem". I dalej: „Natchnienie Ducha Świętego nie stanowi gwarancji ani ścisłości języka, ani dokładności dokumentów naukowych czy też innych, którymi posługuje się autor. Wiadomo, że system astronomiczny Hioba był fałszywy, lecz prawdy religijne zawarte w tej księdze uważamy za natchnione. Możemy założyć, że autor miał natchnienie do korzystania z prawdy naukowej znanej w swoich czasach". Papież Leon XIII (XIX wiek) dodaje: „Pisarze, zamiast badać prawa natury, same rzeczy niekiedy opisują na sposób pewnej przenośni albo tak jak o nich wówczas ogólnie sądzono". Opis stworzenia podawany przez Księgę Rodzaju powstał pewnie w okolicach VI wieku przed Chrystusem, stan wiedzy astronomicznej i biologicznej odpowiada w nim wiedzy właściwej tej epoce. W sposób poetycki mówi nie o punkcie w czasie, gdy wszystko zaczęło istnieć, opowiada raczej o relacji wszystkiego, co zostało stworzone, ze Stwórcą.

Tu moi ideowi oponenci zadają zwykle katolickim obskurantom cios – w ich mniemaniu – śmiertelny: skoro nie da się wierzyć Biblii w sprawach nauki, jak możemy wierzyć jej w innych sprawach? Jak odróżnić sprawy warte wiary od tych, w które wierzyć nie należy? Wystarczy zrezygnować z obrazu wiernych jako istot, którym wiara wyłączyła rozum. U chrześcijanina winny być to dwa mechanizmy, które nie tyle konkurują ze sobą czy się wykluczają, ile na bieżąco się uzupełniają. Mądrzy ludzie mówią, że do nieba polecimy na dwóch skrzydłach – że wiedza bez wiary to pycha, a wiara bez wiedzy to głupota. Mają rację: tylko używając tych dwóch skrzydeł, nie wyrżniemy banalnie w grunt, trwać będziemy w stanie, na który człowiek jest skazany – sytuacji „niepoznawczej równowagi".

Zostawiam już kochanych racjonalistów, to nie o nich miałem pisać, lecz o Bogu. Widać już, że fizycy nigdy nie powiedzą o Nim niczego pewnego, ale z tym, co mówią, w niczym nie kłóci się moja wiara w to, że gdy Bóg tworzył, nie było naprawdę niczego, ani czasu, ani przestrzeni. Tylko Bóg. On jest poza czasem, bez początku i bez końca, od zawsze taki sam, od zawsze Jeden, ale w trzech Osobach (jak to możliwe, „rozkminiać" będę w poświęconym tylko temu rozdziale). „Bezimienny, który zawsze pozostaje tożsamy ze sobą samym, będąc jednocześnie wewnątrz i wokół wszechświata" – jak to cudownie zaplątał mędrzec znany szerzej jako Pseudo-Dionizy Areopagita. Skoro nie było czasu ani przestrzeni, nie ma sensu zastanawiać się, gdzie był ani jak długo Bóg „siedział sam".

Wiemy o Nim na tyle dużo, by z wysokim prawdopodobieństwem założyć, że nie było tak, iż pewnego razu (bo „razu" też nie było) wpadł na pomysł: jestem wszechmocny, więc zostanę sobie Stwórcą świata. W Bogu – jak mówią fachowcy, którzy rysowali

Jego portret na podstawie Jego późniejszych zachowań (co fachowo nazywa się w teologii Objawieniem) – nie ma zmienności, nie ma cech ani myśli, które pojawiają się i znikają. Od zawsze więc był Stwórcą, od zawsze nosił w sobie ideę stworzenia świata, nie stworzył go, bo czegoś Mu brakowało albo się źdźiebko nudził. Nie było też tak, jak chcą zwolennicy tak zwanych systemów emanacyjnych, przekonujący, że z Bogiem było trochę jak z rozszerzającym się wszechświatem: kipiał, kipiał, aż wykipiał, a musząc dać gdzieś upust energii, „wpakował" ją w ten świat. Jak było? Kosmos przed stworzeniem to jednak domena Boga. Zbliżając się do niej, jestem jak żyd w jerozolimskiej Świątyni przed zasłoną Świętego Świętych, za którą nikomu nie wolno wejść, bo natychmiast padłby trupem. Dotykam tajemnicy. która zawsze pozostanie nietknięta, czysta, święta, nieskażona żadną myślą, mającą ją racjonalizować, używać jej, ściągać na ziemię. To jest *sacrum* w najczystszej postaci. Czuję przedsmak tego, czym będę pasł oczy, serce, wszystkie cielesne i duchowe zmysły przez całą wieczność po śmierci.

To chyba jedyny taki moment w całej mojej podróży tropem Boga. Gdy z pewnością nie mogę powiedzieć nic, ale nigdy (poza sytuacją Wcielenia i Krzyża) nie będę bliżej prawdy o Nim. Nie mówiąc nic o Swej istocie wprost, pokazuje, że Jego organiczną cechą jest bycie Stwórcą. Że jest jak poeta (skłonność do kiczowatych porównań jest u mnie silniejsza niż samozachowawczy instynkt), który czerpiąc z puli ogólnodostępnych słów, układa je w takie ciągi, że z nut robi się symfonia (to z kolei metafora ukradziona z Tolkiena).

Jedna prosta opowiastka z Biblii i wiemy też już, że musi być dobry, bo tylko ktoś dobry jest zdolny do tego, by tworzyć, dzielić i dawać coś za darmo. Fachowcy mówią, że *creatio ex nihilo* (stworzenie z niczego) jest *creatio continua* (stwarzaniem ciągłym). Gdyby nagle przeciąć pępowinę łączącą Boga ze stworzeniem, to momentalnie zapadło by się ono w bezczas, przestało istnieć. A skoro moja zależność od Boga jest tak silna, to grzech (czyli odwrócenie się od Niego) ma skutki gorsze od deszczu meteorów, zagłady nuklearnej, od każdej najgorszej kosmiczno-ekologicznej katastrofy.

Nie idziemy na noże z fizykami, biologami i fanami teorii ewolucji. Guibert – autor naprawdę genialny jak na swoje czasy – pisze, że z wiary w to, iż Bóg puścił świat w ruch, a później dał te miliardy lat, by wydarzyło się, co trzeba, wynika jeszcze większa Jego chwała i większy dla Niego podziw, jak to wszystko zostało wykoncypowane, niż z podzielania ślepej wiary tych, co mówią, że stało się to za jednym uderzeniem jakiejś czarodziejskiej różdżki.

Podobnie jest ze stworzeniem człowieka, choć co do jego powstania są wśród teologów rozbieżności. Jedni twierdzą, że Bóg stworzył ludzkie ciało na drodze ewolucji, a – gdy już osiągnęło stosowną doskonałość, którą fachowo pięknie nazywa się progiem hominizacji – dodał mu duszę, dzięki której człowiek stał się człowiekiem (co – jak podpowiadają uczeni – kłóci się jednak z biblijną wizją człowieka jako bytu z natury duchowego). Inni dowodzą, że luki w obrazie ewolucji nie pozwalają na wysnucie tezy, że pochodzimy od małpy (bo człowiek to jednak zupełnie inna od małpy natura, ewolucja pozwala organizmom mutować, ale nowej natury nie tworzy), a człowiek został „ulepiony" od podstaw z „prochu ziemi" (czyli z wszystkich możliwych pierwiastków, w które zresztą ciało człowieka po śmierci znów się zmieni). Kolejne pole debat otwiera się, gdy stawiamy pytanie, czy wszyscy pochodzimy od Adama i Ewy. Mój Kościół nie ogłosił w tej sprawie dogmatu, choć usilnie przekonuje, że musiała być jakaś pierwsza ludzka para, inaczej przestałaby się trzymać kupy nauka o grzechu pierworodnym (są też badania DNA, które pokazują, że nie można wykluczyć, iż pochodzimy jednak od jednej pramatki).

Ja bardzo lubię tropić u teologów inny wątek. Patrzeć, jak spierają się o to, czy moja relacja ze światem i Bogiem zaczęła się w momencie, gdy moi rodzice zdecydowali się dać życie nowemu człowiekowi (przedtem nikt nie mógł mieć ze mną żadnej relacji, bo mnie po prostu nie było), czy może jednak wcześniej. Filon Aleksandryjski, mniej więcej rówieśnik Jezusa, doszedł do wniosku, że najpierw Bóg stworzył niewidzialne niebo, niewidzialną ziemię, oraz (intelektualne WOW!) ideę powietrza i pustej przestrzeni. Inny stary mędrzec, Orygenes, rozwinął tę myśl, pisząc, że istniejące już kiedyś dusze, otrzymawszy wolną wolę, zdecydowały oddzielić się od Boga, więc On, żeby ich odejście nie było wieczne, pozwolił im wkleić się w cielesne foremki, by poczuły, co to jest śmiertelność, i mogły jeszcze zmienić zdanie. Kościół testuje te i inne poglądy w działającym od wieków maglu swej nauki i mówi, że Filon i Orygenes się mylą. Może i warto wyleczyć się z romantycznych orygenejskich bajań, snutych zwykle latem, wieczorem, na jakiejś pustej plaży, ze spojrzeniem wbitym w jedyną dostępną człowiekowi nieskończoność – niebo oraz morze, o tym, że pewnie gdzieś tam przed miliardami lat istniałem sobie jako bezcielesna duszyczka (bo te bajania, choć niezwykle kuszące, mogą doprowadzić do makabrycznych teologicznie skutków, powiem o tym więcej w rozdziale o mistykach). Jednakże mnóstwo ludzi, którym ufam (na przykład wielki teolog Hans Urs von Balthasar), przekonuje, że „w Bogu jestem starszy niż w sobie samym". Że Bóg jest wszechwiedzący, wiedział więc, że będę. Miał mnie więc w sobie jako myśl, a gdy myśli się o kimś, kogo się kocha, ten ktoś przecież jakoś już w nas istnieje. Nie było takiego momentu, w którym Bóg by mojego istnienia nie pragnął. Życie wieczne jest więc w istocie powrotem do domu, który już się zaczął.

Czujnik temperatury zwojów mózgowych powoli wskazuje wartości krytyczne. Na koniec, by już naprawdę sięgnąć wrzenia, wyjaśnienie, dlaczego kobietę stworzył jako drugą (i w dodatku z męskiego żebra). Po pierwsze – w Biblii są dwa opisy stworzenia. Pierwszy mówi wprost i bez ceregieli: Bóg stworzył człowieka mężczyzną i kobietą. Drugi niuansuje, pokazując obraz tworzenia kobiety z żebra. Biblista profesor Michał Wojciechowski wyjaśnia, że w języku Sumerów (z których mitologii zaczerpnięty został prawdopodobnie ten obraz) słowa „żebro" i „życie" brzmią niemal tak samo. W tych czasach, w których dominował hardcore'owy patriarchat, taki zapis zrównujący kobietę z mężczyzną, podkreślający jej godność i równość z facetem, był ewenementem. W Biblii Ewę nazywa się „matką wszystkich żyjących", w greckim przekładzie, tak zwanej Septuagincie, pierwsza kobieta ma wręcz na imię Życie (Zoe). Taki był pomysł Boga. Całą resztę dorobili knujący swoje spiski męscy szowiniści, zapominający, że Bóg nie ma płci, seksualności. Możemy z Nim wchodzić w relację jak z ojcem, ale i zarazem jak z matką. Bóg o sobie co prawda zawsze mówi, że jest Ojcem, a gdy pojawiają się metafory macierzyńskie, lepiej widać analogiczność („jest j a k matka"), na szczęśliwe zakończenie pierwszego etapu podróży możemy jednak chyba westchnąć sobie (w sensie zupełnie innym niż ten, w którym wzdychaliśmy do tej pory): Matko Boska…

Poradnik

- Podczas wakacji nad Bałtykiem zamiast pomstować na kwitnące sinice, warto wziąć przykład z ich prakrewnej (wspomnianej wyżej cyjanobakterii), która jako pierwsza odkryła fundamentalną zasadę tego świata. Bóg tworzy kosmos, oddzielając jedne rzeczy od drugich. Stajemy się tym, kim jesteśmy, nie będąc kimś lub czymś innym. Każdy, kto na tym świecie przeżył lat więcej niż piętnaście, wie (lub co najmniej czuje), że w kontakcie z Bogiem i ze światem najlepiej sprawdzają się byty autonomiczne, które wiedzą, czym różnią się od otoczenia. Piszę to ja, człowiek, który dwa razy w życiu decydował się na pójście do zakonu, a dziś wie, że zamiast modlić się o takie czy inne powołanie, pytać, czy podobałoby Mu się, gdybym wyrzekł się tego czy tamtego, najlepiej prosić o tyle światła i siły, by móc żyć w zgodzie z sobą. Nie z psychologiczną samowiedzą czy samoświadomością, ale z czymś obiektywnym, wpisanym w człowieka, gdy zaczynała się jego ziemska droga. Ta tożsamość pozwala dobrze żyć, bo precyzyjnie pokazuje, gdzie się zaczynamy, a gdzie się kończymy, jest unikatowa, uwzględnia wszystkie nasze pragnienia, oddzielając z chirurgiczną precyzją narosłe w ciągu życia nowotwory potrzeb. Moc zmieniania świata, odkrywania w sobie Boskiej siły tworzenia, mają tylko akty podejmowane nie na poziomie zachcianek, a właśnie tej, obiektywnej, danej przy stworzeniu tożsamości.

Bóg zaczyna świat, wypowiadając słowo. Słowo człowieka to poruszenie cząstek powietrza, ciąg znaków, u Boga słowo w tym samym momencie „myśli się", komunikuje i dokonuje. Do Boga można się modlić, lepiąc girlandy próśb i łańcuchy pobożnych mizianń, opowiadając Mu wszystko to, co i tak sam wie i widział. Zauważyłem, że znacznie prościej, czyściej jest Go poprosić, by powiedział jedno słowo. Na przykład imię kogoś, za kogo się modlimy, może nasze własne, i nic więcej. On je zresztą wypowiada wciąż, dlatego ta osoba istnieje. Może to pomoże nam lub jej uświadomić sobie, że On wciąż, od samego początku z tą samą mocą odnawia, tka, wypełnia ubytki i rany (czasem skutki modlitwy muszą czekać na zmianę nastawienia tego, za kogo się modlimy, nigdy nie przepadają, termin ważności mają na całą wieczność). Można prosić Boga, by powiedział: „żyj", „bądź", „jestem", „chcę". W tym języku rozmawiają ze sobą aniołowie, nas też to prędzej czy później czeka, już teraz warto przestudiować „niebiańskie rozmówki" i skondensować do pojedynczych słów eseje, jakimi karmimy Stwórcę. Stąd wynika też i inny wniosek. Formą wymierzonego w Boga bluźnierstwa jest prostytuowanie słowa. Co czeka wszystkich, którzy swoje wolne od sensu słowa rozpylają na przykład na internetowych forach – o tym w rozdziale o poznaniu Boga i mistykach.

Biorąc udział w sporach wokół aborcji czy procedury *in vitro* (to dwie zupełnie różne kwestie, obie dotyczą jednak początków życia), czasem mam wrażenie, że to wszystko czcza gadanina. Porozumienie co do prawa regulującego te kwestie nie jest możliwe, bo przecież postulat takiego czy innego napisania ustawy ma swoje korzenie znacznie głębiej. Inaczej widzimy fundamenty, nie ma się więc co dziwić, że inaczej projektujemy budynek. Spór o *in vitro* to wcale nie batalia tych, którzy są zdolni do współczucia, z bandą nieczułych ortodoksów, kłopot tkwi gdzie indziej. W tym mianowicie, że przekazywanie życia jest dziś (refundowaną lub nie, w zależności od widzimisię sejmu) procedurą medyczną, ludzie nie zdają już sobie sprawy z tego, jak niezwykle doniosły to akt, podłączenie się na chwilę do krwiobiegu Stwórcy, który idąc w ślad za ludźmi, w tej samej chwili tworzy nową ludzką duszę (której nie da się po dwóch tygodniach unieważnić, dokonując aborcji). Nie wiem, czy coś godzi w Boga bardziej niż uzurpowanie sobie praw do bycia Stwórcą, kombinowanie z ludzkim życiem. To nie obsesja księży – ciągłe rozprawianie o *in vitro* czy aborcji, to pytanie, czy ludzie powinni udoskonalać niezwykle skomplikowane urządzenie, którego sami nie wymyślili, a potrafią je jedynie użytkować.

Ważniejsze od zakrzykiwania się odpowiedziami jest to, by pozwolić wybrzmieć dramatyzmowi pytania. A przede wszystkim pozbyć się paraliżującego nam głowy „kreacyjnego egoizmu", zauważyć, że nie zostaliśmy stworzeni sami i że każdy z nas mógł znaleźć się w ciekłym azocie, względnie przed dwunastym tygodniem ciąży zniknąć z tego świata, gdy okazało się, że urodzi się z zespołem Downa (mając kontakt z takim ludźmi, warto przypomnieć sobie, że upośledzenie fizyczne czy psychiczne to przypadłość tylko ziemska, po tamtej stronie nawet najgłębiej skrzywdzone przez chorobę osoby będą w pełni sił, świadomości i zdrowia).

Odnalezieniu śladów Boga w pytaniu o ludzkie życie musi też towarzyszyć „przemyślenie siebie" w relacji do przyrody. Efektem moich dumań jest to, że choć wciąż nie umiem zdobyć się na wegetarianizm (walka trwa), zaprzestałem mechanicznego mordowania much, pająków i tego wszystkiego, co też chce żyć, a nie zamierza mnie atakować – pracowicie wynoszę całe to życie za okno. Wszystko, co na tym świecie rośnie i biega, od kalarepki do kołatka upartego (*Hadrobregmus pertinax*), nosi wszak w sobie ślady Boga, *vestigia Dei* (choć nie ustaliłem jeszcze, jakie nosi komar). Nie dziwi mnie ksiądz Wacław Hryniewicz, gdy pisze: „Kosmos ma w sobie coś ze świątynnej sakralności, której nie wolno bezcześcić". Człowiek wyrzucający psa z pędzącego auta jest nie tylko skończonym idiotą, ale i kimś, kto pluje w twarz samemu Bogu. Przemoc, która pojawiła się, odkąd na tym świecie zaczął rządzić człowiek, ma skutki różnej wagi, ale zawsze – czy to na wojnie, czy w rzeźni – pozostaje czymś, co sprzeciwia się Boskiej mocy, która „nie ma upodobania" (konia z rzędem temu, kto wymyśli, jak to powiedzieć współcześnie) w śmierci, „ma zaś upodobanie" we wszystkim, co stworzył. Religijnie motywowany wegetarianizm jako wstęp do mistycyzmu? Czemu nie?

(Do)czytania

Ks. Marian Kowalczyk SAC, *Traktat o stworzeniu* (w: *Dogmatyka*, t. 6, Warszawa 2007) – raczej dla fachowców, jeden z najbardziej „sztywnych" językowo traktatów w doskonałej serii Z Muszelką. Nie da się jednak tej pozycji ominąć, omówione są tu wszystkie koncepcje, które na temat stworzenia wypracowała ludzkość.

Dla tych, co mają dobrego antykwariusza – znacznie przystępniejszy, na poziomie klasycznej literatury popularnonaukowej – skarb sprzed wieku. *Początki. Kwestie apologetyczne* (Wilno 1913) podpisane J. Guibert (niewykluczone, że chodzi o ukrywającego się pod inicjałem Josepha Guiberta, kardynała arcybiskupa Paryża).

William Bryant Logan, *Dirt. The Ecstatic Skin of the Earth* (New York 2007) – poetycka opowieść o pochodzeniu, życiu zewnętrznym i wewnętrznym, preferencjach i antypatiach ziemi rozumianej jako pył, proch, grunt, skorupa. Dla każdego, kto chciałby poczytać reportaż z pierwszych lat po stworzeniu, a w dzieciństwie próbował wykopać dziurę aż do Australii (ale pewnie nie dotarł nawet do tak zwanej strefy Moho, czyli nieciągłości Mohorovičicia – granicy między skorupą a płaszczem Ziemi). Przy (pisanym prozą) hymnie na cześć pierwszej bohaterskiej bakterii miałem łzy w oczach (choć, przyznaję, nie wzdychałem: „dziadziu...").

Niezrównany Zenon Ziółkowski (*Najtrudniejsze stronice Starego Testamentu*, Warszawa 2004) precyzyjnie wyjaśni zaś, że po hebrajsku proch to to samo co glina, i naprowadzi na myśl, że sformułowanie „z prochu powstałeś i w proch się obrócisz" wcale nie jest dołującym proroctwem, wręcz przeciwnie – zapowiedzią, że człowiek stworzony przez Boga w momencie alfa (na starcie), w punkcie omega (na mecie) w całości do niego powróci. Inny biblista i teolog, profesor Michał Wojciechowski (*Pochodzenie świata, człowieka, zła*, Częstochowa 2005) – jak zapowiedziałem – rozwieje zaś wszelkie wątpliwości feministek.

Pięknie, gęsto o tym, że nie ma innej drogi do nieba niż przez ten świat, a życie wieczne to nie przyszłość, ale teraźniejszość, pisze Hans Urs von Balthasar w *Eschatologii w naszych czasach* (tłum. W. Szymona OP, Kraków 2008).

Prawdy wiary przez lata cudownie pracują w głowach wiernych. Przepiękną opowieść o stworzeniu świata można znaleźć w *Apokryfach i legendach starotestamentowych Słowian południowych* (red. G. Minczew, M. Skowronek, Kraków 2006). Bóg tworzy tu świat nad Morzem Tyberiadzkim, po którym pływa przebrany za kaczkę Satanael. Początkowo pomaga Bogu tworzyć, później się jednak buntuje i Bóg strąca go w otchłań za pośrednictwem archanioła Michała, któremu najpierw udzielił święceń kapłańskich.

[JAK, KIEDY]

odpoczywał? I po co, skoro nie musiał?

No i mamy skandal. Bóg nie przeszedł pomyślnie weryfikacji swej wszechmocy, gdy stworzył czas, okazało się, że – podobnie jak człowiek, zwierzę i roślina – po prostu się męczy. W Księdze Rodzaju stoi wszak jak wół: „A gdy ukończył w dniu szóstym swe dzieło, nad którym pracował, odpoczął dnia siódmego po całym swym trudzie, jaki podjął. Wtedy Bóg pobłogosławił ów siódmy dzień i uczynił go świętym, w tym bowiem dniu odpoczął po całej swej pracy, jaką wykonał, stwarzając". Ten urywek Pisma (wzbogacony jeszcze o stosowny cytacik z Księgi Powtórzonego Prawa, w którym Bóg wyjaśnia Mojżeszowi, że w tymże świętym dniu, czyli w szabat, nikomu nie wolno wykonywać żadnej pracy) to też klasyczny już wstęp do listów pasterskich i kazań wygrażających wiernym kotłem grzewczym w piekle, jeśliby przyszło im na myśl załatwiać sprawunki w niedzielę. Bo skoro Bóg odpoczął, odpocząć powinien i człowiek (co za teologiczna zgroza, proszę się modlić, by święte oburzenie pozwoliło mi dotrwać do wyjaśnienia dlaczego).

Przeciętny posiadacz nieśmiertelnej duszy przechodzi zwykle przez życie, omijając szerokim łukiem (skoro Bóg grozi, lepiej nie prowokować) rodzące się przy takiej lekturze pytania. Dlaczego, chociaż wszechmocny i „niemęczliwy", nagle tak bardzo chce celebrować fajrancik? Jakaż to zazdrość powoduje tym podobno wielkodusznym Stwórcą, że obwarowuje grzechem nakaz, by przez dwadzieścia cztery godziny w tygodniu nie załatwiać ważnych ludzkich spraw, za to koniecznie iść kłaniać Mu się w kościele? Będąc w Izraelu po raz pierwszy, poczułem ciężar duchowego dylematu: co mówi o (w końcu naszym wspólnym) Bogu to, że ku Jego chwale Jego wyznawcy przez pięćdziesiąt dwa dni w roku muszą maksymalnie utrudniać sobie życie, poczynając od liczenia kroków i przestrzegania ścisłej diety po obowiązek korzystania z windy szabasowej? By nie zmuszać wiernych do naciskania przycisków (co podpada pod zabronione używanie urządzeń elektronicznych; światło w mieszkaniu programuje się przy użyciu specjalnych wyłączników już dzień wcześniej, wykręca się też żarówkę z lodówki), winda taka jeździ non stop z góry na dół, zatrzymując się na każdym piętrze.

Na początku warto powtórzyć: biblijny autor też człowiek. Nic dziwnego, że w swojej pracy uciekał się czasem do antropomorfizacji (dopisywaniu Komuś, kto człowiekiem nie jest, ludzkich cech), w przekonaniu, że uda mu się dzięki temu lepiej wyłożyć wymykające się poznaniu Boskie tajemnice (powiem o tym więcej w rozdziale o Biblii). Ludzie święci, mędrcy i mistycy, spędzali później długie godziny na modlitwach i „przeżuwaniu" Pisma, by spod przesiąkniętych (a czasem przeżartych) rozmaitymi kontekstami kulturowymi słów wydobyć samo „mięso", ich prawdziwą treść. I żydowscy, i chrześcijańscy mistycy nie mają wątpliwości, że w historii o szabacie Bóg nie tyle pokazuje nam się jako zmęczony brygadzista, ile chce wyjaśnić, że nie jest radosnym rzeźbiarzem, który ulepił sobie świat i poleciał dalej. Że to, co stworzył, traktuje nie jak realizację kaprysu, lecz jak zobowiązanie. Chce nie tylko dać słońce i sporo słonej wody, ale stworzyć więź. To Bóg, który zatrzymuje się, by tym, co zrobił, po prostu się nacieszyć. Jest – proszę wybaczyć kompulsywne mnożenie absurdalnych porównań – niczym matka i ojciec, którzy po narodzinach dziecka wpatrują się w nie jak w obraz, chcąc przelać nań w tym spojrzeniu całą miłość. To spojrzenie jest więc nie tylko afirmacją, uznaniem prawa do istnienia, jest zachwytem nad odrębnością, także deklaracją: „Choćby cały świat stanął przeciw tobie, pamiętaj i powołuj się na ten moment: Ja będę cię chronił".

To tylko z pozoru dygresja nie na temat. Złapałem się na tym, że od mniej więcej ćwierć wieku co tydzień powtarzam dość bezmyślnie podczas mszy „Wierzę w Boga Ojca Wszechmogącego, Stworzyciela nieba i ziemi". Co wyznaję? Że Bóg stworzył jakąś smętną kosmiczną niedoróbkę? Teoretycznie mam to „przećwiczone". Bóg stworzył piękny rajdowy samochód, dzięki jego użytkownikom dziś jest to porysowany wrak, bez szyb, siedzeń, a ponieważ ktoś ukradł opony – postawiony na cegłach. Kryzys wiary w Boga Dobrego Stwórcę to szczelina, która w przypadku wielu mych znajomych była początkiem rozpadania się ich duchowości. „Jeśli Bóg jest autorem tego świata, dziękuję za takiego Boga" – mówili. Stwórca doskonale wiedział, że z czasem ludzkie psucie osiągnie taką skalę, że patrząc na świat, jego mieszkańcy będą mówili, że jest piekłem. I dlatego antidotum, opowieść o szabacie, umieszcza na początku Biblii, by skłonnym do refleksji malkontentom przynajmniej raz w tygodniu powtarzać z uporem: „Nieprawda. Mój świat jest (lub mógłby być) dobry. A ty masz zrobić wszystko, by tę prawdę odkopać spod zwałów beznadziei". Kontynuując lokalowo-budowlane metafory: szabat to okno, które zapewnia nam regularny kontakt z tajemnicą stworzenia, o której Zły każe nam zapominać, tłumacząc, że to przecież było tak dawno, że nie wiadomo nic pewnego, że tak naprawdę to ewolucja albo wytężona praca ludzkości. Bóg żąda od nas, żebyśmy w zetknięciu z taką propagandą byli okrutni jak dzieci, którym ktoś chce zabrać urodziny.

Nie mam pojęcia, dlaczego teologowie albo zwykle pomijają ten wątek, albo gdy już biorą się do niego, podchodzą do sprawy jak pies do jeża, względnie zawijają w spiętrzenia samotłumaczących się teologicznych -izmów i -izmacji. Być może stało się tak dlatego, że w chrześcijaństwie cała ideologia szabatu została wchłonięta przez celebrowanie zmartwychwstania Chrystusa. By jednak niedziela opowiedziała nam wszystko, co ma do powiedzenia o Bogu, którego tropimy, musi oddychać dwoma płucami. Żeby w niedzieli odnaleźć Boga, w którego wierzą chrześcijanie, trzeba najpierw zanurzyć się w pozorną pustkę, głęboką ciszę szabatu, by przekonać się, że ów Boski odpoczynek naprawdę nie jest drzemką, lecz spojrzeniem, od którego treści powietrze naokoło aż kipi.

Nie ma lepszego przewodnika niż wybitny żydowski nauczyciel... Abraham Joshua Heschel. W pięknej, gęstej książce *Szabat*... przeciwstawia on sobie dwa porządki: porządek przestrzeni, w którym człowiek pracuje, próbując podporządkowywać sobie coraz to nowe lądy, oraz porządek czasu, domenę samego Boga. Bóg YHWH pokazuje, że w przeciwieństwie do bóstw, które mają swoje święte pagórki, gaje, słupy ofiarne, zwierzęta, nie chce kojarzyć się ludziom z miejscem. Dzień Pana staje się ważniejszy niż Dom Pana (a kontemplując w jerozolimskim hotelu szabasową windę, uświadomiłem sobie, jak szczęśliwy jestem z tego powodu, że pewno pięknego poranka rodzice pozwolili polać mnie wodą w katolickiej świątyni, chrześcijanie idą bowiem jeszcze dalej: wszyscy wierzący stanowią Bożą Świątynię, Bóg jest tam i wtedy, gdzie i kiedy są ludzie).

Autorowi Księgi Rodzaju Bóg nie mówi, jakie współrzędne geograficzne zajmował, gdy tworzył świat, pokazuje tylko, że czas był już na ziemi, zanim narodził się człowiek (który powstał szóstego dnia). Szabat, Boże tchnienie, które było przed wszystkim i będzie po wszystkim, otacza nas jak strumień świeżego powietrza w wypełnionym smogiem mieście, pozwala wrócić do planowanej przez Boga równowagi. To nie dzień na męczarnie, w szabat (podobnie jak u chrześcijan w niedzielę, nawet w Wielkim Poście) nie wolno pościć. Integralną częścią szabatu jest przyjemność: dobra rozmowa, kolacja z bliskimi, sen.

Środa czy czwartek domagają się tego, by każdą godzinę wypełnić znaczeniem – pisze Heschel – w czasie szabatu każda godzina ma znaczenie sama przez się. To świątynia, którą budujemy sobie w środku czasu. Dzień, gdy zawieszamy na kołku wszystkie służące do podboju świata narzędzia, nie używamy komputerów, pieniędzy. Szabat to przedpokój wieczności, jeśli będziemy go odwiedzać, po kilkudziesięciu latach takiego antyszambrowania, po śmierci nie będziemy się czuć zagubieni. „Dla ludzi połączonych z Bogiem czas jest zamaskowaną wiecznością" – pisze Heschel. I aż ciarki przechodzą po krzyżu.

Na koniec pięć minut dla filozofów i dociekliwych amatorów, którzy zastanawiają się, czy od tej strony nie dałoby się zajrzeć Panu Bogu w kieszeń. Może dowiemy się, czym jest bezczas, gdy zapytamy, czym tak naprawdę czas jest. Każdy z nas coś na ten temat ma do powiedzenia, czar pryska w momencie, w którym zaczynamy się w ów czas „wmyślać". Nie umiemy wyjść z czasu, aby go opisać (ładnie ujął to święty Augustyn: „Czym jest czas? Jeśli nikt mnie o to nie pyta, wiem. Jeśli pytającemu usiłuję wytłumaczyć, nie wiem"). Fizycy wiązali dotąd czas z materią, uznając go za jej czwarty wymiar, miarę przemijania rzeczy. Współczesna fizyka zaczyna jednak z tym dyskutować, okazuje się bowiem, że zupełnie inaczej czas wygląda i opisuje świat naszej codzienności, co innego dzieje się na poziomie atomowym (gdzie cząsteczki zachowują się tak, jak gdyby czas nie istniał). W filozofii i fizyce od zawsze były koncepcje sugerujące, że czas podobny jest do koła, a rzeczy następują po sobie w powtarzających się cyklach, oraz takie, w myśl których czas przypomina linię. Chrześcijańscy myśliciele mówią twardo: prawidłowe jest podejście numer dwa (czas upływa nieodwracalnie, ludzkie czyny się nie powtarzają, interwencje Boga różnią się od siebie), poza tym jednak i teologia, i filozofia wobec czasu są bezradne jak dzieci.

Tego zagadnienia nie da się rozgryźć inaczej, niż wchodząc za zasłonę mistyki. Pamiętam, jak przez kilka tygodni nie mogłem otrząsnąć się z szoku, gdy u Jana Pawła II wyczytałem (na trop naprowadził mnie Zbigniew Danielewicz), że jedna chwila Triduum Paschalnego zawiera w sobie wszystkie inne chwile, to, co było pięć tysięcy lat temu, co jest teraz i co będzie za trzy tysiące lat (jeśli przypadkiem wcześniej ten świat się nie skończy). Idąc na mszę świętą, przyjmując Jego Ciało, uczestniczę w bezczasowej wieczności.

Powtórzę to dobitnie, by wybrzmiało: wszystkie starania szabatu o dotknięcie bezczasowości znajdują swoje spełnienie w zwykłej niedzielnej Eucharystii. „O mój Boże! – chciałoby się krzyknąć – gdyby tylko ludzie zdali sobie sprawę, w czym od dwóch tysięcy lat mogą bezkarnie uczestniczyć!" Gdyby zdali sobie z tego sprawę również sami księża, którzy ofiarę Chrystusa zamieniają – bywa – w śmiertelnie nudny, niezrozumiały, drętwy rytuał, nikt przez chwilę nie wahałby się, czy w niedzielę iść do kościoła. Bo kto nie chciałby skorzystać, gdyby powiedziano mu, że może zawsze, kiedy zapragnie, wsiąść w wehikuł czasu, znany dotąd głównie z powtarzanych w święta seriali, wejść w wymiar, w którym będzie można spotkać nie tylko samego Jezusa, ale i na przykład naszych żyjących wiele tysięcy lat temu przodków, dotknąć chwili, kiedy Duch Boży unosił się nad wodami, z których wyłaniała się nieśmiało opisana parę stron wcześniej prababcia bakteria?

Czy naprawę nie można jednak całej tej mistyki połączyć z małym niedzielnym wypadem do galerii (tej z ekspozycją towarów pokupnych, nie rzeźb czy malarstwa)? Może i się da, ale gdy zakosztuje się tego, o czym tak naprawdę jest szabat i złączona z nim pamiątka zmartwychwstania Jezusa, wszelkie tego typu aktywności smakują jak stara ścierka, w ustach wciąż ma się smak uczty. Na którą wszyscy trafimy wszak już za – krótszą lub nieco tylko dłuższą – chwilę (z kształtujących moje dzieciństwo komiksów o Tytusie, Romku i A'tomku pamiętam zaś, że chwila to zaledwie trzy momenty).

Poradnik

- Przyjemnie jest karmić się słodkimi dyrdymałami w stylu: „mierzymy czas", „oszukujemy czas", „zyskujemy" albo „tracimy czas". Gdy Bóg mówi o szabacie, pokazuje jednak, że choć każdy dostał prawo do zajmowania fragmentu przestrzeni, ani sekundy nikt z nas nie ma na własność. Nie możemy przyspieszyć czasu, cofnąć go, jest poza nami i należy do Boga, który w tej drabinie abstrakcji jest jeszcze piętro wyżej, żyje w totalnym bezczasie. Budzenie w sobie raz na jakiś czas takiej świadomości może mieć terapeutyczne działanie na osoby tkwiące w megadołku. Pozwala momentalnie się „odsamotnić", usensownić, poczuć, że nie jesteśmy (nie) szczęśliwym trafem, ale elementem trwającej od wieków całości. Bóg jednocześnie widzi cały ten łańcuszek spraw i ludzi – naszego prawuja, który wraca do chaty po ciemku i nie dostrzega czającego się za drzewem zbója Miszki, bitwę pod Grunwaldem oraz moje i czytelnika zmagania z tą książką. To niesłychane, ale to znaczy, że – wchodząc w Bożą perspektywę – możemy modlić się, mieć łączność również z tymi, których tutaj dzisiaj nie ma. Trudno powiedzieć, czy nasze modlitwy sprawią, że zbój Miszka nie wyskoczy zza drzewa, ufam jednak, że prawuj, gdziekolwiek jest, odczuje to, że ktoś się o niego teraz troszczy.

W świetle tego, co napisałem powyżej, ciekawie brzmi analiza sformułowania „nie mam czasu na modlitwę". To, co już powiedzieliśmy: rzeczywiście nie masz czasu, jedyne, co możesz zrobić, to sobie z nim sensownie współbrzmieć i współistnieć. Co to znaczy, interesująco pokazał opisywany przez Heschela rabin, który non stop się modlił i studiował Torę, przekonany, że to rodzaj ćwiczeń oddechowych, bez których nie da rady złapać tchu w wieczności. Każda chwila, której nie poświęcał na modlitwę, była więc dla niego aktem częściowego samobójstwa. Ów rabin nie przesadzał. Jasne, że w modlitwie ważne są specjalne miejsca, wyznaczone pory i pomocne praktyki. W kontakcie ze Stwórcą (a modlitwa nie jest niczym innym, czasem wystarczy pół myśli, jedno słowo, pytanie) powinniśmy jednak pozostawać stale, bo niczego innego nie będziemy robić po śmierci. A ponieważ życie po śmierci nie będzie innym życiem, tylko ciągiem dalszym tego, co mamy tutaj, nie modląc się tutaj tu i teraz, dzielimy je na dwie części, wchodzimy w obszar duchowej schizofrenii. Modlitwa to nie wymyślanie sztucznych komplementów Panu Bogu, to zwyczajny, codzienny, naturalny oddech w rytmie Stwórcy tego świata. Kto ćwiczy, jak długo wytrzyma na bezdechu, nie powinien się dziwić, że ma później mdłości albo niezwykłe wizje.

Codziennie rano – polecam – próbuję uświadomić sobie, że mój czas może być krótki, że mogę umrzeć dziś, jutro, w tym tygodniu. Co zrobić, by stanąć przed Panem z odrobinę mniejszym poczuciem obciachu? Ot choćby wziąć jeszcze raz na tapetę odwieczne pytanie ludzkości: dlaczego Bóg dopuszcza na ten świat zło, czasem upuszcza nas z rąk?

Spece od religii odpowiadają: to konsekwencja ludzkich wyborów, wojnę zorganizował w końcu nie Pan Bóg, ale hitlerowcy. Świetnie, kogo jednak obarczyć winą za choroby czy trzęsienie ziemi na Haiti? Mojemu znajomemu, który umiera na rzadką, bynajmniej nie cywilizacyjną chorobę, nie umiem dać odpowiedzi, mogę próbować być przy nim, to wszystko. Ale jeśli idzie o Haiti – nie usprawiedliwię się łatwo. Gdybyśmy – również my w Polsce – umieli w życiu wybierać tak, by nie marnować czasu, domy na Haiti zbudowano by z takich materiałów, dla których trzęsienie ziemi nie stanowiłoby zagrożenia. To nie przez Boga, to dzięki naszym błędom w zarządzaniu siłami i czasem coś, co mogło skończyć się na zadrapaniach, było jedną z największych hekatomb tego wieku. Głód i choroby w Trzecim Świecie też nie muszą mieć takiego żniwa. Tych dzieci nie zabija Pan Bóg, one umierają przez nas. Marnowanie czasu to nie błahostka. Zabijamy, marnując swój czas.

(Do)czytania

- Obłędny taniec filozoficznych definicji oraz obelg rzucanych pod adresem tego, co nie da się złapać: jak czas postrzegali Izraelici, a jak Grecy i jak to się ma do tego, co nas czeka po śmierci – Zbigniew Danielewicz, *Traktat o rzeczywistości ostatecznej* (w: *Dogmatyka*, t. 6, Warszawa 2007).

- Jeśli nadal nie masz ochoty na niedzielny odpoczynek, a nie masz jeszcze książki *Szabat i jego znaczenie dla współczesnego człowieka* Abrahama Joshuy Heschela (tłum. H. Halkowski, Kraków 2009), kup natychmiast. Poezja, mistyka, duchowe małmazje w jakości niespotykanej zbyt często. Pozbawione ckliwości kazanie wprost do duszy. Dopiero po lekturze dostrzeżesz pewne uproszczenia, ale one są jak dziury w drodze, która była przecież taka piękna!

[Już nie sam]

a szkoda. Jest dziwny...

Gdy w zamierzchłych latach wczesnej ministrantury pierwszy raz sięgnąłem po Stary Testament, nasz kontakt trwał kilka minut. Przewróciłem parę kartek, chwila lektury, oczy otwarte coraz szerzej. Ostrożne zamknięcie, odłożenie na półkę. Ta książka parzyła ręce. Gdy musiałem ją czytać w czasie mszy, miałem wrażenie, że to jakiś thriller psychologiczny: morderstwa, gwałty, oszustwa matrymonialne, pożary. Całe lata wszelkie wątpliwości w tej kwestii zbywałem nerwową gonitwą myśli. Argumentem „sprzedanym" mi na katechizacji: Pismo ma dwóch autorów, Ducha Świętego i człowieka. Te bardziej drastyczne momenty pisał chyba wyłącznie ten drugi.

Nie dziwiłem się więc za bardzo tym, którzy wchodząc ze mną w płomienne religijne debaty, Bogu z kart Starego Testamentu przypisywali kompletny zestaw cech patologicznego ojca, oskarżając Go o „nietrzymanie afektu", depresję z epizodami manii, skłonność do szantażu realizowaną przy użyciu sadystycznych sztuczek (potopy, deszcze siarki, zmiany skórne, nadmierny rozród płazów lub insektów). Dzielnie stawiałem im opór, posługując się wyżej opisanym schematem (co dobrego – od Boga, co złego – to z pewnością człowiek), póki nie przyszło olśnienie. Dziś wszystkim zgorszonym obrazem Boga, jaki wyłania się ze Starego Testamentu, składam propozycję intelektualnej gry. Wystarczy proste ćwiczenie, by odwrócić diagnozę o sto osiemdziesiąt stopni, przekonać się, że od początku swych spisanych dziejów jest On krainą anielskiej wręcz cierpliwości.

Oto więc – puśćmy wodze wyobraźni – stworzyliśmy ten cudny świat. Wymyśliliśmy człowieka. Mogło go nie być, a jest. Tylko naszej woli zawdzięcza to, że może myśleć, ba – nawet negować nasze istnienie. Człowiek jednak szybciutko zrzuca z siebie krępującą myśl o totalnej od nas zależności. Odkrywając przyjemność z używania podarowanego mu rozumu, zatraca się w niej niczym dziecko, które pod choinką znajduje nowiutką konsolę i zamiast spędzić święta z rodzicami, znika z radarów do sylwestra. Traci zmysł realnej oceny świata. Debatuje z szatanem na temat naszej domniemanej istoty. Dochodzi do wniosku, że – będąc na miejscu i znając ziemskie realia – pewne sprawy jest w stanie ocenić lepiej, trafniej niż my, chwilowo nieobecni i zajęci pewnie Boskimi sprawami. Historia grzechu pierworodnego to opowieść o porzuceniu relacji z Innym na rzecz wejścia w relację z sobą samym, to pieśń o inkubacji niszczącego świat wirusa egoizmu – rozwijana twórczo przez człowieka już w następnym pokoleniu. Synek przemądrzałych pierwszych rodziców zabija swojego niepasującego mu krewniaka.

Gdybyśmy – wciąż będąc Bogiem – ze swych niebiańskich wyżyn zatrudnili jakiegoś ziemskiego konsultanta, ten po zainkasowaniu sutego honorarium stwierdziłby zapewne, że „projekt Ziemia" nie rokuje dobrze. Ba – w perspektywie są poważne straty. Człowiek z pewnością jeszcze bardziej się pokaleczy, lepiej zwinąć historię już na tym etapie. My nie słuchamy eksperta, litujemy się nad Noem – oddanym pracy producentem i testerem win (nie wiadomo, czy bardziej Chateau le Patique, czy Grand Cru), który nie do końca rozumiał chyba ich działanie, więc zdarzało mu się spić do nieprzytomności. Poczciwina, nie najlepszy ojciec, mimo to uznany na tle swoich współczesnych przez Boga za moralny klejnot. Ratujemy jego rodzinę z potopu, zawieramy przymierze. Noe świętuje to wydarzenie najlepiej, jak potrafi. Chleje do nieprzytomności. A wtedy na scenę wkracza, by pokazać nam swoje talenta, jego synek. Cham, gdy tatuś śpi (nago), woła braci, żeby wspólnie zeń sobie podworować. Niczego sobie rodzinka.

Doświadczenie potopu też niczego ludzi nie uczy, ponieważ miast po traumie zbudować wspólnotę, rozbiegają się każdy w swoją stronę. Opowieść o wieży Babel, traktowaną dziś wyłącznie jako mit założycielski biznesu szkół języków obcych, da się czytać głębiej. Biblijny autor chciał pokazać czasy, w których ludzie tracą wrażliwość, bezinteresowność pozwalającą dogadać się z innymi. Ludzie po raz piąty poważnie brukają nasz pomysł. My wciąż nie dajemy za wygraną. Możliwe są dwa powody tej zaskakującej konsekwencji. Gdyby faktycznie Bóg miał w sobie coś z człowieka, mogłoby Mu być po prostu głupio, że Jego stworzenie okazało się taką „chałą", nic dziwnego, że próbuje naprawić, co się da – w biegu. Tu kolejny raz okazuje się jednak, że przypisywanie Bogu ludzkich cech ma tyle sensu, co przeglądanie internetu na liczydłach. Bóg zaraz da kolejny dowód, że nie ma w sobie niczego z człowieka, sugeruje, że dobrze by było, gdyby człowiek miał w sobie coś z Niego. Ot, choćby upór, wierność i lojalność w raz nawiązanej relacji. Albo tęsknotę za jednością ludzi ze Stwórcą, ludzi między sobą.

Pytanie, czy na jej odzyskanie nie jest już nieco za późno? To już nie raj z ograniczoną liczbą lokatorów, ludzkość rozlała się po świecie. Jesteśmy w okolicach 1800 roku przed Chrystusem. Świat pędzi w stu różnych kierunkach. Europa, w pełni rozkwitu epoki brązu, zachwyca się nowymi możliwościami, jakie otworzył rozwój żeglugi (współcześni kierowcy i więźniowie zdobią swoje szoferki i cele portretami kobiet, na greckich skorupach i w skandynawskich jaskiniach widzimy głównie statki). W Egipcie od prawie tysiąca lat buduje się piramidy, w Mezopotamii już ponad tysiąc lat wcześniej zaczęto posługiwać się pismem, na nadwiślańskich ziemiach przenikają się kultury ceramiki sznurowej z kulturą pucharów lejkowatych oraz amfor kulistych, choć prehistorycznej chluby naszego przemysłu budowlanego, Biskupina, nie ma w najśmielszych planach inżynierów (powstanie dopiero około 737 roku przed Chrystusem).

Człowieka wyrosłego w dobie wielkich „światozbawczych" programów tudzież konferencji uderza, że Bóg, zamiast przygotować totalny plan dla mieniącego się już taką ilością barw świata, znów działa punktowo. To rzecz, na której sam łapałem się nie raz i nie dwa – jeśli chce się próbować Go zrozumieć, trzeba pamiętać, że nie jest niczym ONZ lub Al Gore. Nie ma co wymagać od niego, że przedstawi mi lub światu utopię społecznej szczęśliwości. Jego zdaniem bowiem jedyna droga do poprawienia ziemi wiedzie przez naprawę pojedynczych międzyosobowych sytuacji.

Tym razem upatruje sobie Abrama, syna Teracha (Terach to dziewiąte, Abram dziesiąte pokolenie po Noem), który wraz z rodziną, a przede wszystkim z ojcem trudniącym się wyrobem pogańskich dewocjonaliów, mieszkał w Charanie (ziemie dzisiejszej Turcji). Charan miał być tylko przystankiem w drodze z Ur (południowa Mezopotamia, dziś Irak) do Kanaanu (późniejszej

Ziemi Obiecanej), tak się jednak złożyło, że przystanek zmienił się w postój na stałe. O dzieciństwie Abrama nie wiemy nic, jeśli chcemy, możemy słuchać bajek, którymi tę pustkę wypełniają apokryfy. Na przykład *Apokalipsa Abrahama*, gdzie zajmiemy oczy przejmującą historią o tym, jak mały Abram niechcący zdewastował jedną z figur w warsztacie ojca, a gdy zobaczył, jak tato dokleja jej nową głowę, postawił ważkie pytanie: „Co to za bogowie, skoro mój ojciec jest dla nich bogiem, przykleja im głowy?". W Koranie mały Abram nie poprzestaje na cichej refleksji, w stanowczym tonie dialoguje z biednym, niczego nierozumiejącym ojcem.

Dorabianie Abrahamowi ideologicznych wątków *post factum*, szufladkowanie go jako herosa wiary obdarzonego wiedzą i świadomością człowieka współczesnego jest starą tradycją w każdej z trzech wielkich religii, które uważają go za swego ojca (tak twierdzi i judaizm, i chrześcijaństwo, i islam). Fakty były jednak inne. Abram, jak większość jemu współczesnych, był politeistą. Pan, z którym później rozmawiał, stał się jego Bogiem, ale oczywisty był dla niego fakt, że inni ludzie mogli mieć zupełnie inne bóstwa. Bóg być może po to nawiązuje relację z Abramem, by dać kolejny sygnał: „Na dobry początek »restauracji« związku nie oczekuję cudów, wystarczy Mi absolutne minimum".

Samodzielne odkrycie (aż wstyd, że aż tak późno) – bez udziału niewspominających o tym ani słowem kaznodziejów – prawdy o politeistycznej duszy Abrama uświadomiło mi, jak sensownie ułożono kolejność Bosko-ludzkich zdarzeń. Niemal na samym początku drogi spotykamy kogoś, kto przeżywa dokładnie to samo, co prawie każdy człowiek na początku przygody z transcendencją – jest koszmarnie wprost zagubiony. Nazywa Boga różnymi imionami, nie będąc pewnym, czy ma do czynienia z różnymi emanacjami tej samej istoty, czy z całą mnogością bogów. Powtórzmy – nie poprawność teologiczna się u niego liczy. Najważniejsze jest to, że ten człowiek jako pierwszy spośród kolejnych pokoleń synów Adama ma w sobie na tyle wrażliwości i chęci, by usłyszeć Głos, nawet jeśli nie jest w stanie precyzyjnie zidentyfikować kierunku czy źródła. Abram to *role model* dla milionów, które po nim szły do Boga, nie dlatego, przy czym upierają się katecheci, że z pobudek religijnych o mało co nie zarżnął synka (o tym więcej już za chwilę), ale dlatego, że miał odwagę zrobić pierwszy krok. Wyjść poza znany świat swojego poczciwego ojca, w którym bóg ma zawsze twarz i postać. Stać go było na to, by otworzyć się na totalną inność Boga. Człowiek, który – rewolucja – chce powiedzieć, by ludzie, zamiast wierzyć w Boga, uwierzyli znowu (wreszcie) Bogu! Dlaczego padło na Abrama? Bo był to gość z amputowanym czasem przyszłym, którego nic w życiu miało już nie spotkać. Bezpłodna i stara żona, żadnych szczególnych perspektyw na zaszczyty, ósmy krzyżyk na karku. Zgrabnie podsumowuje to Bruce Feiler, pisząc, że nasz patriarcha był pusty. „Dotąd jego życie było zadawaniem pytań, narastającą frustracją, starzeniem się, wreszcie – cichym, pokornym błaganiem: pomocy!" Nagle smętny staruszek dostaje główną rolę w filmie akcji: „Opuszcza ojca, zostawia ojczyznę, wędruje do Kanaanu, wyjeżdża do Egiptu, płodzi dwóch synów, zmienia imię, usuwa napletek sobie i synom, wypędza pierwszego z nich, próbuje zabić drugiego, walczy na wojnie, usiłuje ratować wielkie miasto od zguby, kupuje ziemię, chowa w niej swoją żonę, zakłada kolejną rodzinę i umiera dokładnie sto lat później".

Ale po kolei. Po raz pierwszy Bóg zjawia się Abramowi w Charanie. Każe mu brać dobytek i jechać na południe, do ziemi, którą On mu wskaże. Feiler trafnie zauważa, że to jakby powtórka z opisywanego wcześniej momentu stworzenia, Bóg mówi słowo i to wystarcza, by w obiektywnie nieprzezwyciężalnym chaosie Abrama zaczęło się przywracanie porządku. Bóg wie, czym „kusić". Abram ma otrzymać potomstwo, jedyną szansę na pozostawienie po sobie śladu w krainie, gdzie pałace, namioty i groby błyskawicznie zasypuje piasek. Abram wbrew rozsądkowi, całej ludzkiej wiedzy, pytaniom bliskich i ryzyku „obciachu" podejmuje przerwaną przez ojca wędrówkę, jak Bóg mu nakazał, buduje Mu ołtarze, modli się. Gdy w Kanaanie nastaje głód, ucieka z rodziną do Egiptu. Tam ze strachu okłamuje wszystkich, że jego żona – mimo wieku wciąż zacnej urody – jest jego siostrą (ten sam numer powtórzy później jeszcze raz, a wszystko ze strachu o swoje życie i dobytek). Faraon, który rad by z nią deczko poswawolić, dostaje ostrzeżenie od Boga, który jego chuć temperuje zestawem wymyślnych plag. Przerażony władca odsyła Abrama z żoną do domu. Abram wraca i wikła się w bitwę z wojskiem z Mezopotamii. Wychodzi z niej obronną ręką, towarzyszy mu głos Pana. Coraz bardziej sfrustrowany zaczyna jednak naciskać Boga, by Ten wywiązał się ze swojej obietnicy. W 15 rozdziale Księgi Rodzaju widzimy Boga, który po raz kolejny zaczepiony w sprawie terminu realizacji swojej części dealu każe Abramowi zabić i poukładać ofiarne zwierzęta. Tak w tamtych czasach zawierano przymierza – zwierzęta krojono na połowy, rozkładano je i przechodzono między nimi, składając stosowne obietnice i rzucając zaklęcia, zaś krew stworzeń przyniesionych przez obie strony łączyła się tam, gdzie przechodzili zawierający układ. Tu jednak nikt się nie zjawia. Zapada martwa cisza. Zmęczony Abram zasnął „i opanowało go uczucie lęku, jak gdyby ogarnęła go wielka ciemność". Kolejna lekcja – w wypadku tego Boga stosowana przez pogan w odniesieniu do ich bóstw zasada „daję, byś ty dał" nie działa. A więc – co działa? Jaki jest ten Pan? OK, jestem skłonny uznać, że Bóg Wszechmocny to coś więcej niż maszynka do spełniania lub niespełniania życzeń, ale dlaczego bawi się w kotka i myszkę, pozwala się prosić, ale nie zsyła odpowiedzi?

Niektórzy teologowie twierdzą, że w tej scenie nie ma napięcia, którego się w niej doszukuję. Abram przecież już stwierdził, że uwierzył, więc idąc spać przy swojej ofierze, po prostu miał wizję i dlatego się przestraszył. Pan Bóg spełnił swoją obietnicę, zawierając z nim wtedy przymierze. Może mędrcy mają rację, ja znam też jednak co najmniej kilku Abramów – ci po zrealizowaniu wszystkich Bożych natchnień, jakie zdołali usłyszeć, przygotowali swoje ofiary i w oczekiwaniu na cud zasnęli. Ze zmęczenia. W Biblii Bóg w końcu zjawia się, po raz kolejny potwierdza przymierze z Abramem, w Jego zastępstwie ogień wędruje między ofiarnymi zwierzętami. Pan znów mu obiecuje, że nikt nie zliczy jego potomstwa. Cudu jednak nadal nie ma.

Gdy o tym czytam, nie umiem nie zastanawiać się, czy w tym człowieku coś już jednak nie pękło. Jedenaście lat wcześniej Bóg sprawił, że Abram wyprostował się, był w stanie spojrzeć w przyszłość, znów miał nadzieję, poczuł smak zaufania. Abram „poszybował", dziś (jak setki niewysłuchanych przez Boga) pyta sam siebie, czy nie lepiej jednak poddać się sprawdzonym prawom grawitacji. Tchnienie czegoś większego, transcendencji (nie jestem pewien, czy Abram znał to słowo), przykryło chłodne, płynące z doświadczenia myślenie. „Nikt nie zliczy twojego potomstwa". Pusty śmiech.

Liczyć umie Sara. Tadeusz Żychiewicz, genialny interpretator Biblii, ujmuje to zwięźle: „Abraham dał się jej przekonać, że nie należy kusić Pana. Że nie należy oczekiwać rzeczy niemożliwych. Że trzeba jakoś wyjść naprzeciw i dopomóc Obietnicy, dopóki sprawa nie przekroczyła granicy rozsądku". Sara podsuwa mężowi swoją niewolnicę Hagar. Ten płodzi z nią Ismaela. Mija kolejnych trzynaście lat, Bóg znów karmi Abrama obietnicą. Tym razem każe mu „dotknąć" miejsca tworzenia, obciąć sobie na znak przymierza napletek. Od tej pory nazywa go Abrahamem (mutacja imienia Abram, nadająca mu nowe znaczenie: „ojciec wielkiego mnóstwa"), a Abraham pyta może w duchu (znów – jak pewnie wielu po nim, próbujących wymodlić miłość czy zdrowie): co jeszcze, kiedy każe mi odrąbać rękę?

Ale tym razem Bóg odsłania kolejny detal. Inny nie równa się irracjonalny. Wyznacza datę. Za rok. Potwierdzają to tajemniczy trzej wędrowcy, którzy zjawiają się u Abrahama w pewne upalne południe, gdy wypoczywa w cieniu dębów Mamre. Bóg okazuje mu niezwykłą zażyłość, gdy zdradza mu – nazywając go „przyjacielem" – plan zniszczenia Sodomy (oszczędzę współczesnych analogii, poprzestanę na suchym opisie: gdy dwaj aniołowie pod postacią młodych mężczyzn zjawili się w Sodomie, tłum natychmiast przybiegł do nich, chcąc ich zgwałcić). Abraham wypytuje Pana, czy gdyby znalazło się tam pięćdziesięciu sprawiedliwych, zniszczenie miasta nie byłoby okrucieństwem? Bóg przyznaje mu rację i obie strony targują się, aż zejdą do dziesięciu (nawet tylu jednak w Sodomie się nie uchowało, skoro została zniszczona przez deszcz siarki i ognia – wykopaliska rzeczywiście potwierdzają jakiś straszny kataklizm na tych terenach w opisywanym przez Biblię czasie). Abraham wyjeżdża do Geraru, wreszcie – wraca do Kanaanu i tu cud, zostaje ojcem Izaaka!

A wtedy – lekcja następna. Wiara to naprawdę nie jest przygoda dla przewidywalnych partnerów. Bóg robi coś, co po prostu nie mieści się w głowie. Najpierw wodził staruszka za nos, a teraz każe mu oddać prezent, złożyć syna w ofierze. Temat od wieków eksploatowany przez malarzy, dramatopisarzy, duchownych: młodzieniec (być może w szerokim tego słowa znaczeniu Izaak mógł mieć według różnych teorii lat i dwadzieścia pięć, i trzydzieści siedem) o tęsknym spojrzeniu brutalnie trzymany przez uzbrojonego w nóż starca w ostatniej chwili wstrzymanego przez zesłanego na ziemię anioła.

To jeden z najbardziej wstrząsających i niezrozumiałych momentów w całej Biblii. Pęczki fundamentalnych pytań. OK, Bóg jest całkiem inny, ale czy aż tak nienormalny? Tak małostkowy, że niczym chory z zazdrości narzeczony żąda zdawania tak prymitywnych testów, dostarczania „dowodów miłości"? A może żądanie Boga uroiło się przypadkiem w głowie Abrahama, prawdziwym zaś głosem Stwórcy był dopiero ten, który mówił: „Nie rób chłopcu nic złego!"? Jedni widzą w tej opowieści komunikat: Bóg ze swej natury nie może chcieć niczego złego, nie składajcie odtąd nigdy ofiar z ludzi (a w tamtych czasach chętnie składano ofiary z noworodków). Drudzy mówią, że chodziło o to, by Abraham dzięki traumie, którą przeżył, „odkleił się" od swego syna, podarował mu wolność. Jeszcze inni – i ci inspirują mnie najbardziej – pytają: kto tak naprawdę kogo tutaj kusi? Bóg Abrahama, sprawdzając, jak daleko ten posunie się w swej wierności, czy Abraham Boga – przecież gdyby ów pozwolił mu zabić syna, oznaczałoby to, że jest wiarołomnym tyranem, niewartym żadnej uwagi!

Byłoby źle, gdyby debata nad rozwojem rodzicielskiej przemocy w tamtych czasach zbyt łatwo rozplątała nam nierozplątywalny sens tej opowieści. Nie mamy i na tej ziemi nie będziemy mieć pewności, co tak naprawdę stało się na górze Moria (to tam wybudowano później Jerozolimę i tam – według tradycji – Salomon postawił Świątynię, a następnie muzułmanie meczety Kopuła Skały oraz Al Aksa). Wiemy, że z tej góry, zza zasłony skrywającej niebywały dramat, zeszło dwóch zwycięzców. Ich przyjaźń przeszła ostateczną próbę. Jeden pokazał, że jest w stanie zaryzykować dla drugiego wszystko – nawet nie rozumiejąc, o co tak naprawdę Mu chodzi, a ten drugi pokazał, że to, co dał, dał w stu procentach bezinteresownie (ostatecznie nie chciał, by z tego, co dał, składano Mu jakąś daninę). Abraham nie wie jeszcze do końca, w Kogo wierzy, dokonał już odkrycia fundamentalnego – czuje (choć jeszcze nie jest pewien), że wiara to nie transakcja. To religijna rewolucja, na której później będą mogli budować Mojżesz, prorocy, wreszcie Jezus, a po nim Kowalscy i Nowakowie całego świata.

Nieczuły Bóg? Och, Bóg doskonale wiedział, co musiał czuć Abraham, sam poszedł wszak o krok dalej. Pozwolił ludziom zabić swojego Syna naprawdę. A co jeśli Bóg do końca miał nadzieję, że tego nie zrobią? Podobnie jak Abraham, który miał nadzieję, że tego Bóg nie zrobi, a idąc na górę Moria, zapowiedział sługom: „Wrócimy do was". I tak Bóg powiedział już o sobie dużo. To najlepszy moment, by zostawić w spokoju także Abrahama, nie pouczać go dłużej, co powinien zrobić, jak rozumieć to, co stało się między nim a Stwórcą. Pan miał ewidentną słabość do tego staruszka – pozwolił, by niebo nazywano „łonem Abrahama", by w literaturze religijnej stał się fundamentem wierzących. *Non est homicidium sed mysterium*, nie o zabójstwo tu chodziło, ale o tajemnicę, która już na zawsze pozostanie rzeczą tylko tych dwóch – pisze święty Augustyn. Zatrzymajmy się tu, a oni niech idą dalej, rozmawiając.

Poradnik

Masz dziś ochotę na małe objawionko? Odpuść sobie. Cechą Boga jest nieprzewidywalność, wymykanie się naszym planom. Przychodzi sam, niewzywany. Mistycy i święci nie zamawiali sobie wizji czy jakichś cudownych zdarzeń. Ten schemat można wypaczyć. Znam wiele osób czekających, aż przygoda z transcendencją zacznie im się od „wglądu", otrzymanego w niebieskim prezencie olśnienia (modne jest dziś określenie „nie otrzymałem łaski wiary"). Nie doczekają się. Wiara nie zaczyna się od trąb aniołów, ona tym się skończy. Wiara zaczyna się od wytężonej uwagi człowieka – jak u Abrahama, który mógł na pierwsze słowa Boga machnąć ręką, że pewnie się przesłyszał albo ktoś robi sobie z niego żarty.

Czasem tym słowem Boga nie jest cytat z Ewangelii. Bywa, że wiara zaczyna się od niewiary w to, że ten świat sam sobie wystarczy. Pojawia się, gdy człowiek patrzy na jakąś koszmarną niesprawiedliwość, gdy tęsknoty wylatują nam nagle ponad układankę bieżących spraw. Głos Boga można usłyszeć, dochodząc do wniosku, że pozostałe wołające nas głosy brzmią źle. Nie poprzestając na oburzeniu, wyruszamy, by poszukać całej prawdy o świecie.

To bardzo ważne, iść, wyruszyć. Abraham przypomina, że również chrześcijaństwo to nie religia dla tych, co lubią posiedzieć albo wyłącznie patrzeć Bogu w oczy i trzymać się za ręce. Że życia nie sposób wyobrazić sobie bez modlitwy, ale później trzeba wyjść i być dla innych.

Ówcześni ludzie ze swoimi bogami komunikowali się poprzez magię, palili, zaklinali, wcierali, zabijali, obowiązywała zasada *do ut des*, „daję, abyś dał". Bóg pokazuje, że *primo*: On niczego nie chce wziąć, chce, by człowiek z Nim był, a co za tym idzie, *secundo*: że cud, który zdarza Mu się robić, to coś innego niż magia. Odkąd Abraham zaczął gadać z Bogiem, nie spadała nań manna z nieba, świat nie stał się lepszy, mniej okrutny. Był głód, nieszczęścia i tabuny złodziei. Człowiek, mimo że wierzący, nadal będzie nieposkładany, skłonny do robienia świństw. Abraham w końcu przecież umarł. Izaak, owoc cudu, nie miał lekkiego życia, jego synowie oszukiwali, kłócąc się o to, który ma być dziedzicem. Wiara to czasem tylko i aż cierpliwość wobec Boga, ludzi i siebie. Może dlatego człowiek powinien przynajmniej raz w roku wyjechać na pustynię. Gdzie – inaczej niż w mieście – człowiek, żeby przeżyć, musi najpierw bardzo uważnie słuchać.

Abraham pokazuje, że kontakt z Bogiem zawsze zaczyna się od przyjaźni. To naturalna droga – najpierw mniej lub bardziej mozolnie odnajdujesz w sobie życzliwe uczucia do Niego, uczysz się Go tak zwyczajnie po ludzku lubić, czasem gadać, później ufać (zwolennicy fajerwerków zwykle odpadają w przedbiegach). Następnym stopniem (nieobowiązkowym) jest moment, w którym możesz zdecydować, że pociąga cię On na tyle, że chciałbyś być Jego uczniem (to obejrzymy u proroków), zrezygnować z części autonomii, by dać się poprowadzić w nowe światy. Ostatni etap (ten objawi się nam po przyjściu Jezusa), to zgoda na to, by być apostołem – oddać życie przekazywaniu tego, czego się nauczyłeś, innym. To nie program lojalnościowy, gdzie przywileje zależą od statusu i ilości zebranych punktów, do nieba można trafić z każdego z poziomów tej relacji.

(Do)czytania

Bruce Feiler, autor wciągających książek powstałych na kanwie podróży do Ziemi Świętej (polecam *Where God Was Born,* New York 2007), ma na koncie również pozycję *Abraham* (New York 2002). „Dwie postaci, niemające ze sobą nic wspólnego, wpadają na siebie w niezwykłych okolicznościach i są zmuszone do działania wbrew swoim naturalnym instynktom, do współpracy, żeby uratować świat. Co za dramat! Co za oscarowy potencjał! Niestety, jeden z bohaterów pozostaje niewidzialny, co czyni sfilmowanie historii nieco kłopotliwym". Książka jednak wyszła bardzo zgrabnie.

Arcymistrz przekładania biblijnych historii na bliskie współczesnemu człowiekowi słowa i emocje to Tadeusz Żychiewicz. Jego *Stary Testament* (Kraków 2000) Abrahamowi poświęca kilka rozdziałów. Doskonała rzecz do medytacji. Tylko Żychiewicz umie tak opisać detal. Ludzi, którzy przez wieki zamienili się w płaskorzeźby w świątyniach, przywrócić życiu. O ojcu Abrahama, Terachu: „Lepił, rzeźbił i odlewał w brązie posążki owych brodatych, zabawnych, nieco sardonicznie uśmiechniętych bóstw, najlepiej jak umiał. Praca jak inne. (...) A syn przydarzył mu się niespokojny nawet i ponad miarę wędrowców. Dziwny syn. Kamień jest kamień, drzewo jest drzewo, a niebo – wiadomo – sklepienie. Terach nie rozumiał. O czym może mówić kamień, drzewo albo wiatr? (...) Jaki sens pytać: dlaczego jest to, co jest? Jaki sens pytać: dlaczego jest, skoro może nie być? Jaki sens pytać: co jest mądrością rzeczy mądrych, co jest pięknością rzeczy pięknych i dlaczego jest dobre, to co jest dobre? Terach był poza zasłoną – jak wielu przed nim, jak wielu po nim...". Bóg, który w Abrahamie (i dzięki Abrahamowi – stąd jego wielkość) przebija się przez zaciągniętą przez człowieka zasłonę. Genialne.

O kłopotach małżeńskich Abrahama (zwracając uwagę, że problemy rodzinne to *spécialité de la maison* wczesnych izraelskich patriarchów) zajmująco pisze też Zenon Ziółkowski w *Najtrudniejszych stronicach Starego Testamentu* (Warszawa 2004).

O tym, że Bóg zjawia się Abrahamowi niewzywany i sam z własnej inicjatywy zaczyna mu składać obietnice, i o tym, jak łączy się ofiara Abrahama z postępowaniem Kierkegaarda, „który wyrzekł się swej narzeczonej w nadziei, że w sposób niemożliwy do wyobrażenia zostanie mu ona przywrócona", pisze Mircea Eliade w pierwszym tomie *Historii wierzeń i idei religijnych* (tłum. A. Kuryś, Warszawa 1997). Klasyka.

Stanisław Krajewski w *54 komentarzach do Tory dla nawet najmniej religijnych spośród nas* (Kraków 2004) zwraca uwagę, że Abraham, przyjmując gości pod dębami Mamre, mógł być świeżo po obrzezaniu, a więc na pewno był osłabiony. Mimo to zerwał się i usługiwał im, wcale nie domyślając się może do końca tego, czego my się domyślamy – że mogli to być aniołowie albo wręcz Trójca Święta. „Nie zapominajmy też o gościnności, bo przez nią niektórzy aniołom dali gościnę" – mówi List do Hebrajczyków. Boga i jego aniołów spotykamy być może i piętnaście razy dziennie, a mimo to wytrwale szukamy objawień.

Przed zarzutem okrucieństwa ciekawie i z pasją broni Boga ojciec Jacek Salij OP w *Tajemnicach Biblii* (Poznań 2003).

Chcesz sprawdzić, co robili twoi przodkowie, dajmy na to, gdy Abraham wychodził z Charanu, a Antoniusz romansował z Kleopatrą? Sięgnij po *Europe Between the Oceans 9000 BC TO AD 1000* Barry'ego Cunliffe'a (New Haven – London 2008). Wytęż patriotycznego ducha, dowiadując się, że między czwartym a drugim tysiącleciem przed naszą erą (gdy Abrahama nie było jeszcze w planach), w Krzemionkach koło Ostrowca Świętokrzyskiego działała słynna na całą Europę kopalnia krzemienia pasiastego!

- Interesujących (i ilustrowanych) danych z czasów Abrahama, Mojżesza i proroków dostarcza *A Historical Atlas of the Jewish People. From the Time of the Patriarchs to the Presents* (New York 2003) pod redakcją Eliego Barnavi.

- Tym, którzy lubią dochodzić prawdy o opowiadanych nam historiach, tropiąc ich językowe niuanse, wypada polecić komentarz biblijny z serii The Anchor Bible *Exodus 19–40*, Williama C. Proppa (New York 2006) albo dziełko księdza Krzysztofa Piotra Kowalika *Reinterpetacja tekstu o Abrahamie z Rdz 11,27–25,18 w Septuagincie* (Częstochowa 2010). Dla średnio i wyżej zaawansowanych.

[NIE JEDEN]

– nasz to jedyny Właściwy?

Historię Abrahama spisano mniej więcej tysiąc lat po jego śmierci. To tak, jakbyśmy dziś po raz pierwszy spisywali życiorysy dziadków Mieszka I. Trudno stwierdzić, jak opowieść o nim przekazywana z pokolenia na pokolenie przeorała świadomość następców. W kogo i w co wierzyli bezpośredni potomkowie Abrahama, Izaaka i Jakuba? Co zrozumieli z duchowych przygód starca z Charanu? Niewiele Wszystko wskazuje na to, że niewiele.

Zanim przejdę do „adremu", proszę pozwolić mi na małe zwierzenia. Doskonale pamiętam wstrząs, jaki przeżyłem, wchodząc po raz pierwszy do Sanktuarium Księgi, części Muzeum Izraelskiego w Jerozolimie, charakterystycznej budowli w kształcie starodawnego dzbana, gdzie na widok publiczny wystawiono odkryte przez lokalnych pastuchów w połowie XX wieku nad Morzem Martwym rękopisy ksiąg Starego Testamentu (ukryte były właśnie w takich wielkich dzbankach, stąd koncept architektoniczny

Sanktuarium). Wszelkie tego typu muzea w zamyśle twórców mają być pewnie dowodem triumfu współczesnej nauki nad upływem czasu, na mnie robią wrażenie dokładnie przeciwne. Patrząc na zwoje pokryte drobniuteńkim pismem, czasem zachowane wyłącznie w skrawkach, z których ledwo da się odczytać kilka liter, wie się, że wierząca ludzkość pytająca o historyczne detale, tło wiary, do końca świata skazana będzie w mniejszym lub większym stopniu na obarczone błędem hipotezy. A wyczekiwana przez wielu chwila, w której ową wiarę uda się wreszcie podbudować takim fundamentem wiedzy i wykopanych skorupek, by mieć wreszcie w ręku dowody, którymi będzie można zaimponować naigrawającemu się z nas światu, nie nastąpi (Jezus to jedna z najlepiej „udokumentowanych" postaci starożytności, ale nigdy nie znajdziemy glinianego zaświadczenia, że jest Bogiem).

Niech ten sam Bóg broni mnie, bym w czymkolwiek uchybić chciał specom od deszyfracji starodawnych tekstów, fachowo nazywanych papirologami. To ludzie, którym bohaterowie wszystkich serii telewizyjnych *Kryminalnych zagadek* mogliby podawać kapcie. Ich mózgi przypominają magazyny naładowane setkami drobnych informacji, oni sami – zakochanych w swojej pracy magazynierów, którzy w czymś, co dla postronnego obserwatora jest chaotycznym stosem rupieci, orientują się doskonale, wiedzą, gdzie czekać jeszcze mogą jakieś starodawne drzwi, do których nikt nie znalazł klucza. I nagle, czasem po kilkudziesięciu latach, olśnienie. Gdzieś znaleziono fragment tabliczki, gdzie indziej fragment papirusu. Czasownik w takiej formie, w jakiej wcześniej używany był na innym pergaminie. Na tabliczce z kolei symbol, który opisywano tym właśnie czasownikiem, lecz dobrych kilkaset lat wcześniej. Puzzle składają się w całość. Powstały fragment obrazka trzeba jednak jeszcze przymierzyć do innych, które już mamy (a czasem mamy kilkadziesiąt rękopisów tej samej biblijnej księgi, każdy inny). Porównać stylistykę i treść z innymi dziełami z epoki (wytropić na przykład zwrot, który pojawia się zarówno w którejś z ksiąg Biblii i w jakiejś greckiej tragedii). Rezultat? Miast odpowiedzi wagon kolejnych pytań. *Ad infinitum.*

Mały przykład. W 1975 i 1976 roku w czymś, co kiedyś mogło być karawanserajem, na zajmującej około 40 procent powierzchni Izraela pustyni Negev znaleziono dwa opatrzone napisami naczynia z około 800 roku przed Chrystusem (a więc ze cztery wieki po czasach Mojżesza). Wśród nich znalazły się odniesienia do „YHWH z Samarii", „YHWH z Temanu" oraz, co najciekawsze, „YHWH i jego Aszery". A ponieważ YHWH (objawiony Mojżeszowi tak zwany *tetragrammaton*, święte imię Boga) to ten sam Bóg, w którego wierzą dziś na przykład chrześcijanie, wierny, który na news o takim odkryciu się natyka, może doznać omdlenia, a zanim przyjmie pozycję horyzontalną, zadać sobie jeszcze pytanie: a co z pierwszym przykazaniem?! Czy naprawdę jest tylko jeden Bóg, a może inni bogowie też istnieją, tylko nam (bo YHWH jest zazdrosny) nie wolno się do nich zwracać? I kim, do ciężkiego licha, jest uwieczniona na starym dzbanku Aszera?!

Pamiętam, że gdy po raz pierwszy zderzyłem się z traktującym o tym tekstem, jaźń naznaczyła mi „rysa na szkle", poczucie dyskomfortu, przekonania, że coś się właśnie z czymś przestało zgadzać. Co to za wiara i co to za Bóg, w którego unikatowość z marszu nie wierzyli nawet ci, których uznajemy za fundament judaizmu czy chrześcijaństwa? Stąd już tylko krok do totalnej dewastacji całego naszego wnętrza, pięknie umeblowanego formułkami katechizmu. Historia traci swój nadprzyrodzony polor. To przykre zgodzić się, że wiara, którą proponuje nam Bóg, nie jest od początku obiektywna, wlana, nie jest rodzajem pendrive'a, który zleciał z niebios, by podłączony do ludzkiego systemu, objawić nam całą prawdę o ich Lokatorze.

Wszystkim, którzy zdążyli już pogrążyć się w melancholijnym obłoku wątpliwości, zalecić należy, by odetchnęli głęboko. A podróż w prehistorię Boga zaczęli od powrotu do konstatacji nieśmiało zaznaczonej na początku. Archeologia, etnografia, genetyka nigdy nie będą w stanie zweryfikować przedmiotu ludzkiej wiary. Naukowe odkrycia, gdy są mądrze (ze znajomością kontekstu) czytane, są jednak w stanie dodać wierze barw i smaku. W czym ma mi przeszkodzić ustalenie przez specjalistów, że El – Bóg tak często wspominany w Biblii, to także imię głównego z bóstw kananejskich, które prawdopodobnie dopiero z czasem Izraelici zaczęli utożsamiać z Bogiem YHWH? Dzięki archeologom i papirologom możemy obserwować rozwój naszych prapradziadków, patrzeć, jak dodawali dwa do dwóch, odkrywali, co jest prawdą, co nie. Próbowali zerwać tę cholerną zasłonę, którą na twarz Boga naciągnęli szczelnie pierwsi rodzice, dochodząc do wniosku, że ten świat (i tamten zresztą) urządzą sobie jednak sami.

I jak to w życiu bywa z odrabianiem strat, które nawarstwiły się przez lata, Izraelici utraconą w raju świadomość tego, że jest tylko jeden Bóg, odnajdywali z mozołem, tysiącem przystanków, milionami decyzji o tym, żeby może zrobić krok w tył. Szli bardzo powoli. Co o ich wierze wiemy? Z dużym prawdopodobieństwem można stwierdzić, że współcześni Abrahamowi poza tym, iż wierzyli w nadprzyrodzone cechy słońca czy gwiazd, przejęli w Kanaanie tamtejszy system wierzeń. Szefem wszystkich szefów prawdopodobnie był w nim bóg El. Obok niego swoje pięć groszy do losów człowieka wtrącał jeszcze Baal, specjalista od wzrostu płodów rolnych, zjawisk atmosferycznych i pojawiania się rzek okresowych. Ten jednak kontrolę nad stałymi zbiornikami wodnymi wielkodusznie oddał swojej siostrze Anat, przy okazji bogini płodności i miłości. Gdy do tego boskiego konsylium dodamy jeszcze inną matkę żywicielkę, boginię morza Aszerę, stosunki rodzinne zaczynają komplikować się gorzej niż w *Modzie na sukces*. W mitologii kananejskiej Aszera jest bowiem żoną Ela. Sąsiedzi Kananejczyków Egipcjanie byli zaś przekonani, że Aszera to tak naprawdę wspomniana już wyżej Anat. Z czego wynikałoby z kolei, że El (a tak do Boga zwraca się choćby Abraham) nie dość, że ma żonę, to jeszcze i szwagra – Baala, jedną z najbardziej znienawidzonych i opluwanych postaci w całym Starym Testamencie. To historyczna niesprawiedliwość, bo Baal znaczy tyle co Pan, a byli i tacy, którzy pod tym imieniem czcili Boga YHWH, z czasem zrobił się z niego synonim wszystkich nie-bogów pogańskich.

Bóg Biblii – wbrew temu, o co się Go oskarża – okazuje się nie poznawczym terrorystą, z którym albo się zgadzasz, albo wysadza wszystko dookoła. To Bóg, który (i dzisiaj) pozwala ludziom zmagać się tak długo, jak tego potrzebują, ze swoimi wyobrażeniami, weryfikować sądy, sprawdzać, kto jest prawdziwy, a kto nie. Abraham nazywa Boga zgodnie z ówczesną tradycją, doklejając do imienia El nazwy miejsc, w których Ten mu się objawiał. Są tacy, którzy twierdzą, że monoteizm Izraela na dobrą sprawę zaczął się dobrych kilkaset lat później. Są i tacy, którzy twierdzą, że nawet wtedy był to co najwyżej henoteizm, stadium przejściowe, w którym cześć oddaje się tylko jednemu bóstwu, ale nie zaprzecza temu, że istnieć mogą także inne (patrz Psalmy, gdzie wspomina się o tym, że „Pan zasiada w zgromadzeniu bogów").

Żydzi wprowadzeni przez Mojżesza do Ziemi Obiecanej dojdą na przykład do wniosku, że YHWH, owszem, sprawdza się nie najgorzej, gdy trzeba zrobić porządek z goniącymi ich wojskami faraona, ale gdy trzeba znaleźć sobie boga, który zapewni deszcz i zbiory jarzynek, lepiej udać się do zajmującego się organizacją opadów atmosferycznych (w tamtym klimacie sprawa fundamentalna) Baala. Żyjący kolejnych czterysta lat później słynny król Salomon, człowiek nie tylko podziwu godnej mądrości, ale i zasobności tudzież temperamentu (w Biblii czytamy, że miał siedemset żon o statusie księżniczek i trzysta tak zwanych żon drugorzędnych), na stare lata zaczął stawiać w jerozolimskiej Świątyni ołtarze Asztarte, czy „Milkomowi, ohydzie Ammonitów". Monoteizm faktyczny zacznie dominować w Izraelu dzięki dwóm prądom. Pierwszy to przekonanie kolejnych władców, że uznanie YHWH za Jedynego Boga i skupienie kultu w Jerozolimie pozwoli scementować naród nękany najazdami. Drugi to działalność proroków, którzy bez wytchnienia (a czasem i z narażeniem własnego zdrowia psychicznego i fizycznego) przekonywali, że nie ma co latać z cielętami po pagórkach i wsmarowywać ofiar płynnych w święte słupy. Jest tylko jeden Bóg. Nie ma innego. I kropka.

Bardziej zainteresowani (dla których jest ten akapit, pozostali niech szybko przeskoczą dalej!) mogą spędzić dni, miesiące i lata na próbach ustalenia, o co chodziło autorom wspomnianych wyżej inskrypcji na dzbanach. Czy w YHWH czcili to samo bóstwo, czy byli przekonani, że każda lokalizacja ma swojego boga miejscowego? Naukowcy do dziś zachodzą w głowę, czy „jego Aszera" to po prostu drzewo, przy którym składano Mu ofiary, czy może dowód na przekonanie ludzi o jakimś nieziemskim romansie. Nie brakuje i takich, którzy są gotowi dowieść, że YHWH z czasem stopił się ludziom w jedno ze wspomnianą Aszerą, dodając do oblicza Boga wojownika (i twardego słownictwa, jakim o nim się mówi) pierwiastek bardziej kobiecy, matczyny, spokojny. Inni pytają: kiedy YHWH zaczął być utożsamiany z Elem? Kogo tak naprawdę mieli na myśli jedni z najważniejszych kronikarzy Izraela, którzy mniej więcej w VIII wieku przed Chrystusem wzięli się do spisywania jego początków? Naród Wybrany żył wtedy w dwóch królestwach: południowym królestwie Judy i północnym – Izraela. Z południa pochodził autor oznaczany literą J (Jahwista), który pisząc o Bogu, używał właśnie imienia Jahwe (i cudownie go „uczłowieczał", każąc mu przechadzać się po ogrodzie, wpadać w gniew czy osobiście zamykać drzwi Arki Noego). Na północy pracował znacznie bardziej wstrzemięźliwy i uduchowiony E (Elohista), który Boga nazywał Elohim – Panem, szanował jego inność (Bóg, zamiast mówić sam, posyłał do ludzi anioły). I E, i J też byli pewnie przekonani, że Bóg jest po prostu opiekuńczym bóstwem Narodu Wybranego, co wcale nie musi przeczyć istnieniu innych bogów. Opowiadania obu włączono do kanonu czytanego dziś przez nas Pisma, uznając, że były natchnione. Natchnione nie znaczy bowiem pokryte maskującą rysy pobożną politurą, przesłodzone i polukrowane.

Przyznam, że w ostatecznym rozrachunku to odkrycie politeistycznych ciągot moich przodków w wierze, zamiast mnie duchowo zdruzgotać, przyniosło powiew świeżości. Dziś rozumiem wreszcie, skąd w śpiewanych w kościele psalmach tyle odniesień do Boga jako Pana morza, obłoków, deszczów, wszystkich procesów naturalnych zachodzących na ziemi. Autor próbuje wytłumaczyć słuchaczom, że to YHWH, a nie Baal czy Aszera, kieruje biegiem świata. Zachwyca się tym odkryciem (a jest czym, wczujmy się na chwilę w sytuację człowieka, który kontrolowanie setek bogów odpowiedzialnych za tysiące procesów może cudownie i naturalnie uprościć do monoteizmu).

Chętnie wracam do tego momentu w dziejach Izraela, bo to tu, moim zdaniem, tkwi korzeń całej toczonej dziś rozmowy o tym, czy nie powinniśmy jednak uznać, że każdy naród, każdy Tom Cruise czy John Travolta pod słońcem ma prawo mieć boga, jakiego mu się podoba. Jasne, że ma prawo. Pytanie jednak, po co trzymać się systemu, który wyjaśnia jedną sto ósmą, skoro w zasięgu jest taki, który sensownie spina całość? Jest coś niezwykle nęcącego w tym, co próbuje pokazać Żydom YHWH, przekonujący, że jeśli bóg ma być Bogiem, to musi być ponadnarodowy i ponadterytorialny. To Bóg, którego relacji z człowiekiem nie determinuje rasa, miejsce urodzenia, odziedziczone zwyczaje, to, czy aktualnie jesteś na wozie czy pod wozem, w pałacu czy w niewoli (Żydzi, gdy poszli w niewolę, zaraz mieli ochotę podziękować YHWH za współpracę ze względu na Jego nieskuteczność), ale osobisty kontakt, przymierze, które te dwie strony ze sobą zawierają na dobre i na złe, na fajniejsze i mniej fajne momenty.

A już najfajniej by było, żeby uświadomił to sobie współczesny polski katolik, w którego życiu większość spraw dzieje się automatycznie. Do chrztu zaniesiono mnie bez mojej wiedzy, do Pierwszej Komunii udałem się, bo byłem w klasie drugiej, dałem się bierzmować, bo bierzmowali się wszyscy. To Abraham i Mojżesz otrząsnęli mnie nieco z tego letargu, pokazali, że YHWH, ten rządzący kosmosem Bóg, nie tylko chce się dać poznać, przyznaje też mi prawo do samostanowienia, stawia szokujące dla „pobożnej automatyki" pytanie: czy naprawdę chcę (bo nie muszę) zawrzeć z Nim osobisty układ?

Czy naprawdę jestem gotów uwierzyć, że gdy ponoszę klęskę, nie znaczy to, że klęskę ponosi mój Bóg? Że gdy wsiąkam w inne środowisko, inne wartości, widzę, że ludzie też tu dają radę, szafa gra, nie znaczy to wcale, że tu kończy się władza i mądrość mego Boga, a ja powinienem odtąd myśleć szerzej? YHWH mówi: fajnie, że myślisz szerzej, tyle że stopniowanie przymiotników wcale nie oznacza, że jesteś bliżej prawdy. Cokolwiek by o Nim mówić – YHWH to Bóg niepojęty, ale pierwszy w historii, który szuka nie tylko pobożnych obiecanek, ale prawdziwego dialogu, chce słuchać pytań, dawać odpowiedzi. Jest też realistą i wie, że w tej relacji z człowiekiem będzie musiał być naprawdę nieziemsko cierpliwy.

Poradnik

Drogą, którą przebyli Abraham i spółka, wędrujemy dziś w przeciwnym kierunku, tak dumni ze swego monoteizmu względnie ateizmu uprawiamy politeizm, dokładnie w wydaniu kananejskim. Nad wszystkim czuwa niewidzialna Bozia, do której pędzi się, by załatwić sprawy najważniejsze, otoczona szeregiem bóstw pomocniczych – obrazów, figur, świętych specjalistów od zgubionych kluczy i podagry (do których dołącza się jeszcze Pieniądz, Psyche, czerwone nitki i tysiące innych bożków). Uwaga: nawet w czasach głębokiego politeizmu naszego Boga nigdy nie przedstawiano, jak wiele innych lokalnych bóstw, w postaci zwierzęcej. On zawsze miał cechy człowieka. Bo to jest Bóg do rozmowy, do bycia razem, nie do przemów, dojenia lub ciągania na (złotym) postronku z miejsca w miejsce (da się to odczuć podczas modlitwy, gdy za bardzo próbujemy Go przycisnąć, On jakby się od nas odsuwa).

Ale ten kij ma i drugi koniec. To naprawdę fascynujące dostrzec w sobie, że też w naszych oczach Bóg często jest wyłącznie Bogiem wojny (gdy coś trzeba wywalczyć), a kompletnie nie dostrzegamy, że jest też panem dnia i nocy, wzrostu roślin, ludzkich namiętności. Wystarczy porozglądać się w świecie, by wytropić Boga w tysiącu różnych spraw, które bez Jego udziału nigdy by nie zaistniały (najbardziej wzruszającym przykładem takiej postawy był warszawski taksówkarz, który przez dobre dwadzieścia minut tłumaczył mi, że Bóg specjalnie urządził świat tak, że to panie powinny gotować – wszak kuchenne utensylia są gorące, a gorąco wybitnie nie służy męskim ośrodkom reprodukcji).

Są jednak i tacy, którzy mówią: patrzę i widzę, że Boga być nie może. Na to pytanie jest jedna odpowiedź, udzielił jej Abraham. Wstaję, idę, jeśli On jest – wygram. Jeśli Go nie ma – co tracę, nie mając nic do stracenia? Przećwiczyłem to na własnej skórze: inne szlaki nie zaprowadzą dalej niż do siebie samego. Nuda.

To nie przypadek, że nasz Bóg jest jeden. To Bóg, który upraszcza. Modlitwa do takiego Jedynego Boga w kojący sposób chłodzi umysł, który na co dzień zależy od tysięcy różnych spraw. Monoteizm to jednak nie tylko luksus dla duszy, ale i zobowiązanie. Jeśli naturą Boga jest to, że rozplątuje, upraszcza, dokładnie tak powinien się zachowywać każdy, kto chce iść Jego tropem. Ten przykład jest może nieco abstrakcyjny, ale dla mnie takim objawieniem „tworzącego monoteizmu" było to, co po wojnie robili we Francji tak zwani księża robotnicy. W świecie, który nie umiał ułożyć się na nowo po przejściu przez piekło, poszli do najbardziej pokrzywdzonych, żeby dzielić z nimi życie i ogrzewać jakąś nieludzką nadzieją. Powtarzali, co robił Bóg tysiące lat temu – wprowadzali ład do chaosu. Kłopoty zaczęły się, gdy głoszenie królestwa Bożego zamieniło się w organizowanie proletariackiej republiki. Z tezy, że chrześcijanin ma upraszczać świat, nie wynika wszak, że to księża powinni robić rewolucję.

(Do)czytania

Karol Darwin, odwiedzając mieszkańców niepoznanych dotąd wysp, stwierdził, że nie znajduje w nich śladów religijności, ogłoszono więc wkrótce, że religia to cywilizacyjny wynalazek, terapeutyczna bajka stworzona przez szukającego egzystencjalnego wytchnienia człowieka. Później rzecz przebadano jednak głębiej, a pierwszą pobieżną obserwację zastąpiono pracami archeologicznymi i etnograficznymi. Wnioski zebrał w pierwszej połowie XX wieku wiedeński ksiądz ze zgromadzenia werbistów Wilhelm Schmidt. Poznał gruntownie systemy wierzeń tak zwanych ludów pierwotnych zamieszkujących wciąż nasz glob i przekazujących sobie wiedzę z pokolenia na pokolenia i dowodził, że na początku świata wszyscy zamieszkujący go ludzie mieli tylko jednego Boga, który sam dał im się poznać (w tak zwanym praobjawieniu), a i oni sami wydedukowali sobie Jego istnienie, byli bowiem w stanie – w przeciwieństwie do wielu nam współczesnych – dostrzec, że taki sprytnie pomyślany świat nie może nie mieć jednej, i to Boskiej, przyczyny. Ten dowód na pramonoteizm może dla jednych być przekonujący, dla innych wcale niekoniecznie. Ksiądz Schmidt później zaczął jednak sensownie zaznaczać, że na pytanie, w co wierzy Kościół, odpowie teologia, etnologia prędzej czy później dojdzie do ściany, nie ma właściwych narzędzi. Więcej o koncepcji księdza Schmidta pisze ksiądz Henryk Zimoń w książce *Monoteizm pierwotny* (Katowice 1989).

Karen Armstrong, jedna z najbardziej znanych współczesnych popularyzatorek historii religii, kilka lat spędziła w zakonie i wyszła stamtąd z kryzysem wiary, którego nie kryje. Tu polecamy jej *Historię Boga. 4000 lat dziejów Boga w judaizmie, chrześcijańtwie i islamie* (tłum. B. Cendrowska, Warszawa 1995), sprawnie napisaną, popartą solidną kwerendą podróż przez rozwój monoteistycznej doktryny. Czytając, warto brać poprawkę na ujawniające się raz na kilkadziesiąt stron skrzywienie Armstrong, widoczne już w pierwszym zdaniu książki: „Na początku ludzie stworzyli sobie Boga, Pierwszą Przyczynę, władcę Nieba i Ziemi". Nie ma też chyba książki pani

Armstrong, w której nie pochwaliłaby się, że popiera hipotezę, iż Jezus nie był żadnym Bogiem, tylko miejscowym uzdrowicielem-egzorcystą, a Boską ideologię dorobili Mu (wersja pierwsza) święty Paweł lub (wersja druga) pierwsi chrześcijanie, chcący jakoś odwdzięczyć się mu za wyświadczone dobro. Do tematu wrócimy dalej.

Tym, którym spać po nocach teraz nie da ustalanie wzajemnych relacji YHWH, Aszery i Baala oraz o co chodziło z tym wsmarowywaniem ofiar w słupy, ukojenie przyniesie wyczerpujące kompendium Marka S. Smitha *The Early History of God. Yahweh and Other Deities in Ancient Israel* (Cambridge 2002).

Kardynał Joseph Ratzinger (*Wprowadzenie w chrześcijaństwo*, tłum. Z. Włodkowa, Kraków 2006) twierdzi nie bez racji, że wszystkich bożków świata da się sprowadzić do ubóstwienia trzech rzeczy: chleba, erosa i władzy. Monoteizm jest zaś „wyrzeczeniem się (...) ubóstwiania tego, co swojskie. Mieści się w tym rezygnacja z poczucia bezpieczeństwa, jakie daje to, co swojskie, porzucenie trwogi, w której chce się ułagodzić to, co budzi grozę (...), a zarazem wyznanie Boga niebios jako mocy, która ogarnia wszystko. Jest to akt odwagi: nie biorąc w ręce tego, co boskie, powierzać się mocy rządzącej całym światem".

Ks. Tomasz Jelonek, *Religia Izraela wobec religii ościennych* (Kraków 2009). Ciekawe argumenty, za tym że teoria monoteizmu pierwotnego jednak trzyma się kupy, a gdzieś w odległych wiekach dokonało się „praobjawienie" Boga światu. Ksiądz Jelonek ładnie pokazuje też „czystość" religii Izraela, jedynej takiej (na tle ówczesnych wierzeń), gdzie Bóg jest Stwórcą i Panem Absolutnym, tworzy wszystko z niczego. Jest Bogiem – przepraszam za wyrażenie – całą gębą.

[Nie cielec]

więc kto, na Boga?

Jeżeli są na tym świecie ludzie, którym szczerze, nie po chrześcijańsku zazdroszczę, są nimi zachodni autorzy, którzy pobierając astronomiczne zaliczki lub uzyskując stosowne granty, spędzają lata na dokumentowaniu i pisaniu pozycji, których punktem wyjścia jest jakieś biblijne niedomówienie. Ich teksty skrzętnie gromadzę. Przyjdzie jeszcze czas, żeby wspomnieć prace dowodzące, że Jezus młode lata spędził w południowej Anglii, dokładnie dwa lata czekała na mnie na półce pewnej londyńskiej księgarni licząca siedemset stron pozycja *Christ and the Taurobolium*, wykazująca, że w istocie żadnego Chrystusa nie było, a całe to chrześcijaństwo to nieco zmutowana wersja religii o perskich korzeniach, znanej szerzej jako mitraizm (w której chrzest polega na wzięciu prysznica w krwi ofiarnego byka).

Szczególne miejsce w historii okołobiblijnej fantastyki naukowej zajmują pozycje poświęcone obfitującym w cuda opisom repatriacji Żydów z Egiptu (datowanej na okolice XIII wieku przed Chrystusem). Uwielbiam polecać je przyjaciołom racjonalistom, by przekonali się, do jakiego poznawczego kociokwiku może doprowadzić traktowanie prawd wiary jak reguł fizyki. Natrafiłem dotąd na około piętnaście teorii tłumaczących naukowym językiem mechanizm powstawania plag egipskich. Są tacy, którzy całość zjawiska załatwiają jedną przyczyną (na przykład załamaniem się klimatu, wybuchem wulkanu na Santorini i jego odległymi, acz złożonymi konsekwencjami), inni wkładają w swoje koncepty więcej pracy. Jeden z moich ulubionych autorów z tej półki, fizyk Colin J. Humphreys, przedstawia rzecz tak: zaczęło się od zanieczyszczenia Nilu czerwonymi algami i błotem (stąd przekonanie, że Nil spłynął krwią), zniechęcone żaby wylazły na brzeg, gdzie zaczęły masowo umierać (plaga żab), gdy żaby odeszły do krainy wiecznych kumkań, masowo zaczęła rozmnażać się wredna muszka *Culicoides carnithorix*, a po niej końska mucha *Stomoxys calcitrans* (to plagi komarów i much). Muchówki z rodzaju kuczmanów i komarniczek przenoszą zaś wirusa BTV – choroby sinego języka, oraz wirusa afrykańskiego pomoru koni (plaga pomoru bydła), końskie muchy zakażają zaś ludzi (plaga wrzodów). Później przyszła wielka burza z gradem (plaga gradu), który na tyle zwilżył piasek, że ściągnęło to szarańczę pragnącą złożyć w nim swe jajeczka (plaga szarańczy). Lokalny suchy huragan *khamsin* odpowiada za plagę trzydniowej ciemności (stąd mamy „egipskie ciemności"), a ostatnia plaga – wielka pointa w katalogu nieszczęść, która miała zmusić faraona do wypuszczenia Żydów z Egiptu – wybicie mu wszystkich pierworodnych (ciekawe, że tylko ich, delikatni byli jacyś...) była skutkiem spożycia przez dzieci wątpliwej jakości papu: zagrzybionego na skutek gradowej burzy ziarna, zakażonego przez jajka szarańczy i ostatecznie przysypanego szczelnie piaskiem z khamsinu.

Humphreys pochylił się też z troską nad innymi cudami *exodusu.* Księga Wyjścia mówi, że zanim na ziemię spadły plagi, Mojżesz, jeden z żydowskich emigrantów w Egipcie, został zaproszony przez Boga na pustynię w kraju Madian, gdzie Stwórca objawił mu się w krzaku, który „płonął, ale się nie spalał", i nakazał wymarsz do Ziemi Obiecanej. Zdaniem badacza Mojżesz obcował nie tyle z Bogiem, ile ze skalną rozpadliną o charakterze wulkanicznym, wyglądającą jak daleka krewna współczesnej platformy wiertniczej, z której też wydobywa się ogień – choć płonie on, to jednak się nie spala (kolejna hipoteza: na pustyni Synaj do dziś można zobaczyć drzewka wydzielające olejki zapalające się pod wpływem temperatury powietrza). Słup obłoku, w nocy zamieniający się w słup ognia, który prowadzić miał Żydów do Kanaanu, miał być zaś odległym wulkanem, na który orientowali się wędrowcy. Huk, dym, ogień i trzęsienie ziemi towarzyszące wejściu Mojżesza na górę Synaj po odbiór dziesięciu przykazań miało być po prostu formą erupcji tegoż. Autor na podstawie konsultacji historyczno-wulkanologicznych (i kilku wypraw – ja też chcę jeździć na takie wycieczki!) ustalił, że górą Synaj musiał być arabski wulkan Hala-'l-Bedr (uwaga dla turystów: proszę z wyrozumiałością traktować przewodników po Ziemi Świętej, góra Synaj ma co najmniej kilka „pewnych" lokalizacji).

Przytaczam wszystkie te ciekawostki, by jeszcze raz delikatnie i z czułością wbić czytelnikowi do głowy: szukanie tropów Pana w Biblii metodami, jakimi przywykliśmy badać wszystkie inne książki tego świata, łacno skończyć może się na wiecznym sporze, czy da się określić w luksach światło gorejącego krzaka. Jestem pewien, że gdyby dziś w Ziemi Świętej objawił się sam Bóg, z pewnością otoczyłby Go zaraz wianuszek turystów z kamerami i aparatami, którzy miast upaść na kolana, mówić, słuchać, dbaliby przede wszystkim o to, by nie zadrżała im ręka i wszystko ładnie udało się sfilmować.

Coś w nas tutaj pękło. Innych (i ludzi, i Boga) oceniamy, nie poznajemy. Może i stąd ten współczesny kryzys wiary? Bóg jasno jednak daje do zrozumienia, że chce się dać poznać. W hebrajskim, języku wybranym przez Niego jako ten, w którym chce być „opowiedziany", owo poznanie to nie tyle rozbiór przy użyciu narzędzi intelektualnych, ile spotkanie, zbliżenie, rzecz bardzo intymna.

Takiego Boga pokazuje Mojżesz. Prosty człowiek, który – jak nie przymierzając Lech Wałęsa – w odpowiednim momencie ujawnia swe przywódcze zdolności i jest w stanie przezwyciężyć przyrodzone ograniczenia (Mojżesz skarży się Bogu, żeby wybrał sobie jakiegoś innego posłańca, sam bowiem nie jest „wymowny"). To postać zasługująca na obszerną biografię, tu skupimy się tylko na jednym wydarzeniu. Mojżesz wstępuje na górę Synaj, by odebrać od Boga tablice z dziesięcioma przykazaniami. To tu na dobrą sprawę zaczyna się historia Izraela – naród dostaje prawo, które „zlepia" go w całość, pokazuje, czym ma różnić się od reszty świata. To na owej górze ma też początek – jak się powszechnie dziś mniema – udręka wszystkich wędrujących do spowiedzi chrześcijan, Bóg przekazuje ludziom listę złowieszczo brzmiących zakazów, a ich nieprzestrzeganie obwarowuje karami do trzeciego pokolenia. Odsłania doskonale znane i szeroko komentowane przez wieki i tysiące tomów oblicze. Ojca z jednej strony niby to kochającego, ale z drugiej strony rygorystycznego i trzymającego dziatwę na bardzo krótkiej smyczy. Któremu, owszem, winniśmy być wdzięczni, bo gdyby nie On, mogłyby nas nie być, ale ceną, jaką musimy Mu za to zapłacić, jest wieczna nerwica, gdy stajemy przed obliczem Tego, który wszystkie małe ludzkie słabości obwarował twardym „nie". Ojciec, który nie rozumie, że dziecko nie zawsze ma ochotę iść do szkoły, na basen, a czasem musi też „poznać życie", paląc z kolegami jakąś substancję za szkołą. Jego świat jest nieżyciowy, zbyt prosty. Gdyby dziś Bóg objawił się jakiemuś brzdącowi w postaci jego taty i wyliczył wszystkie przykazania, ten z pewnością popatrzyłby na niego z politowaniem: „Tato, na jakim świecie ty żyjesz?".

A przecież to absurd. Przede wszystkim – to nie jest jakaś nowa szykana. Tego typu kodeksy moralno-obyczajowe spotykane są w ówczesnej literaturze dość często. „Od początku Bóg zakorzenił w sercach ludzi zasady prawa naturalnego. Potem ograniczył się do ich przypomnienia" – pisał święty Ireneusz. Dzięki nim to nie Bogu będzie się odtąd żyło przyjemniej, ale szczęśliwy będzie człowiek.

To jest *clou* całej sprawy. Dekalog to jedyny chyba znany ludzkości „układ", w którym silny nie zabezpiecza interesów swoich, ale tego, z kim przymierze zawiera. Zamiast zniewalać i przytłaczać (a mógłby), uwalnia człowieka od komplikacji. Fundamentalnym odkryciem (pomógł mi w tym Zenon Ziółkowski) było dla mnie dostrzeżenie, że przykazania, choć mają formę zakazu lub nakazu, tak naprawdę sprawiają, że mam szansę dojechać do celu.

Przykłady. W tradycji żydowskiej za pierwsze przykazanie uznaje się otwierające przekaz Dekalogu zdanie „Ja jestem Pan Bóg twój, którym Cię wywiódł z ziemi egipskiej, z domu niewoli". Żydowscy komentatorzy podkreślają, że już tu Bóg daje człowiekowi wytchnienie, zapowiada, iż uwolni go od Egiptu, który wówczas był synonimem męczącej człowieka harówki. Że dziś Bóg chce zrobić dokładnie to samo: uwolnić od podrygiwania w rytm comiesięcznych spłat kredytów, pokazać, że sens życia człowieka nie zawsze da się znaleźć przez heroiczne próby uświęcenia otaczającego nas szumu, że czasem, by znaleźć sens, trzeba po prostu wyemigrować, uciec z Egiptu.

Gdyby tylko ludzie zechcieli uważnie przeżuwać przekazane Mojżeszowi przykazania, zamiast łykać je, jak tuczne gęsi, w postaci katechetycznych kulek! Może odkryliby, że pierwsze dwa (w naszej redakcji Dekalogu) przykazania (o tym, że nie „będziesz miał bogów cudzych przede mną" i że „nie będziesz brał imienia Pana Boga swego nadaremno"), to nie fochy zazdrośnika, ale wezwanie do tego, by chronić tożsamość każdej żyjącej istoty. Bóg jest Bogiem i nie wolno programować Go tak, by pasował do naszych teorii. A ponieważ jestem stworzony na Jego obraz, więc i ja mam obowiązek chronić własną tożsamość – być sobą, a nie reakcją na tysiące ludzkich oczekiwań. Funkcjonujący w judaizmie i w prawosławiu jako osobne przykazanie zakaz tworzenia podobizn Boga też nie jest jakimś swoistym copyrightem, ale wezwaniem, by nie spłaszczać Jego wizerunku, nie spłaszczać też wizerunku Jego stworzeń przez odmawianie im tych czy innych cech, tak by pasowały do naszych wizji.

Przemyślenia w podobnym duchu domaga się przykazanie czwarte. Nie tyle nakazujące dzieciom, by słuchały rodziców w sklepie, ile zabezpieczające człowieka przed byciem ofiarą chorej zmienności świata, wyrzuceniem na śmietnik, gdy straci znaczenie, stanie się popychadłem pędzącej po ulicy młodzieży, patrzącej z politowaniem na każdego, kto mówi „czadowo", bo powinno się mówić „kozacko". Piąte przykazanie to nie okazja do odklepania na spowiedzi frazy: „Nie zabiłem, nie ukradłem, więcej grzechów nie pamiętam", ale wezwanie, by zatrzymać się na progu świątyni, bo każdy człowiek jest świątynią czegoś, o czym nie mamy pojęcia. Jeśli zaś człowiek jest świątynią Boga, zwierzę jest Jego kapliczką. Przykazanie szóste to wezwanie, by nie sięgać po cudze, a więc po coś, do czego nie ma się prawa (a nie ma się prawa do nikogo, komu wcześniej się nie ślubowało). Zabezpiecza przed – nawet nieuświadomioną – przemocą w tej delikatnej dziedzinie. Czy ktokolwiek zna kogoś, kto spowiada się z przykazania ósmego? Wszak ono jasno stwierdza, że rzeczą Bożą nie jest oglądanie Pudelków, Kozaczków i innych instytucji, których założyciele zawijają brzydką substancję w złotko tez głoszących, iż ludzie mają prawo do moralnej weryfikacji zachowania swoich idoli. Do niczego nie masz prawa, mówi Bóg Jahwe. Pilnuj swojego nosa, bo to z niego będą cię rozliczać.

Nie pożądaj czyjegoś porsche, nie próbuj zamieniać się z innymi na życiowe krzyże. Wszystkie znane ludzkości postaci uznawane za model ludzkiego spełnienia i szczęścia to osoby zintegrowane, spójne, wiedzące, że to życie jest jedynym, jakie mają i z którego – nawet jeśli nie będą w stanie zrobić takiego drapacza chmur, za którym będą się oglądać tłumy – zrobią perełkę, którą zachwyci się znawca, a będzie to prawdziwa perła, prawdziwe piękno i Znawca też będzie prawdziwy.

Nawet jeśli naukowcy ustalą kiedyś, że przykazania nie okazały się w ognistym krzaku – tym lepiej. Dowody, które muszą przejść wcześniej na drodze ewolucji przez tysiące filtrów, są jeszcze bardziej godne wiary i przekonujące. Dziś istotny jest sens. Bóg – u Abrahama intrygujący materiał na przyjaciela, tu po raz pierwszy pokazuje się również jako Ojciec. Który mimo że dziecko non stop rozrabia, postanawia leczyć złe zachowanie zaufaniem. Nie łasi się do Izraela, nie kwili, nie przymila. A jednak robi rzecz, której będąc na Jego miejscu, nikt przytomny chyba by nie zrobił. Sam z siebie, nieproszony, Bóg ślubuje miłość, ale rozumianą tak jak On ją rozumie: nie jako uczucie, ale postawę, działanie. Bóg mówi: chcę od was zachowywania moralnych zasad nie dlatego, że tak mi się podoba, tylko dlatego, że macie być świętymi, bo ja jestem Święty. Wymianę dwóch cielaczków na deszcz zastępuje podarowana człowiekowi miłość, która pyta, czy mogłaby być odwzajemniona.

To zaufanie do partnera, ta adopcja Izraela ma jeszcze jeden wymiar. Co to za rodzina, w której dzieci nie wiedzą, jak tatuś się nazywa? Mojżesz, zanim jeszcze wyruszył z Egiptu, spotkał się z Bogiem na górze Horeb. Tam zapytał Go o imię. Bóg, zamiast walnąć ciekawskich po łapach piorunem, pokornie się przedstawia. Pozwala się przenieść ze sfery dywagacji do sfery konkretów, ale też ryzykuje – gdy damy komuś poznać nasze imię, w pakiecie oddajemy przyzwolenie na to, by ten ktoś mógł nas odtąd wołać (jak trafnie zauważył kardynał Ratzinger). Ten Bóg widocznie godzi się z tym, że od tej pory łatwiej będzie Go kochać, ale też i bluźnić Mu. Jakie imię nosi Bóg? Nie męskie, nie żeńskie, nie brzmi swojsko jak Ryszard czy Mariola. Bóg powtarza je trzy razy. I tu zaczynają się schody. Za pierwszym razem używa czasownika, który w zależności od języka i tłumacza przekładany bywał jako „Jestem, który jestem", „Jestem, który jest" oraz „Będę, który będę". Za drugim jest podobnie, za trzecim – jedni tłumaczą „Jest", inni „Pan". Wszystkich zainteresowanych tym, jak to się stało, że Bóg nie może nawet po prostu się przedstawić, by zaraz nie dać zarobić tysiącom naukowców, badaczy i publicystów, odsyłam do propozycji lektury, na moje zaś prywatne potrzeby i po dokonaniu stosownej kwerendy wśród spotykanych w Biblii czterystu dwudziestu jeden różnych określeń Boga przyjmuję, że (choć czasy w hebrajskim i w polskim nie za bardzo chcą się zgadzać) najbliższe oryginałowi będzie stwierdzenie, że nasz Bóg nazywa się „Jestem".

Imiona bóstw w różnych kulturach zawsze były hardcore'owe (na przykład: Ten, Który Sam Siebie Wyobraził – u Azteków). W „Jestem" jest (*nomen omen*) siła, trafienie w punkt, wszystko, co było i będzie. Polskie „Bóg", mające swój korzeń w sanskrycie, znaczy mniej więcej tyle co Dawca. Czy w ramach rachunku sumienia nie warto wykonać małego rozmyślania nad tym, jak widzimy Boga i jak sami chcielibyśmy, gdybyśmy Nim byli, być widziani. Bardziej jako Dawca czy raczej jako Jestem?

Kaznodzieje lubią robić sobie temat z jeszcze jednej opowieści spod góry Synaj. Już po przejściu przez Morze Czerwone, gdy Mojżesz poszedł gadać z Bogiem (a zajęło mu to całe czterdzieści dni, Bóg bowiem przedstawiał Mojżeszowi uszczegółowienie Dekalogu i przepisy dotyczące kultu, wyrobu trąb, świeczników – osobiście nie mogę oprzeć się wrażeniu, że to wszystko chyba Bogu później dopisano), lud przerażony długim czekaniem (a może i myśląc, że już po Mojżeszu) postanowił zrobić złotego cielca. Och, i tu się zaczyna homiletyka! Złoty cielec, bałwochwalstwo, jaka niewdzięczność, Pan Bóg taki dobry, dał im Dekalog, a oni... Straszne bzdury. Jestem pewien, że owi pełni potępień kaznodzieje pierwsi popędziliby w tłum zbierać potrzebne do wytopu posążka złoto. Bo Izraelici nie mieli złych intencji. Bali się, chcieli dodać sobie otuchy. Być może ten cielec (w tamtych stronach byk lub cielec był generalnie wyobrażeniem nadawanym różnym bogom) mógł symbolizować boga tamtej góry, ale równie dobrze mógł też oznaczać prowadzącego Żydów z Egiptu Pana. Bałwochwalstwo nie musi więc w oczach Boga oznaczać oddawania kultu innym bożkom, ale po prostu brak zaufania, lęk, jaki czuło się, będąc w związku z innymi, kapryśnymi bogami. Irracjonalny strach, rodzący się, mimo, że jesteśmy prowadzeni za rękę.

O tym, że historia Mojżesza i spółki wciąż żyje w wiernym ludzie (oraz że ludzie, słuchając kazań, czegoś – na przykład frazeologii – jednak się od księży uczą), przekonałem się, czytając w jednym z kościołów wywieszony na parafialnej tablicy tekst powitania nowego proboszcza (kontekst: parafianie najpierw przez dwadzieścia lat budowali kościół w PRL-u, po czym wyodrębniono nowe parafie i od dekady trzeba budować nowy). Co za biblijna wrażliwość! Jakże imponująca umiejętność dostrzegania, że historia narodu wybranego jest również naszą historią! Oddajmy głos parafianom: „Można powiedzieć, że już trzydzieści lat błądzimy po pustyni wapna, piachu i cementu. Marzy nam się, by przejść przez architektoniczno-konstrukcyjny Jordan i wejść do Ziemi Świętej ukończonego kościoła".

Czy ów kościół stanie, gdy biblijna miara wypełni się do końca (to jest po czterdziestu latach)? Stwierdziliśmy już, że czas to linia, a więc przygody Mojżesza w wersji jeden do jeden z pewnością nigdy nikomu się już nie przytrafią. Żydzi, chrześcijanie, muzułmanie wprowadzili też jednak do swojego życia wiarą również pewną cykliczność, rytm powtarzających się co roku obchodów, świąt, uroczystości. W niektórych wypadkach, patrz: święto Paschy, Bóg zainicjował to osobiście, setki wspomnień, świąt nakazanych wygenerowali spece od liturgicznego kalendarza. Co zaś w tym wszystkim najciekawsze: Bóg zdaje się akceptować stworzony przez człowieka porządek. Przekonuję się o tym za każdym razem, gdy zainstalowane na wszystkich elektronicznych gadżetach aplikacje przypominają mi o tym, że dziś Matki Bożej Siewnej albo Święto Poświęcenia Bazyliki Świętego Piotra. Przyznam, że w te dni zwyczajnie nie chce mi się iść do kościoła, wiem, że codzienny spokojny rytm liturgii, który tak lubię, zostanie zburzony przez dodatkowe śpiewy czy zestawy wyciąganych niczym przykurzone bombki specjalnych kaznodziejskich zakrętasów.

I zawsze się zastanawiam – jak to się dzieje – czego od lat doświadczam na własnej skórze – że to właśnie w te dni niebo otwiera się jakoś szerzej? Proszę mniej, a dostaję znacznie więcej. Może to argument za tym, że my na ziemi i oni tam w niebie naprawdę jesteśmy tym samym Kościołem? A więc może oni też biorą pod uwagę nasz kalendarz, świętują razem z nami, choć bez kazań? Albo po prostu akurat w te dni wysyłają nam znacznie obfitsze paczki darów z ich nieustającej uczty? Nie wiem. Przy najbliższej tego rodzaju okazji westchnę też jednak, by wysłali więcej cegieł, piachu i cementu na budowę pewnego kościoła.

W tej historii wyraźnie zaznacza się klasyczne już napięcie, spotkanie dobra ze złem w jednym człowieku. Na tym styku co sekundę gdzieś na ziemi rodzi się pytanie: „Jeśli Bóg to dobro, czemu wokół tyle zła?". Filozof Jacek Wojtysiak (w miesięczniku „Znak", nr 632) pisze: „Wyobraźmy sobie – jakby to zrobił Leibniz – że całości pośredniej wiedzy Boga odpowiadają różne możliwe światy. W jednych zawsze świeci słońce, ale ludzie są przez to leniwi i przestają się rozwijać. W innych zawsze jest zimno i tylko nieliczne jednostki potrafią zachować pogodę ducha. W jeszcze innych są sami »święci«, co trąci nudą – gdzie indziej zaś przeważają bandyci, co grozi unicestwieniem samego świata. Przykłady można by mnożyć. Dla teisty [człowieka, który wierzy w to, że Bóg wciąż zajmuje się światem – S.H.] jedno jest pewne – Bóg na podstawie swej pośredniej wiedzy wybiera do realizacji ten świat, w którym (pomimo wszystko) zrealizuje się wiele dobra. Dlaczego więc doświadczamy tyle zła? Być może świat o mniejszej ilości zła nie był (nie jest) dla wolnych istot możliwy. Może w świecie takim nie mogłoby w szerszej perspektywie zrealizować się jakieś istotne i wielkie dobro?".

Zenon Ziółkowski w *Najtrudniejszych stronicach Starego Testamentu* (Warszawa 2004) jak zwykle wyczerpująco pokazuje cały kontekst zdarzeń na świętej górze. Mnóstwo interesujących szczegółów w sprawie wyrobu sakralnych cielców.

Fascynujący filologiczny wykład – czym różni się YHWH od Jehowy, od Adonai, od El Szaddaj i na przykład od Pana Zastępów (od wczesnego dzieciństwa kojarzyło mi się to z harcerstwem), i jeszcze na dokładkę od Kyriosa, i czy to możliwe, by to imię zostało „zawleczone" od jakiegoś boga z Egiptu. To wszystko wyjaśnia w sposób zwięzły nieoceniona encyklopedia www.newadvent.org/cathen – niby wszystko tu można znaleźć za darmo, ale naprawdę warto zafundować sobie wersję na płycie: jedenaście tysięcy haseł, teksty Ojców Kościoła, *Summa* świętego Tomasza i mnóstwo innych niezbędnych świadomemu katolikowi gadżetów.

Colin J. Humphreys, *The Miracles of Exodus. A Scientist's Discovery of the Extraordinary Natural Causes of the Biblical Stories* (London 2004) – fachowcy od Biblii będą się pewnie zżymać, ale autor, uznany fizyk i popularyzator nauki z Cambridge (odznaczony nawet przez królową Orderem Imperium Brytyjskiego), wie wszystko, wszystko osobiście zbadał, sprawdził. Że wyjście z Egiptu miało miejsce między 1300 a 1250 rokiem przed Chrystusem. Że przejście przez Morze Czerwone było naprawdę przez Morze Czerwone, a nie przez jezioro zwane Morzem Trzcin, co sugerują współcześni niewierzący już w cuda i poddający się pod naciskiem racjonalistów bibliści. Humphreys dowodzi, że musiało to mieć miejsce w zatoce Akaba, kiedy na skutek bardzo silnego wiatru Żydzi byli w stanie przejść po odsłoniętym wybrzuszeniu dna morskiego, a zajęło im to wszystkiego trzy–cztery godziny. Autor ten rozprawia się też z moim ulubionym opiewanym przez Psalmy fragmentem o Bogu, co „Egipcjanom pobił pierworodnych, bo jego miłosierdzie na wieki". Okazuje się, że wykończyło ich nie miłosierdzie Pana, ale własna głupota, bo nawet dziś nikt nie pakuje się z rydwanem w grząskie grunta. A jak się Humphreys cieszy, że udało mu się ustalić coś, czego nie udało się ustalić fachowcom!

Opisy spotkań Boga z Mojżeszem bardzo chciałyby zmieścić w sobie całą cudowność i niezwykłość zjawisk, ale widocznie nie mogą. Widać w nich jednak wyraźnie, że bojaźń, do której tak często nawołują kaznodzieje, jest czymś zupełnie innym niż strach albo lęk. Bojaźń to nie afekt, lecz stan ducha (stąd pewnie w tym słowie „jaźń") w zetknięciu z *mysterium tremendum et fascinans* – tajemnicą przerażającą i fascynującą zarazem. To – jak precyzyjnie zdefiniował Tadeusz Żychiewicz w *Starym Testamencie* (Kraków 2000) – „ściśnięcie gardła w zetknięciu z czymś, co jest takie ogromne, piękne, święte, że aż straszne". Wzięte z Psalmu 111 zdanie głoszące, że „bojaźń Boża jest początkiem mądrości", nie oznacza więc, że natychmiast trzeba wiać, ale że nie da się zrozumieć tego świata, jeśli najpierw nie uświadomi się sobie swojej relacji do Boga.

Duncan Keith Malloch, *Christ and the Taurobolium. Lord Mithras in the Genesis of Christianity* (Lochan 2006) – wspomniałem już w tekście, a trzeba wymienić w bibliografii. Kosmiczna książka, pełna fantastycznych teorii o związkach mitraizmu z chrześcijaństwem (tytułowe taurobolium było chrztem we krwi ofiarnego byka, który adept przeżywał, stojąc pod kratą, na której owego byka zarzynano). Mnie najbardziej ujęło cudownie absurdalne w swej autorytatywności stwierdzenie, że Jezus wcale nie umarł na krzyżu, ale że został zabrany stamtąd w stanie śmierci klinicznej, a następnie reanimowany, zmarł zaś kilka dni lub tygodni później z powodu masywnej infekcji (skanów wypisów i recept niestety nie załączono). Ponadto należał do wszystkich możliwych stronnictw swoich czasów – zelotów, faryzeuszy, esseńczyków, nie był chyba tylko saduceuszem. Czyta się to piękne, ilustrowane, opasłe tomisko i nie może się wyjść ze zdumienia: *what a wonderful world*, w którym można bezkarnie publikować, co tylko elektrony na zwoje mózgowe przyniosą (przy tej okazji serdeczne pozdrowienia dla pana Waldka, lidera Partii Bez Boga z Gdańska, który na spotkaniu autorskim przynosząc mi do podpisu *Tabletki z krzyżykiem*, wyznał, że on też musi czasem „poczytać *science fiction*).

[Nie bardzo]

radzi sobie z tym upartym Izraelem...

Krótkie euforyczne *rendez-vous* Boga z Mojżeszem i następująca potem przygoda z cielcem miały dramatyczną pointę. Mojżesz nakazuje wybicie części swojego ludu. I pomyśleć, że jeszcze niedawno było tak słodko, milusio. Strony zawierały przymierze, ślubowały, trzymając się za ręce, ufnie spoglądały w przyszłość, odtąd jednak relacja YHWH z człowiekiem przypominać zaczyna małżeństwo w permanentnym kryzysie. Wygląda na to, że po ślubie z małżonka zaczyna jednak wyłazić belfer. Skrupulant nieumiejący wybaczyć drobnego wykroczenia wciąż robi sugestie, piętnuje i poucza o skutkach przy każdej, najbardziej błahej okazji. Człowiek miewa już dość życia na polu minowym, w nieustannym lęku przed Panem, który w każdej chwili może znów „strzelić focha", zesłać chorobę, wesprzeć nieprzyjaciela w ważnej bitwie – oczywiście wszystko z powodu niejasnej przykrości o podłożu owocowym, którą wyrządzili mu prehistoryczni ludzie wiele setek lat temu. Bóg – mieszanina niewątpliwej potęgi i niewątpliwego uczucia, jakim darzy człowieka, w połączeniu z chimeryczną osobowością i zapędami pedagogicznymi. BógPrzedszkolanka, BógPolicjant, BógZazdrosny kochanek. Większość współczesnych tak właśnie widzi Trójcę Świętą.

Izraelici u progu epoki prorockiej (ponad tysiąc lat po Abrahamie, kilkaset po Mojżeszu) wciąż nie sprawiają wrażenia, że rozumieją swojego Boga. Komunikacja leży, dialogi – by zacytować klasyka – są bardzo niedobre. Ludzie niby to czczą Go, jednakże próbują owego wyraźnie przewrażliwionego (choć i tak cierpliwego, dajmy na to na tle bóstw greckich) YHWH jakoś „otorbić". Rozbudowują sferę ruchów pozornych, neurotycznie rozwijają kult. Zwiększają liczbę zarzynanych wołów, palą zioła, „od święta kupują małżonce kwiaty", a na co dzień po prostu robią swoje. Minęły tysiące lat, a człowiek i Bóg wciąż odgrywają role z raju.

Naród Wybrany w początkach pierwszego tysiąclecia przed Chrystusem układa się z YHWH w tematach wojennych, wciąż nie stroni jednak od załatwiania spraw socjalno-bytowych z innymi bóstwami. Kwitną praktyki tak frapujące jak sakralna prostytucja czy rytualne defloracje, odwołujące się do kultów płodności. Na porządku dziennym są morderstwa polityczne, korupcja, przemoc. Kapłani „dealują" z politykami i przymykają na to wszystko oko, powtarzając z pogodną melancholią, że natura ludzka jest ułomna (im bardziej ułomna, tym bardziej sute ofiary wypełnią im przecież skarbczyk).

Bóg po raz kolejny chce przełamać impas. Zaczyna wysyłać do Izraela proroków. Pierwsi pojawiają się już w IX wieku przed Chrystusem Eliasz i Elizeusz, posłańcy Bożej niecierpliwości, którzy spróbowali przy użyciu cudów pokazujących panowanie Boga nad naturą (czyli czegoś, co Żydzi przypisywali innym bogom) wbić publiczności do głowy, że YHWH jest Bogiem jedynym.

Elizeusz to człowiek niezwykle odważny, był w stanie „postawić się" sprzyjającej kultom pogańskim Izebel, żonie izraelskiego króla Achaba. Wyzywa proroków ulubionej religii królowej na regularny prorocki pojedynek (nie tylko redakcje katolickie zabijałyby się dziś o prawa do transmisji tego wydarzenia). Obie strony zabijają stosowne ilości zwierząt, układają w stosy, a następnie zaczynają przyzywać swoich bogów, by całe to ofiarne papu spalić. Inny z proroków – Ezechiel – „jedzie po całości", patrząc na smętne próby swoich kolegów po fachu, którzy coraz bardziej zrozpaczeni uciekają się nawet do samookaleczeń. Dogaduje im, niby to uprzejmie zachęcając do wzmożonego wysiłku, bo może ich bóg nie słyszy, jest zajęty, może wyjechał (albo jak tłumaczą inni, wręcz udał się za potrzebą). Ezechiel, człowiek, który rozumiał, że nic tak nie niszczy autorytetu fałszywych przywódców jak celna satyra, rzecz jasna wychodzi zwycięsko z tego pojedynku. Otrzymuje też – to sympatyczna lokalna tradycja – prawo do wymordowania konkurentów.

W VIII wieku przed Chrystusem na scenę wchodzą Amos, Ozeasz i Izajasz. Amos i Ozeasz na pierwszy rzut oka jedynie potwierdzą tezę o emocjonalnym niezrównoważeniu Boga. Proszę bardzo – wystarczyło Go trochę przycisnąć, wziąć na przeczekanie i odsłania miękkie podbrzusze. To namiętna mieszanina gróźb, pretensji, obelg, emocjonalnych szantaży i obietnic. Warto jednak rzucić okiem po raz drugi, co pozwoli dostrzec, że obok postaci krzyczącej w uniesieniu nad przepaścią stoi jej ukochane dziecko, które jest o krok od tego, by w tę przepaść runąć. Izrael wciąż chce być jak rozkoszne bobo, z zadziwiającą sprawnością wybierające z kaszki tylko te elementy, które mu pasują. Chciałeś mieć dzieci, Panie Boże, to się martw.

Jaki *message* przynoszą prorocy w imieniu YHWH? Antropomorfizują do bólu, kreślą obraz Boga, który za cenę „uproszczenia" swoich Boskich atrybutów chce dać się człowiekowi zrozumieć.

Amos tłumaczy swoim słuchaczom, że Bóg to nie odległa firma ochroniarska, że wszystkie draństwa Izraela ranią Boga tak, jakby zraniły człowieka. Że również w stosunku do YHWH można stosować tak zwaną złotą regułę – „nie czyń drugiemu, co tobie niemiłe". To Amos pierwszy pokazuje zdumionemu Izraelowi, że YHWH nie jest Bogiem na posyłki i może też wesprzeć Asyrię, która spuści Izraelowi baty. YHWH za jego pośrednictwem żali się, że ma już serdecznie dość rzucanych mu w twarz ofiarnych ochłapów, wszystkich tych nabożeństw, tłustych ofiar i pobożnych śpiewów w wykonaniu ludzi, dla których na co dzień nie ma miary bezeceństwa, a nawet dzisiejsi bywalcy modnych klubów (z „dark roomami") to przy nich klauzurowe mniszki.

Nadejście proroków wiąże się też ściśle z otwarciem w historii Izraela okresu kenozy, wyniszczenia, najazdów, niewoli, teraz już z rzadka przetykanego okresami kruchej *prosperity.* Bóg postanawia pozwolić dziecku poobijać się o swe zabawki. Ciekawy trop w tej sprawie znajdujemy u współczesnego Amosowi Ozeasza. YHWH mówi tu wprost, że w Jego osobistej ocenie najpiękniejszym okresem we wspólnym życiu Izraela i YHWH było czterdzieści lat, gdy Naród Wybrany szedł z Egiptu do Ziemi Obiecanej w spiekocie przez pustynię. Najbliżej sensu był wtedy, gdy po ludzku patrząc, nie miał nic. Nie dlatego, że Bóg z jakąś perwersyjną satysfakcją lubi patrzeć, jak człowiek się męczy i Go błaga, ale dlatego, że pustynia (czy ta piaszczysta, czy ta w kieszeni, czy przeżywana wśród ludzi) zbliża do prawdy, pokazuje, co jest w życiu ważne. A próby obłaskawiania bogów albo wydzierania jakichś części świata, by uznać je za swoje – to z punktu widzenia nieba naprawdę zabawy dzieci, które dzielą między siebie podwórko i mianują się imperatorami.

Nieszczęścia, które zapowiadają prorocy, nie są wcale efektem karnej ekspedycji Boga i rozjuszonych tak, że aż im się skrzydła osypują, aniołów. To skutek rozkładu ówczesnego Izraela. Jeśli człowiek wejdzie na elektryczne ogrodzenie, porażenie prądem to nie kara Boża, ale skutki głupoty. Jeśli próbuje urządzić ten świat przemocą, odpowiedzią zwykle jest przemoc. By zacytować klasyka: ludzie ludziom zgotowali ten los, a jedyne, co mógł robić Stwórca, to próbować pokazywać swoim dzieciom drogę wyjścia z kryzysu.

Prorok Ozeasz proponuje, by zacząć od rzeczy najważniejszych, wychodząc ze słusznego założenia, że gdy człowiek ma poukładane sprawy z Pomysłodawcą kosmosu, to nawet jeśli nie wszystko z tego pomysłu rozumie, jakoś przez ten świat przejdzie. By tę myśl uwydatnić, Bóg (nie wiem, czy jednak nie przesadził) nakazuje Ozeaszowi, by wziął ślub z niejaką panną Gomer, kobietą obarczoną istotną słabością. Oskarżano ją, że była prostytutką, może funkcjonariuszką jakiegoś kultu płodności, a nie można wykluczyć, że seks traktowała po prostu jak kichanie, przypadłość tyleż nawracającą, co czysto fizjologiczną. Małżonka źle się prowadzi i po ślubie Ozeasz wyrzuca ją z domu, ale później znów przyjmuje, wybaczając wiarołomstwo. Teolożki feministki, opisując tę biblijną sytuację, skupiają się na groźbach, które zrozpaczony małżonek rzuca pod adresem swojej latawicy, upatrując w tej opowieści głównie ekspresji patriarchalnych wzorców. Faceci będą w niej widzieli wzruszającą historię rozpaczy zdradzanego małżonka. Historycy zachodzą głowę, czy to faktycznie Bóg nakazał takie małżeństwo Ozeaszowi, czy też wyjaśnił coś na już zastanym przykładzie. Najważniejsze jest przesłanie – prawda o człowieku jest taka, że błądzi. Prawda o Bogu taka, że błądzącego nie umie nie przyjąć. Nie jest – co zarzuca Mu się do dziś dnia – emocjonalnym tyranem. Relacja, w której ktoś chce mieć kontrolę, zarządzać, jest karykaturą miłości.

Filozofowie i religioznawcy zwracają uwagę, że podobnych odkryć dokonał wówczas nie tylko biedny, wykańczany przez małżonkę Ozeasz albo szerzej – profetyczny judaizm. To właśnie na okolice 800 roku przed Chrystusem filozof Karl Jaspers wyznaczył początek trwającej do około 200 roku przed Chrystusem tak zwanej epoki osiowej. Zaobserwował on, że właśnie wtedy w różnych zakątkach świata Bóg postanowił owo antyegoistyczne, przekraczające zasadę „akcja – reakcja" przesłanie posiać nieco szerzej. W Izraelu – jak już powiedzieliśmy – był to czas proroków. W Chinach żyli Konfucjusz i Lao Tse (twórca taoizmu), w Indiach karierę robili Budda oraz nieco od niego starszy Mahavira, założyciel dżinizmu. Mniej więcej w tych latach (rozrzut między XIII a VI wiekiem przed Chrystusem) w Persji działał Zoroaster (nazywany też Zaratustrą), założyciel zoroastryzmu, religii, której elementy wciąż pokutują w głowach wielu współczesnych (dobry bóg walczy tu non stop z bogiem złym). W Grecji ten czas to wysyp wielkich filozofów – działają Sokrates, Pitagoras, Platon czy Arystoteles. Czas od IX do III wieku przed Chrystusem to pięćset lat, które zmieniły losy świata. Wytyczono szlaki morskie, rozwinął się handel. Ludzie zaczęli wychodzić ze swoich grajdołków, z egoistycznego plemiennego myślenia, zobaczyli, że istnieje coś innego niż ich własne palenisko, inny człowiek, może Bóg.

Jaspers pisze, że był to w historii świata moment na złapanie oddechu, „pełnej blasku świadomości", rodzaj rekolekcji, dostrzeżenia, że złota zasada to podstawa, na której ludzkość – jeśli ma przetrwać – musi budować wzajemne kontakty.

Znana nam już Karen Armstrong, która o tych czasach napisała książkę, idzie jednak ze swoimi wnioskami dalej. Gdy się zbierze do kupy wyznawców wszystkich religii, które się wtedy uformowały albo urodziły z tego, co w tym okresie się uformowało (włącznie z islamem, który w istocie jest przecież wariacją na temat semickiego monoteizmu), gdy doda się do siebie chrześcijan, muzułmanów, hinduistów, buddystów, sikhów, taoistów, żydów, konfucjanistów, dżinistów i zoroastrian (powinno się dodać do tego jeszcze kilku rozmiłowanych w Platonie filologów klasycznych – służę adresami), to mamy prawie cztery i pół miliarda żyjących dziś na świecie ludzi. Gdyby tylko chcieli powrócić do swoich korzeni, odkryć ducha współczucia i współodczuwania, który legł u podstaw wszystkich naszych wierzeń, ten świat mógłby wyglądać inaczej. Przypomnijmy sobie lekcję, którą już raz odrobiliśmy – wnosi Armstrong.

Piękne, aż łzy same ciekną, ale tu właśnie zaczynają się schody, tu kiełkuje ziarenko, które dziś wyrosło w wielkie, zasłaniające miejscami horyzont drzewko. Jeśli teorię epoki osiowej potraktować poważnie (jak robi to w sporej liczbie swoich książek Karen Armstrong czy głośny współczesny teolog, były anglikański duchowny John Hick), trzeba by uznać, że skoro Objawienie, które się wówczas dokonało, było powszechne, żadna z religii nie może twierdzić, że ma „monopol na zbawienie". Katolicy brukają to osiowe dziedzictwo, twierdząc, że w Jezusie uzyskali pełnię Objawienia i żadne inne religie ani żadne dodatkowe odkrycia nie są im do niczego potrzebne. Pisałem już o tym, dla Armstrong i Hicka Jezus to po prostu dobry człowiek, może nawet mistyk, którego do rozmiarów Boga nadmuchał dopiero święty Paweł oraz jego następcy, którzy chcąc Go jakoś uhonorować za niezwykłość, dali Mu, co mieli najlepszego, uznanie za bóstwo, deifikację.

Z lansowaną przez wyżej wymienionych uczonych tak zwaną teologią pluralizmu wielokrotnie dyskutowano, podnosząc argumenty, że usuwanie dyktatu jednej religii zastępują oni wprowadzaniem dyktatury swojej własnej koncepcji, teologicznej urawniłowki. A przecież głoszenie tezy o ogólnoświatowej religii to piękna utopia, bo owszem, dano nam mnóstwo cech wspólnych, ale i wcale nie mniej różnic. Buddyści zupełnie inaczej widzą Boga (a raczej Go nie widzą) niż muzułmanie. Muzułmanie twierdzą, że ukrzyżowanie Jezusa to bujdy, hinduiści wierzą, że ten świat nie ma początku ani końca. To są jednak dość fundamentalne rzeczy i oczywiście nadal można odwoływać się do sentymentalnie pojmowanego wspólnego korzenia, ja wolę uznać (wolno mi), że Objawienie Boga dokonało się tam, gdzie się dokonało (w Izraelu i w Jezusie), a owo odkrycie relacyjnego charakteru człowieka było powszechnym tłem tych zdarzeń, tłem wyrosłym z ewolucyjnego rozwoju ludzkości, która musiała otworzyć się na siebie nawzajem, dojechała już bowiem do ściany.

Hick nie odpuszcza, pisząc, że z teorii epoki osiowej wynika wprost kopernikański przewrót. Do tej pory wszyscy sądzili, że religie krążą wokół osi chrześcijaństwa, on mówi, że wszystkie z chrześcijaństwem włącznie krążą wokół Boga. Pytanie, które powtórzymy za Peterem Bergerem: Co z tymi, którzy twierdzą, że też patrzą na słońce, a w istocie wgapiają się w meteor?. Chrześcijaństwo bez Chrystusa – Boga – przestaje być chrześcijaństwem, co to więc za dialog, który wymagałby od uczestników, by najpierw wyzbyli się tożsamości? Jeden obetnie sobie rękę, inny nogę, kolejny uda, że nie zna języków obcych. Dogmatycznie pojmowany imperatyw miłego kompromisu kończy się regularną masakrą siadających do stołu dyskutantów. Dziękuję za takie pomysły, niech muzułmanie w pokoju wierzą w Allaha i Proroka, ja na pytanie o to, czy Budda będzie zbawiony, odpowiem: tak jak każdy dobry człowiek, ale mocą Jezusa.

Poradnik

Na drodze wiary każdy dojść musi do etapu, w którym dotrze do niego, że ludzie wytykają go palcami lub mówiąc zupełnie kolokwialnie, robią sobie z niego jaja. To sytuacja zupełnie naturalna, gdy publiczność widzi, że ktoś konsekwentnie trzyma się swoich racji, robi wszystko, by siłę tych jego przekonań zweryfikować (czasem z zazdrości, czasem ze złośliwości, najczęściej po prostu z ciekawości). W takich sytuacjach nie ma co odpowiadać agresją czy kulić się w sobie, kanonizując się wewnętrznie, ogłaszając męczennikiem. Osobom, które po raz pierwszy zderzyły się z problemem, polecam historię proroka Daniela. Wypytywany przez króla perskiego Cyrusa, dlaczego nie oddaje czci bogu Belowi, Daniel, zamiast zamknąć się w sobie, obrazić, postanowił urządzić małą prezentację, która wykazała, że zostawiane Belowi ofiary pożera nie on, ale kapłani wraz ze swymi rodzinami. Kolejne bóstwo – świętego węża – nakarmił zaś wzdymającymi plackami – nie znano wtedy szeroko dziś reklamowanych w telewizji preparatów – doprowadzając do eksplozji zwierzęcia, pokazując, że „bóg żyjący" łatwo może zmienić się w nieżyjącego. Dziś powiedziano by pewnie, że był to popis nietolerancji, religijnej przemocy, Daniela też ostatecznie skazano za „obrazę uczuć" (i wrzucono do jaskini z lwami, skąd jednak wyratował go Pan Bóg), w całych tych starotestamentalnych zmaganiach Bóg chce chyba jednak swoim wiernym powiedzieć, że w życiu liczy się nie satysfakcja, nie święty spokój nawet, ale że najwyższą wartością jest prawda. Nie ma co się dąsać, trzeba o nią walczyć, dawać jej świadectwo. W tamtych czasach traktowano rzecz na tyle poważnie, że gdy dowiedziono, iż delikwent jest nosicielem nieprawdy (jak wyżerający ofiary kapłani), był zabijany. Dziś wszyscy możemy w duchu wzajemnego szacunku ze sobą rozmawiać. W bycie wyznawcą Jedynego Boga jest jednak na zawsze już wpisane narażanie się na nieustanne bycie traktowanym jak duchowo-intelektualny najeźdźca.

Zastanawiam się też przy okazji, jak to się dzieje, że zwolennicy teologii pluralistycznej i wypływającej z niej koncepcji Boga bez wyraźnie zarysowanych granic są dziś na świecie noszeni na rękach? Zawsze uśmiechnięci, fajni, współczujący, zatroskani o losy Trzeciego Świata, wszak wszyscy jesteśmy jedną wielką rodziną. Katolicy to ich przeciwieństwo – zamknięci w sobie, skrupulanci w nakazach i zakazach fani fundamentalizmu religijnego oraz ekonomicznego wyzysku najsłabszych. Jeśli to nie tylko czarny PR, ale czasem na tle świata zasłużenie tak właśnie wypadamy, to znak, że nie zrozumieliśmy niczego z tego, co Bóg powiedział nam przez proroka Ozeasza. Ten świat jest, był i będzie aż do swego końca pęknięty. Każda próba zakorzenienia się w nim będzie więc nie tyle syciła, ile budziła jeszcze większy głód i tęsknotę. To, co tu jest, nie wyczerpuje tego, co być może. Póki jesteś tu, trzymaj się tego, co usłyszałeś, jeśli inni twierdzą, że usłyszeli coś innego i w to wierzą, starając się żyć uczciwie – chwała Panu. Nie ulegaj rajskiej pokusie tworzenia jednej, ogólnoludzkiej i ogólnoświatowej religii, która najtrafniej pozwoli odczytać Boga, bo celem człowieka nie jest odczytanie Boga (w tych próbach można się szatańsko zapętlić).

W człowieku powstaje niezwykle frustrujące wrażenie, gdy po lekturze ksiąg prorockich (a i kilku wcześniejszych też) dochodzi do wniosku, że Bóg w tym czasie zachowuje się jak rektor szkoły czarów Harry'ego Pottera. Mojżesz robi numer z kijkiem – rzuca go na ziemię, a ten zmienia się w węża, łapie węża za ogon – a ten zmienia się w kijek. Eliasz podpala mokre ofiarne mięso, Balaam ucina sobie pouczającą pogawędkę z oślicą, którą wcześniej obił, a która wyjaśnia mu, że zwierzęta widzą czasem znacznie więcej niż ludzie. Dlaczego

Bóg dziś tak oszczędnie gospodaruje tym rodzajem zdarzeń (co widać choćby na przykładzie wielu wstrzymanych procesów beatyfikacyjnych – Kościół nawet dziś wymaga cudu od Boga, by w ten sposób potwierdził, że kandydat na świętego ma prawo do aureoli), które nam niewątpliwie ułatwiłyby wiarę i życie? Odkąd na ziemię przyszedł Syn Boży, cud najbardziej wstrząsający z możliwych (i taki, który zawiera w sobie wszystkie inne), Bóg uznał chyba, że można się z nami komunikować również na innym poziomie. Sugeruje, że jesteśmy na to gotowi. Trzeba przyznać – bardzo odważna teza.

PS Zasadą przyjętą w tej książce jest, że ponieważ *Boh Trojcu lubit'*, porady zawsze są trzy. Ale tu nie mogę się powstrzymać, będzie narodowa z ducha porada numer cztery.

Pisząc ten rozdział, próbowałem ustalić, co w owej epoce osiowej działo się w naszych stronach. Odpowiedź? Prawie nic (wyłączając powstanie Biskupina). Nasi przodkowie z kultury pomorskiej (Pomorze zawsze stało kulturą) ruszyli się nieco dopiero po najeździe Celtów w okolicach roku 300 przed Chrystusem! A Warszawa? A Kraków? A Białystok? Gdzie nam do innych cywilizacji, które nie dość, że przeżywały oświecenie religijne, to jeszcze stworzyły (w VI wieku przed Chrystusem) pierwszą książkę kucharską pióra niejakiego Mithajkosa z Sycylii. Polacy lubią myśleć o sobie, że są narodem specjalnie przez Boga wybranym i umiłowanym, dla którego każdy ruch i gest urasta do rangi symbolu, każde narodziny to nieledwie Boże Narodzenie, każda śmierć to po prostu Golgota. Zachowujemy się jak dziecko mojego znajomego, które po wizycie na planie popularnego programu śniadaniowego i uścisku dłoni z prowadzącymi za każdym razem, gdy widzi ich w telewizji, pyta: „Tatusiu, czy oni o mnie myślą?". Warunkiem osobniczej dojrzałości jest dokonanie kopernikańskiego przewrotu, zauważenie, że świat nie kręci się wokół nas, lecz odwrotnie. O ile nie mam śmiałości, by doradzać rodakom rozstanie z infantylnym nieco snem o specjalnym wybraniu, o tyle jestem pewien, że skończymy marnie (jak przeganiany przez deszcz mówca w Hyde Parku), jeśli – bez umocowania z góry – nadal praktykować będziemy idący jeszcze o krok dalej mesjanizm (zainteresowanym tematem polecam znakomity tom *Żebro Mesjasza*, Warszawa 2010).

(Do)czytania

- Karen Armstrong, *The Great Transformation. The World in the Time of Buddha, Socrates, Confucius and Jeremiah* (London 2006) – można się z Armstrong zgadzać, można nie, ale jeśli ktoś chce dowiedzieć się co nieco o fascynującej epoce, o której rzadko mówimy w szkole (oraz tego, jak teoria epoki osiowej chce pogodzić rodzącą się w tych czasach w Indiach koncepcję *non violence* z tym, co wyprawiali na wojnach ówcześni Grecy), przeczytać trzeba.

- O. Juliusz Synowiec OFMConv, *Prorocy Izraela, ich pisma i nauka* (Kraków 1999) – mam sporo książek o prorokach, tę lubię najbardziej. Mnóstwo konkretów, ciekawostek, język przystępny i dla amatora, i – jak podejrzewam – dla teologów. Pasjonujące opisy biblijnego tła – na przykład budzenia się świadomości meteorologicznej naszych przodków w wierze, którzy wierzyli, że niebo jest po prostu kryształowym lustrem, pisali o magazynach na wiatry i grad, ale „załapali" też, że deszcz musi powstawać z wody parującej z ziemi.

Bruce M. Metzger, Michael D. Coogan, *Słownik wiedzy biblijnej* (Warszawa 2004) – niczego więcej dodawać nie trzeba.

O. Grzegorz Chrzanowski OP, *Kogo krytykuje kardynał Ratzinger?* („W Drodze" 2001, nr 1 (329)) – garść wyczerpujących informacji o teologii pluralistycznej; kto chce czegoś więcej, niech sięgnie po tegoż autora *Zbawienie poza Kościołem. Teologia pluralizmu religijnego Johna Hicka* (Poznań 2005) – miejscami branżowy język, ale naprawdę warto się przemęczyć, by mieć później w zanadrzu kilka argumentów na debaty z tymi, co twierdzą, że wszędzie dobrze, a w domu wcale nie najlepiej.

Barry Cunliffe, *Europe Between the Oceans* (New Haven – London 2008) – a co Twój przodek robił, gdy książę Siddhartha Gautama uciekał ze swojego pałacu?

[Już prawie]

Co widać...

Czy czytanie podczas wigilijnej wieczerzy po raz dwudziesty tego samego archaicznego opowiadania o pasterzach, którzy widząc stratosferyczne zamieszanie, zostawili dobytek, by przekonać się, że to nie lądowanie kosmitów ani przyjazd ekipy Polsatu, może być czynnością ekscytującą?

Wystarczy zdjąć z tego tekstu kołderkę rutyny, by przekonać się, że opowieść o ziemskich narodzinach Jezusa to historia, przy której z wrażenia można stracić kapcie. Warto wyzbyć się na chwilę nostalgicznych wzruszeń nad wychłodzeniem Dzieciny, przekonać się, z jak nieprawdopodobną precyzją wybrał Bóg moment ekspedycji Syna na ziemię.

Z pewnością to oznaka intelektualnego prostactwa, ale za niezwykle podniecające uważam budowanie tak zwanych historii alternatywnych, gry i zabawy z cyklu: co by było, gdyby? Zaledwie dwieście lat wcześniej Jezus mógłby pozostać jednym z licznych na Bliskim Wschodzie lokalnych religijnych watażków, sto lat później jego nauczanie pozbawione byłoby ważnego punktu odniesienia. W roku 70 Rzymianie zburzyli bowiem jerozolimską Świątynię, zwornik i symbol narodu żydowskiego, który później miał się odradzać w diasporze.

Teologowie mogą mnie za takie gdybania wyklinać (zwrócili mi uwagę, że w myśl Ewangelii zburzenie Świątyni to skutek odrzucenia przez Naród Wybrany Mesjasza), jeślibyśmy jednak – ot tak, dla satysfakcji z intelektualnego sportu – poszli tą drogą dalej, próbując „przypasować" Jezusa do epok, trzeba by dojść do wniosku, że paradoksalnie największą szansę, by zostać wysłuchanym i przyjętym, miałby chyba dzisiaj. Nasze czasy (o czym będzie się pewnie można przekonać niżej) niewiele bowiem w swym klimacie, duchu, atmosferze różnią się od czasów rzymskich. Podobnie jak Rzymianie mamy infrastrukturę, wieść o Jezusie rozniosłaby się po świecie lotem błyskawicy.

Jedni z nas widzieliby w Nim szacownego lidera, inni awanturnika, ateistyczni misjonarze Richard Dawkins i Christopher Hitchens napisaliby płomienne elaboraty, przekonując, że ktoś, kto mówi, że jest Synem Bożym, to przypadek psychiatryczny. Specjaliści od politycznego PR uznaliby, że to wyborczy ideał, oferujący ludziom system składający się na pierwszy rzut oka z samych ograniczeń, ale podparty „obiecanką", że choć życie będzie do kitu, to przynajmniej po śmierci (obietnica genialna, bo nieweryfikowalna) będzie fajnie. Karen Armstrong poświęciłaby Mu sążnistą pracę przekonującą, że w istocie jest też może Buddą, Konfucjuszem, Muhammadem albo i wcieleniem dobrego perskiego boga Mazdy. Środowisko „Krytyki Politycznej" zachwyciłoby się rewolucyjnością myśli społecznej i potępiło obyczajowe wstecznictwo, a kilka społecznych ruchów, jedno radio, ze dwie gazety oraz ćwierć sejmu zorganizowałyby milicję i broniło Zbawiciela, zanim ktokolwiek jeszcze chciałby Go atakować. Generalnie jednak wszyscy nadal zajmowaliby się swoimi biznesami, w końcu wiara to nic pewnego, osobista sprawa człowieka. Świat toczyłby się, zupełnie jak za czasów Jezusa, dalej.

Dlaczego więc dwa tysiące lat temu, a nie dzisiaj? Bo rzecz nie tylko w recepcji samego Pana, ale i w tym, jakie szanse na rozwój, z religioznawczego, socjologicznego i geopolitycznego punktu widzenia, miałaby później jego nauka. Jasne, w starożytnym Rzymie też dominował właściwy i naszym czasom sceptycyzm, skłonność do nieustannego podawania w wątpliwość rzeczy niewątpliwych. Gdy jednak patrzy się na tło Boskich zdarzeń, na to, jakie „gazy" gromadziły się pod skorupą świata, również pod fundamentami cesarstwa, tuż przed naszą erą i jak buzowały na samym jej początku, trudno nie dojść do wniosku, że tylko taki ich skład mógł posłużyć jako paliwo do rakiety wynoszącej chrześcijaństwo do rangi religii światowej. Lądowanie w betlejemskiej gospodzie nie było więc dramatyczno-romantyczną wycieczką na bliskowschodnią prowincję, ale precyzyjnie zaplanowaną operacją.

Na wstępie podróży w czasie małe założenie metodologiczne. Z perwersyjną satysfakcją muszę najpierw pokazać „figę" wszystkim przemądrzalcom, którzy oskarżać mnie będą z zapałem, że to, o czym mówię, to po prostu nadinterpretacje, zbiegi okoliczności. Uwielbiam takich rozmówców, bo aż się proszą, by stwierdzić, że to, iż oni się urodzili, też jest pewnie zbiegiem okoliczności, całe ich życie podobnie, ich tytuły, dzieci – przecież tylko przypadkiem znaleźli się tu, gdzie są, równie dobrze mogłoby ich nie być albo mogliby być koczownikami w Sudanie. Ochota na myślenie o historii w kategoriach przypadku kończy się, gdy za przypadek musielibyśmy uznać nasze prywatne, z taką pieczołowitością budowane światy.

Trudniej rozmawiać z tymi, co powiedzą, że to dorabianie *a posteriori* ideologii do naturalnych, historycznych procesów. Ot, czysta ewolucja. Ludzkość doszła w swoim rozwoju do momentu, w którym musiała wymyślić sobie chrześcijaństwo – powiadają. Tu cała rzecz znów rozbija się o wiarę. Ja na ten przykład wierzę, że Bóg jest Panem historii. Nie takim, który siedzi w centralnej rozdzielni i przestawia wajchy, każąc Jasiowi iść w lewo, a Marysi w prawo. Nie manipuluje ludźmi, lecz idzie krok za nimi, analizuje ich ruchy. Wszechwiedzący Bóg, już tworząc ten świat i zdając sobie sprawę z tego, jak potoczą się Jego sprawy z ludźmi, jak prawdopodobnie grać z Nim będą Abraham, Mojżesz i spółka, z jakimi oporami przyjmować będą Objawienie, rozpoczął przygotowania do akcji ostatecznej, definitywnej, mającej ten proces spointować. Historycy religii badają zjawisko nazywane przez nich – za Euzebiuszem z Cezarei – *praeparatio evangelica*, przygotowanie świata na przyjście Mesjasza przez sianie w kulturze na długo przed Jego pojawieniem się wątków, które mogłyby recepcję Jego przesłania umożliwić. Ich zdaniem świat przez setki lat przed początkiem naszej ery układał się w kołyskę, w której miał spocząć Zbawiciel.

Pierwszy rzut oka na politykę. Zaczynijmy od Aleksandra Macedońskiego, który w IV wieku przed Chrystusem zaczął jednoczyć pod swoim butem regiony i narody rozdzielone murami nieznajomości i wrogości. Efekt „przebicia murów" potwierdziły późniejsze podboje rzymskie, legiony na dobre zdeptały granice państw, rozwój flot wojennych i brutalne przetrzebienie piratów (łapano ich i masowo krzyżowano) otworzyły na dobre szlaki morskie. Miasta portowe takie jak Aleksandria były jak dzisiejszy Nowy Jork czy Londyn, gdzie krótki spacer po ulicy wystarczy, by wyzbyć się jakichkolwiek rasowych czy kulturowych uprzedzeń. Co niezwykle ważne – na Wschodzie każdy z każdym może już dogadać się w *simple English*, którym stała się uproszczona wersja greki, *koine.* Gdyby Jezus pofatygował się na ten świat przed epoką Macedończyka, rzucałby słowa niczym groch o ścianę, miałby przed sobą państewka wyglądające jak pogrodzone warszawskie osiedla, którym niepodobna byłoby zaszczepić religię ponadnarodową, wytłumaczyć, że człowiek z innej nacji też może mieć duszę, być godny szacunku, mieć równą szansę na niebo.

Ta rewolucja nie dotyka jednak tylko małych graczy, na skutek podbojów dramatycznie zmienia się dwóch gigantów starożytności. Grecja, wchłonięta w całości przez imperium wilczycy, zaszczepia w nim sporo ze swej filozofii, religii, kultury. Sam Rzym, genialna machina oblężniczo-zaczepna, państwo skrojone pod to, by podbijać, gdy już się napodbija – ma się nie najlepiej. Struktura społeczna państwa dumnych italskich rolników nijak nie pasuje do organizmu rozciągającego się od Morza Śródziemnego po Azję. Kulturysta nie radzi sobie ze zmywaniem naczyń. Gdy nie ma wojny, brakuje spoiwa, które było w stanie utrzymać w ryzach wielką i różnorodną ludzką masę, a pozbawieni zajęcia żołdacy zaczynają zachowywać się jak leukocyty w ogranizmie chorym na białaczkę.

Nie dało się tego zrobić przy wykorzystaniu pozyskiwanego z podbojów bogactwa. Dziś mamy narzędzia, które pozwalają nam inwestować nadwyżki, wtedy kapitał szedł wyłącznie na konsumpcję, wąska klasa nowobogackich umacniała swoją pozycję przez coraz większe domy, coraz bardziej „wypasione" zbytki. Innym skutkiem podbojów była ogromna nadpodaż niewolników (w Rzymie stawali się oni „mówiącymi przedmiotami", *instrumenta vocalia,* w domach panów). Ich praca zaczęła być tak tania, że obywatele, którzy nie załapali się na pociąg do wojennych łupów, uciekają ze swych gospodarstw do miasta, a tu krążą bez zajęcia, zmieniając się w chimeryczną, niebezpieczną tłuszczę. Ciżba, którą oglądamy w hollywoodzkich superprodukcjach, to ofiary strukturalnego bezrobocia dokarmiane ochłapem rzuconym w czasie triumfalnych pochodów (uwaga: urządzanych tylko, jeśli liczba zabitych po stronie wroga w jakiejś wojnie przekroczyła pięć tysięcy) albo walk gladiatorów (umajonych czasem przez dokonywane w przerwach tak zwane świąteczne egzekucje).

Szczęśliwi posiadacze obywatelstwa rzymskiego żyją z obłędnych podatków nakładanych na wszystkich innych, wykształca się grupa urzędników utrzymujących się wyłącznie z przekrętów. Reforma rolna Grakchów z końca II wieku przed Chrystusem (ci trybuni ludowi chcieli podzielić ogromne latyfundia i wprowadzić ułatwienia dla mniejszych gospodarzy) kończy się zamieszkami, w których giną reformatorzy. W 24 roku na południu Italii wybucha wielki bunt źle opłacanych robotników rolnych. Jedyny pomysł, jaki ma władza na sanację tej sytuacji, to umacnianie, petryfikowanie hierarchii, tak by ktoś nad tym coraz bardziej kipiącym bałaganem trzymał pieczę. Błędne koło kręci się w najlepsze. Rzym ogarnia stan, który można by pompatycznie nazwać egzystencjalnym zmęczeniem.

Widać je również w sferze moralności. Rzym wciąż nie jest jeszcze – jak pokazują go dzisiaj telewizyjne seriale – jedną Sodomą i Gomorą, na prowincji wciąż pielęgnuje się tradycyjne wartości (wielu historyków przywołuje wzruszające epitafium małżeńskie z tamtych lat: „Mieliśmy jedno serce"), coś zaczyna jednak pękać w miastach. Skoro miły seks można mieć z niedrogą niewolnicą, po co bawić się w prokurowanie czeredy czyhających na rozdrobnienie majątku spadkobierców? „Doszliśmy do tego, że nie możemy już znieść ani naszych błędów, ani lekarstw, które by nas uzdrowić mogły" – pisał Liwiusz.

Jakie to lekarstwa? Duchową kondycję ówczesnych Rzymian dobrze oddaje słowo „niezakorzenienie". Podbijając kolejne ludy, idą początkowo za wzorem Aleksandra, który zawsze po zajęciu nowej ziemi szedł do świątyni oddać cześć lokalnym bogom, pokazując się w ten sposób jako nadany przez nich władca. Panteon rozrasta się więc do nieprawdopodobnych rozmiarów. Tuż przed narodzeniem Chrystusa owo mnożenie się bogów przekracza jednak masę krytyczną. Górę zaczynają brać tendencje idące w kierunku „skompresowania" listy bóstw i bóstewek, coraz większej liczbie ówczesnych intelektualistów zaczyna doskwierać przekonanie, że balansują na granicy absurdu, że być może wszystkie te bóstwa są po prostu emanacją jakiejś jednej wielkiej boskiej energii, istoty. Z rozbuchanego politeizmu (wiary w wielu bogów) rodzi się osobliwy miks panteizmu (przekonania, że bóg jest wszystkim, a wszystko jest bogiem) z monoteizmem (wiarą w jednego tylko Boga).

Aurę grozy wyczuwa się też, gdy podłubiemy trochę w archeopsychologii. Ówcześni czują się pewnie tak jak my, gdy po raz pierwszy weszliśmy do wielkiego supermarketu – eksplodujący tysiącami barw świat nie tylko zachwyca, nagła konieczność dokonywania nieustannych wyborów wśród miriad możliwości budzi lęk. W filozofii największym wzięciem zaczynają się cieszyć pesymistyczne prądy dezerterujące myślą „ku górze", tracące wiarę w człowieka. „Stroń od tłumu, stroń od małych ludzkich grup, unikaj nawet towarzystwa człowieka pojedynczego" – radził słynny Seneka. Popularnością cieszą się też importowane ze wschodu obrzędy misteryjne, w których – najczęściej wśród lejącej się strumieniami ofiarnej krwi – ludzie odgrywają spektakl umierania wraz ze swoim bogiem i wraz z nim rodzenia się do nowego życia. Ideologia bardzo podobna do tej, na której zasadzają się współczesne *trance dance party*.

Liczne jest grono tych, którzy nie wierzą już w nic. Tworzący w I wieku Piliniusz Młodszy cytuje kobietę, która twierdzi, że „Jowisz obchodzi ją tyle co figa", nie ma też wiele nadziei na jakieś eschatologiczne „później". Poeta i satyryk Juwenalis pisze, że

„w istnienie Manów, podziemnego królestwa czarnych żab w Styksie i sternika z bosakiem, który w jednej łódce przewozi tyle milionów ludzi, nie wierzą już nawet dzieci". Próby reform usiłuje przeprowadzać rządzący na przełomie er Oktawian August, wyraźnie liczący na to, że po kończącej się właśnie jego zdaniem brutalnej epoce żelaza pod jego panowaniem nastanie nowy złoty wiek, a on sam okaże się – idealnie wyczuł potrzebę chwili – kimś w rodzaju cudownego, niosącego światu pokój mesjasza. Oktawiana nazywano zresztą po grecku *theou hyios*, syn boga, jako że był adoptowanym synem boskiego Cezara. Mówiono, że jego poczęcie poprzedził sen wróżebny, a faktycznym ojcem był zstępujący na jego matkę Apollo. Nawiasem mówiąc – bardzo fajnie ideę deifikacji cezarów i generalnie majestat każdej władzy tłumaczył niezrównany Kaligula: skoro pasterz jest czymś więcej od owcy czy wołu, tak i cesarz, prowadzący swój lud, jest czymś więcej niż ludzie, czyli bogiem (i dziś znam pasterzy, którzy chętnie by się pod tym podpisali).

Gdy Rzym zaczyna dusić się we własnym sosie, religia żydowska, podobnie jak cały Naród Wybrany, też wchodzi właśnie w ostry zakręt. Najazd asyryjski z VIII wieku przed Chrystusem. i późniejsza niewola babilońska sprawiły, że spora liczba Żydów znalazła się poza Palestyną, zapuściła korzenie w różnych krajach i nawet po zmianie sytuacji politycznej zdecydowała się tam pozostać. Powstała wielomilionowa żydowska diaspora rozsiana od Mezopotamii przez Egipt i Kartaginę aż do Rzymu (gdzie po kolejnych podbojach rzymskich Żydzi trafiali jako zdobycz wojenna). W Aleksandrii Żydzi zajęli dwie z pięciu dzielnic miasta, niewykluczone, że było ich tam więcej niż w Jerozolimie.

Zasadniczo Żydzi wypracowali dwie przeciwstawne strategie reagowania na nagłe rozszerzanie się świata. Wystarczy sięgnąć do Starego Testamentu, by w księgach Ezdrasza lub Nehemiasza przeczytać, jak bardzo Izrael powinien wystrzegać się wszystkiego, co cudzoziemskie i co mogłoby skazić jego rytualną czystość wybranych dzieci samego YHWH (co skutkuje między innymi zakazem zawierania małżeństw z cudzoziemcami i koniecznością rozwiązania tych już istniejących). Jednak wcześniej w Biblii mamy Księgę Rut, opowieść o takim właśnie mieszanym szczęśliwym małżeństwie, którego syn będzie dziadkiem króla Dawida, a z jego właśnie rodu – według swoich własnych słów – pochodził sam Jezus. Jedni twierdzą, że świat musi zakończyć się wytępieniem do nogi wszystkich niewiernych, drudzy widzą siebie jako zaczyn, który jest w stanie zmienić całe otaczające go cudzoziemskie i innowiercze ciasto.

W miarę zbliżania się do przełomu er ten spór będzie narastał. Gdy Jezus przychodzi na świat w Palestynie, spór o rząd dusz toczą między sobą cztery główne stronnictwa. Konserwatywni przedstawiciele kapłańskiego aparatu – saduceusze, skłóceni z nimi, stawiający na osobistą czystość faryzeusze, nacjonalistycznie nastawieni rewolucjoniści – zeloci, a na dokładkę przedstawiciele radykalnych ruchów głoszących, że od całego tego zgiełku trzeba wiać na pustynię, tam żyć według najostrzejszych zasad ascezy, bo tylko w ten sposób da się doczekać Mesjasza w tym zwariowanym świecie (na przykład sekta esseńczyków). Trudno powiedzieć, jaką popularnością cieszyli się ci ostatni, niewykluczone jednak, że spośród nich rekrutował się ten, którego jedynym życiowym zadaniem było zapowiedzieć przychodzącego Mesjasza, Jan Chrzciciel. W tym czasie rozwija się też na dobre powstała w czasach i na użytek diaspory instytucja synagog, w których Żydzi mieszkający daleko od jerozolimskiej Świątyni mogli zbierać się na modlitwy już nie pod przewodnictwem kapłanów, ale nauczycieli, nazywanych rabinami. Zwyczajem było, że w takich miejscach zapraszało się do przeczytania lub skomentowania jakiegoś fragmentu Pisma przybysza, otwierając się na jego religijną wrażliwość.

Już w naszej erze widać jednak, że ówczesny judaizm, sprawdzający się doskonale jako religia narodowa, plemienna, zapętla się, gdy zostaje rzucony w szeroki świat. Debaty, jak współistnieć z innowiercami, czy i na jakich warunkach przyjmować ich do synagogi, ale też czy jadać z nimi, czy handlować, czy wchodzić w osobiste relacje, nigdy nie przyniosły wiążącego rozstrzygnięcia. Za panującego już po zalegalizowaniu chrześcijaństwa przez Konstantyna cesarza Juliana Apostaty, który nie podzielał jednak poglądów poprzednika, judaizm wszedł jeszcze na chwilę na ogólnorzymski piedestał. Cesarz miał nadzieję, że tak starożytna religia będzie w stanie, wraz z tradycyjnymi kultami rzymskimi, przeciwstawić się „barbarzyńskiemu" chrześcijaństwu. Okazało się, że judaizm nie był jednak w stanie spełnić pokładanych w nim przez cesarza nadziei, za silny był w nim czynnik wyłączający, z rozlicznymi nakazami, zakazami i obrzędowością, ot, choćby z obrzezaniem.

Świat jak kania dżdżu łaknie religii, która będzie w stanie dać podwalinę postępującej kulturowej, gospodarczej i politycznej globalizacji. Religii, w której „nie ma Greka ani Żyda" i w której „ani obrzezanie nic nie znaczy, ani nieobrzezanie, tylko nowe stworzenie" (stoicyzm co prawda też głosił, że „ludzie są z natury braćmi i siostrami", ale dopiero chrześcijaństwo pokazało, co oznacza to w praktyce). Tego pola nie dałoby się jednak zaorać, gdyby nie cała niezbędna do prowadzenia misji infrastruktura. Ona też już czeka, przygotowana przez Rzym. Rzymskie drogi, których symbolem jest wielka mapa rzymskich szlaków ustawiona na Polu Marsowym, słyną na cały świat. Pierwszym adresem, pod który kierowali się apostołowie, były skupiające

Żydów rzymskie miasta, w których „za jednym zamachem" można by pozyskać większą ilość ludzi, a plotka czy news roznosi się błyskawicznie. Rozumiał to zwłaszcza święty Paweł, który – w przeciwieństwie do reszty apostołów – był człowiekiem w każdym calu „miastowym", co widać choćby w języku, jakim pisał swoje listy.

Po cesarstwie snuło się wówczas setki rozmaitych proroków, dlaczego – choć nie bez walk, oporów, bólów – ostatecznie wygra więc chrześcijaństwo? Może również dlatego, że będzie syntezą odpowiedzi na wszystkie te pulsujące i często nienazwane tęsknoty, których nie byli w stanie pogodzić ze sobą ówcześni politycy i kapłani. Ludziom różnych stanów i z różnych narodów pokaże, że są braćmi, moralność i kwestie dzietności wyprostuje przez radykalne podejście do czystości, zaproponuje, by społeczności nie opierać – jak w Rzymie – na pieniądzu. Fanom frapujących misteriów, dla których udział w odprawiających je stowarzyszeniach był jedyną oazą, gdzie bez względu na stan społeczny i majątkowy mogli odczuć swoją podmiotowość i to, że mają duszę (wielkim powodzeniem cieszył się wtedy w Rzymie zwłaszcza mitraizm, który ostatecznie – po stosownych adaptacjach do rzymskiego nazewnictwa – stał się nawet w cesarstwie, trzysta lat po Chrystusie, religią państwową), da misteria na najwyższym duchowym poziomie, nieobarczone ryzykiem sekciarstwa czy konieczności mordowania byków. Intelektualistom da to i owo do przemyślenia. Tym, którzy są jak Horacy piszący w czasie wojen Oktawiana z Antoniuszem, że czas wsiadać na łódkę i płynąć za Gibraltar aż na koniec świata, gdzie panuje spokój, dostatek, szczęście – da nadzieję. Tym, którzy do tej pory szli za postaciami takimi jak choćby niezwykle modny w Rzymie, a nieco tylko młodszy od Jezusa cudotwórca Apoloniusz z Tiany (którego narodziny zapowiedziała błyskawica, urodził się na łące wśród łabędzi, wypędzał złe duchy i wskrzeszał dziewczęta, mówiono też o nim, że wniebowstąpił, gdyż nie znaleziono jego kości), da świeżą, uwalniającą od terroru czekania na kolejne sztuczki myśl – że wiara religijna wydaje w ludziach owoce głębsze i trwalsze od okrzyku zdziwienia.

Historycy będą się spierać, czy chrześcijaństwo wszystkie te kulty, tendencje, religie wchłonęło i przetransponowało, czy przyniosło coś absolutnie oryginalnie nowego, co pozwoliło – jak pisał Hans Peter Hasenfratz – by wszystkie poobijane bezdomności starożytnego świata spotkały się w nowej ojczyźnie. Ktoś, kto wierzy, patrząc – na cały ten starożytny świat z lotu ptaka, ma proste wrażenie: ziemia coraz głośniej zaczyna prosić Boga, żeby się na niej pojawił.

Poradnik

Szykowanie się świata na przyjście Jezusa to doskonała okazja, by zadać sobie pytanie o to, co w życiu człowieka wierzącego w Boga jest zbiegiem okoliczności, a co działaniem Opatrzności. Jeśli człowiek rzeczywiście jest wierzący, ma przekonanie, że zbiegów okoliczności nie ma, a Opatrzność (z łacińskiego *providentia*, od *pro-video* – przewidywać) Boga sprawia, że zna On wszystkie sprawy, które na ziemi działy się, dzieją i dziać się będą. Co więcej – sam się w nie angażuje. Słysząc to, nasi niewierzący przyjaciele wybuchną pewnie pełnym politowania śmiechem (niczym Fronton z Cyrty, filozof i retor, nauczyciel Marka Aureliusza, który pisał: „Ci chrześcijanie, cóż za dziwolągi wymyślają! Tego swojego Boga przedstawiają jako natręta niespokojnego, ciekawego aż zanadto, gdyż przy wszystkich czynnościach asystuje, po wszystkich miejscach się wałęsa, a nie jest w stanie oddać się jednemu, gdyż jest zajęty wszystkim, ani też wystarczyć ogółowi, bo pochłaniają go szczegóły"). W końcu padnie odwieczne pytanie: skoro tak, czy nie mógł sprawić, żeby Hitler czy Stalin nigdy się urodzili?

Mógł, dla Boga nie ma rzeczy niemożliwej. Gdzie więc Opatrzność? Bóg nie wiedział, że tak to się skończy? Dlaczego nic nie zrobił? Po pierwsze – wiedzieć, że coś się stanie, to nie to samo, co wywołać to wydarzenie, Bóg nie podejmuje decyzji za człowieka, nie odpowiada za jego skłonności, fanaberie, koncepty. OK – odpowie nasz interlokutor – wiedział przecież, co siedzi w głowie wymienionych gentlemanów, wiedział, czym to się skończy, był jak ratownik świadomy tego, że człowiek się utopi, a mimo to siedzący spokojnie na brzegu!

Czas poczynić ważne założenie drugie. Opatrzność to nie automat do układania życia według naszej myśli, a przy okazji na przykład szkodzenia innym. Jeśli Hitler i Stalin mieliby się nie urodzić, należałoby pozbawić życia ich rodziców, względnie na chwilę odgórnie odebrać im prawo do samostanowienia; gdy już się urodzili, trzeba by, usuwając jednego czy drugiego z tego świata, zachować się jak pluton egzekucyjny, powiedzieć: nie mam już co do ciebie nadziei, jesteś skreślony, już się nie poprawisz. To, co Opatrzność może zrobić, to nie naruszając ludzkiej wolnej woli, tak ułożyć okoliczności, by wśród dostępnych opcji człowiek zawsze (nawet Hitler w swojej ostatniej godzinie) miał do wyboru dobro. Człowiek, który Boga ma w nosie, nie zauważy tego (to znów jego odpowiedzialność), ale wierzący powinien pamiętać, że z każdej, nawet najbardziej dramatycznej, wydawałoby się, sytuacji jest przynajmniej jedno dobre wyjście. Człowiek modli się czasem, czując, że z ludzkiego punktu widzenia sytuacja jest beznadziejna (tak było choćby w wypadku modlącego się przed egzekucją Chrystusa), Bóg jednak – choć do egzekucji dochodzi – przeprowadza go bezpiecznie przez śmierć, ba – z tego jeszcze rodzi się całe mnóstwo dobra. Jezus, przechodząc przez piekło, uwalnia z ciemności tysiące tkwiących tam ludzi.

Gdy modlisz się za kogoś lub za siebie, by czuwała nad wami Opatrzność, nie załatwisz w ten sposób „polisy", sprawiającej, że nikt z was nie zachoruje lub nie zostanie okradziony. Być może prawa biologii i ludzka wolność jakiegoś drania zadziałają tak, że przytrafi wam się i to, i to. Z całą pewnością jednak Opatrzność pokaże, jak w takich sytuacjach zmienić błoto (niech będzie, że błoto) w złoto. Takie, które przyda się, gdy staniecie do rozrachunku z ziemskim życiem w chwili śmierci. Przykład. Cały Kościół (szczerze czy z urzędu) modli się o opiekę Opatrzności dla papieża. A mimo to w 1981 roku papież o mało nie zginął. Co roku przy okazji rocznicy ataku na Jana Pawła II przytacza się zdanie kardynała Dziwisza, że człowiek strzelał, ale to Boża ręka tę kulę prowadziła. Nie mogła poprowadzić tak, by przeleciała jakieś dziesięć centymetrów dalej? Znów – mogła, ale przecież intencje Ali Agcy były jasne: ten człowiek chciał strzelić do papieża i zrobił to! I również Jan Paweł II, wzorem Chrystusa, „wygenerował" przy okazji tego zła taką ilość dobra, że w paradoksalnej na pierwszy rzut oka wypowiedzi kardynała Dziwisza można znaleźć głęboki sens.

Zżymając się na Boga, że nas czy naszych bliskich nie upilnował, warto pamiętać, że on mierzy wszystko inną miarą, patrzy na nas z zewnątrz, uwzględniając dobro wszystkich pozostałych ludzi albo to, co wie o kolejnych etapach naszego życia, trudno więc, byśmy to my, nie mając takiej wiedzy, pieczętowali sytuację ostatecznym wnioskiem. Powiem jak katechetka, inaczej w tej sytuacji nie potrafię: trzeba Mu po prostu zaufać i wierzyć, że coś dobrego na pewno z tego będzie.

A więc: modlić się o zachowanie od choroby czy nie modlić? Skoro Bóg działa w ramach ustalonych przez siebie praw (bo Jego zdaniem tak jest dla nas lepiej), skoro nie chciał, by Jezus pojawił się nad światem poza porządkiem naturalnym – jako dajmy na to jakieś nieznane kosmiczne zjawisko – skoro Opatrzność czuwała nad tym, by w danym czasie na ziemię mógł przyjść (i zostać przyjęty), czy jest sens, byśmy – gdy susza wypala z nas resztki życia – modlili się o deszcz? Religijne księgarnie pełne są książek, co drugi spotkany człowiek ma w zanadrzu historię o aniele, który usunął mu kłodę spod nogi, i jest przekonany, że to działanie Opatrzności. Czasem było to jakieś nagłe natchnienie, czasem nie chcieliśmy czegoś zrobić, zrobiliśmy, a później wyszło nam to na dobre. Im dłużej o sprawie myślę, tym bardziej mam ochotę prosić, by nie ustawiać sobie jednak myślenia o Opatrzności jako o jakiejś magicznej sile, o pogotowiu, które leci, by skręcić nam kierownicę, gdy jedziemy wprost na drzewo. Może to, że skręciliśmy kierownicę, jeszcze raz dowodzi nam, że choć świat został potwornie poharatany, wciąż zasadą jest wpisany weń przez Stwórcę porządek. Czasem ujawnia się (Bóg jeden wie dlaczego) on jeszcze na tym świecie, czasem widzimy tu tylko bałagan, ale wtedy mamy pewność, że doświadczymy go po tej drugiej stronie. Jezus w Ewangelii mówi uczniom, żeby się nie bali, bo są ważniejsi niż „wiele wróbli", i że wszystkie włosy na ich głowie są policzone (łysienie nie było widać dolegliwością apostołów). „Wierzę w Boga Ojca Wszechmogącego" znaczy tyle co: „Pan Bóg naprawdę trzyma wszystko w garści".

Jak? On sam jeden raczy wiedzieć jak. Bóg patrzy na nas z zewnątrz, czyli tak jak my nigdy nie będziemy w stanie spojrzeć na Niego, bo coś nieporównanie mniejszego i siedzącego w środku nie może patrzeć z zewnątrz na coś nieskończenie większego, co ogarnia wszystko.

(Do)czytania

- Pisząc ten rozdział, przepisywałem tak naprawdę żywcem trzy genialne książki. Tym, którzy chcieliby się przekonać, czym jest stara szkoła, gawędziarskiego, a zarazem niezwykle mądrego, pięknie wyważonego pisania o duszach ludzi, których ślady wydeptujemy dziś na świecie, musi (nie ma wyboru) sięgnąć po *Kościół pierwszych wieków* francuskiego specjalisty od kościelnej historii Henriego Daniel-Ropsa (tłum. I. Gano, Warszawa 1969) oraz po jego fenomenalne *Dzieje Chrystusa* (tłum. Z. Starowieyska-Morstinowa, Warszawa 1987). Dziękuję Bogu, że ludzie przynoszą jeszcze czasem takie rzeczy do antykwariatów (pierwszą z pozycji, drugą właśnie wznowiono).

- Druga książka – nieco cięższa w czytaniu – ale nie mniej treściwa, to *Cywilizacja wczesnego chrześcijaństwa* Marcela Simona (tłum. E. Bąkowska, Warszawa 1981) z dwoma wielkimi rozdziałami poświęconymi *praeparatio evangelica.* Edycja, którą się posługuję, wchodząca w skład słynnej serii ceramowskiej, jest przetykana ilustracjami w dużym wygodnym formacie, jakiego dziś żadnemu wydawcy nie opłacałoby się chyba na rynek wypuścić.

O technicznych problemach z deifikacją cesarzy (po kremacji ich ciał zawsze zostawały kości, a co to za bóg, który zostawia kości), dlaczego List do Filipian to największa obraza dla Rzymian, czy Maryja ma swoją odpowiedniczkę w kultach przedchrześcijańskich oraz czy gdyby chrześcijaństwu powinęła się noga, dziś światową religią byłby perski mitraizm, ciekawie (zwięźle i ostro – choć to kościelne wydawnictwo WAM) pisze Hans-Peter Hasenfratz (*Religie świata starożytnego a chrześcijaństwo. Ludzie, moce, bogowie w Cesarstwie Rzymskim* (tłum. U. Poprawska, Kraków 2006).

Osoby o zacięciu filologiczno-literackim niejedną łzę mogą uronić nad lekturą eseju Ericha Auerbacha *Blizna Odyseusza* (w zbiorze *Mimesis. Rzeczywistość przedstawiona w literaturze Zachodu*, Warszawa 1968), w którym jasno widać, że pogodzenie powszedniości ze wzniosłością starożytnym Grekom nie mieściło się w głowie, cały Stary Testament nie jest zaś niczym innym jak przygotowaniem tych dwóch wymiarów na ostateczne spotkanie się ziemi z niebem w Jezusie (to już moje domyślenie na kanwie).

Bardzo zgrabnie (choć nie zawsze z punktu widzenia chrześcijan „milusio") tłumaczy mechanizmy sterowania odpaloną już chrześcijańską rakietą profesor Ewa Wipszycka w klasycznej już pozycji *Kościół w świecie późnego antyku* (Warszawa 2006). A ten, kto chciałby zrozumieć, na czym polegała „miejskość" świętego Pawła oraz czy pierwsi miejscy chrześcijanie byli raczej proletariuszami, czy też klasą średnią (nie przesadzajmy, jakiś patrycjusz raz na jakiś czas też się trafił), stosowny rozdział znajdzie w pracy *The First Urban Christians. The Social World of the Apostle Paul* pióra Wayne'a A. Meeksa (New Haven – London 2003).

Prawie wszystko o Opatrzności w specjalnym numerze miesięcznika „Znak": *Czy Pan Bóg sprowadza deszcz? Paradoksy Opatrzności* (2008, nr 632).

[O Jezu]

Dotąd – Jahwe, tu Syn Boży – jest dwóch Bogów?

Bóg – co za szaleństwo – przychodzi. Nie na rydwanie i bez złotowłosych ochroniarzy. Pewnie dlatego witany jest z taką kulturą i smakiem. *Phagos kai oinopotes*, tłumacząc dosłownie: żarłok i pijak wina – w Ewangelii Mateusza kilku panów takimi właśnie słowy obrabia Jezusowe plecy. Autorzy tej jakże błyskotliwej opinii mieli Mu za złe, że jak na Mesjasza zachowuje się przyziemnie. Jezus przytomnie zauważa, że gdy działał wśród nich Jan Chrzciciel, który post przerywał, tylko stojąc na krawędzi głodowej śmierci, a i wtedy spożywał jeno łyżkę miodu i dwie pieczone szarańcze, jemu z kolei zarzucali, że jest zbyt odklejony od rzeczywistości.

Tak, Jezus jadł i pił wino. Pocił się, mył się, spał, rosły mu włosy i paznokcie, podlegał prawom fizjologii. Nie można wykluczyć, że psuły mu się zęby, gdy zjadł nieświeżą rybkę, cierpiał na niestrawność, atakowały go wirusy, a więc kichał. Rozmawiał o pogodzie.

Śmiał się. Przyznaję, że czasem, w chwilach gdy Bóg zdawał się pozostawać głuchy na moje prośby, agresję zastępczo kierowałem na apostołów. Jacy z was święci, jakie są wasze zasługi, skoro wszystko mieliście podane na tacy? Dotykaliście, widzieliście Jezusa. Chorych, którzy wstawali z łóżek, umarłych wychodzących z grobów! Trzeba było pojechać do Galilei, zobaczyć cały kontekst, tło tej niesamowitej historii, by odwrócić myślenie o sto osiemdziesiąt stopni. Tam uświadomiłem sobie, że wcielenie to nie tylko zachwycająca kaznodziejów opowieść o gotowości Boga do samoponiżenia z miłości, to również cholernie trudne wyzwanie. Trzeba zanurzyć rękę w tamtejszym jeziorze, zrobić parę kroków po tych samych ścieżkach, zobaczyć rybaków i kamień, na którym Jezus podobno rozdzielał tysiącom słuchaczy niekończący się zapas chleba. Dopiero wtedy do człowieka dociera, jakiej intuicji, wiary i cywilnej odwagi trzeba było, by powiedzieć głośno – nawet samemu sobie – że ten ubogi rzemieślnik z sąsiedniego do bólu zapyziałego miasteczka może być Bogiem Jedynym. „Trudniej wierzyć w Jezusa, niż wierzyć w Boga" – pisał Jean Guitton. Miał sto procent racji.

Nie kontakt z niezrozumiałym cierpieniem, nie momenty intelektualnych wątpliwości, lecz tych kilka godzin spędzonych nad jeziorem Genezaret było największym testem wiary, jaki przeszedłem w życiu. Zamknąłem oczy, próbując wczuć się w to, co dziać się musiało w głowach Piotra, Andrzeja czy nastoletniego pewnie wówczas Jana. Dla nich wiara nie była spójną, piękną opowieścią potwierdzaną przez pokolenia ich babć i ojców. W punkcie zero chrześcijaństwo było czymś znacznie prostszym w najostrzejszym sensie tego słowa: konfrontacją twarzą w twarz z ubogim trzydziestolatkiem, który owszem, pięknie mówił i uzdrawiał ludzi, ale czyż nie potrafili tego i inni ówcześni mistrzowie?

Od dwóch tysięcy lat ta historia jednych zachwyca, innych bulwersuje, jeszcze innym każe pukać się z politowaniem w głowę. Bo to przechodzi ludzkie pojęcie. Jak Wszechmocnemu Bogu, Panu Zastępów, nieba, gwiazd, ziemi, przyjść mogło do głowy, by – po kilkunastu czy kilkudziesięciu tysiącach lat dialogowania z ludzkością jednak na pewien dystans – w pewnym momencie zjawić się w postaci jednego ze swych stworzeń?! Opowieści o szlachetnym królu wysyłającym swego przebranego za żebraka syna, aby zaniósł posłanie miłości poddanym, są dobre na scenariusze rysunkowych dobranocek. Nie likwidują napięcia, które wyczuwali spotykający Jezusa na swej drodze religijni Żydzi. W przygodach Abrahama, Mojżesza, proroków Bóg uczył ich, że jest Kimś wielkim, ale zupełnie innym. Królowie, prorocy, setki lat, kilometry krętych dróg, hektolitry krwi – Izrael długo i boleśnie odklejał się od obrazu bóstw jako prostych w obsłudze i bliskich człowiekowi „załatwiaczy". A oto tu – kłopot jak się patrzy. Bo czy Bóg, który przez dwa tysiące dawał Izraelowi prztyczka, gdy ten próbował wcisnąć Go w jakieś ludzkie schematy, może w ogóle mieć syna? I czy Syn Boga jest Bogiem? Czy odtąd mamy wierzyć w dwóch Bogów?

I – na Boga – dlaczego Najwyższy zjawia się właśnie tutaj? Ówczesna Galilea (gdzie Jezus się wychował, urodził się w Judei) to peryferia peryferii, miejsce, gdzie zawracają wrony. Najdalej na północ wysunięty skrawek zamieszkanego przez Żydów terytorium, spichlerz Izraela, ziemia zielona (w przeciwieństwie do wyschniętej na wiór Judei z Jerozolimą), żyjąca z produkcji nabiału, oliwek i eksportu ryb. Kraj rolników i rybaków, honorowych, acz nieskomplikowanych w obejściu, wyśmiewanych w stolicy, bo kaleczących zabawnie język aramejski. Powszechnie identyfikowaną specjalnością Galilejczyków były rozruchy i powstania. Stołeczne elity religijne zwracały uwagę na pogańskie epizody w historii tamtych ziem oraz nieszczególnie skrupulatne przestrzeganie przez ich mieszkańców wszystkich nakazów i zakazów Prawa. W Jerozolimie słowo „Galilejczyk" było synonimem wieśniaka, prowincjusza, kogoś z nieznającego Prawa motłochu. Talmud z właściwym sobie bezpośrednim wdziękiem mówił o nich jako o zwierzętach i nie zalecał wiązania się z ich córkami, wszak Pismo zabrania wchodzenia w intymne relacje z gadziną. Izrael czasów Jezusa to społeczność nie dość że podbita, to jeszcze mocno wewnętrznie podzielona. Reformatorskie ruchy skupione wokół miast marzą o tym, by stać się pogłębiarkami religii, żyjąca na wsi reszta (skąd my ją znamy) lubi tradycję, ale głębsze pytania ma w nosie. Ciekawe, że Jezus nie rodzi się wśród ludzi szczególnie religijnie zaangażowanych, lecz chce wyjść w świat ze środowiska uznawanego (często niesłusznie) za „wierzących, mniej praktykujących", że to z nimi, a nie ze „świętymi" chce najpierw pracować.

Choć i tak Jego plan na pierwszy rzut oka nie chce trzymać się kupy. Gdyby Bogu zależało na jak najszerszej recepcji komunikatu, mógłby przecież urodzić się jako prominentny członek Sanhedrynu. On tymczasem najlepiej czuje się we wsiach i miasteczkach, wśród rybaków, rolników. Wybitny polski chrystolog ksiądz Grzegorz Strzelczyk zwraca uwagę, że gdyby wszyscy, którzy już wówczas mieli kłopot z niedostatecznie zaznaczonym nadprzyrodzonym charakterem Zbawcy, poczytali dokładniej Pismo Święte, przypomnieliby sobie proroczą sytuację opisaną w Księdze Ezechiela, gdy choremu na trąd Syryjczykowi Naamanowi prorok Elizeusz każe – przez posłańca – obmyć się w Jordanie. Ten – przez posłańca – ochrzania proroka na czym świat stoi. Po pierwsze nie zgadza mu się metodologia, spodziewał się, że prorok przyjdzie, wypowie zaklęcia, poruszy ręką. Po drugie: w Jordanie? To żarty? W tym marnym wodocieku? Przecież jest tyle znacznie bardziej uświęconych pobożną tradycją i nadających się do uzdrawiania rzek! Przekonany, że kpi się z jego religijności, odchodzi, dopiero słudzy nakłaniają go, żeby wrócił. Nadąsany wchodzi do Jordanu, wychodzi zdrów jak ryba. Jakie mamy kompetencje, by sugerować Bogu, że może lepiej byłoby w Australii? Lub we Francji, w późnym średniowieczu?

Inna rzecz, że przychodząc na ziemię, zgotował naszym biednym mózgom niezły pasztet. Niby to wszystko takie piękne i proste, a przecież nie tylko Żydzi, ale i chrześcijanie od samego początku mieli kłopot z podwójną naturą Jezusa. Na tej kanwie powstała chyba większość herezji toczących środowiska pierwszych chrześcijan. Jedni podawali w wątpliwość bóstwo Cieśli z Nazaretu, inni jego człowieczeństwo. Jedni sądzili, że odkąd natura Boska wstąpiła w ludzką, wyparła ją całkowicie (monofizytyzm), inni, że nie miał tylko ludzkiej woli (monoteletyzm) czy – uwaga, ostry intelektualny zakręt – czysto ludzkiego ośrodka pobudzającego do działania (monoenergizm). Jak to się w Nim zmiksowało? Dziś tę debatę rozszerzamy o wątki współczesne: czy Jezus jako człowiek znał wszystkie języki świata, wiedział, gdzie leży Ameryka, znał zasadę działania komputerów oraz mógł wymienić wszystkie pierwiastki z tablicy Mendelejewa? Jak ktoś dysponujący tylko ludzkim mózgiem może mieć świadomość bycia Bogiem, który z definicji się w tej świadomości nie mieści? A jeśli miał Boską wiedzę, to czy zgoda na własną śmierć nie była rodzajem wyrafinowanego samobójstwa? W Ewangelii Jezus, mówiąc uczniom o dniu końca świata, stwierdza, że nikt nie zna tej daty, poza Ojcem. Nawet Syn. A więc co to za Bóg, przed którym Bóg – tylko w innej Osobie – ma jakieś tajemnice?

Przez dobrych kilka lat niezwykle ekscytowała mnie pogoń za tłumaczącymi te sprzeczności argumentami. Śledziłem gorące debaty na temat Boskiej samowiedzy Jezusa. I coraz głębiej przekonywałem się, że trafna była przywieziona z Galilei dramatyczna w swej prostocie myśl, że w chrześcijaństwie nie chodzi o dowody, ale o kilka niepodbitych adamaszkiem intelektu słów Piotra (z ich powodu to on, analfabeta, a nie intelektualiści z tamtych lat, jest pierwszym „szefem" Kościoła): „Ty jesteś Mesjasz, Syn Boga żywego". Tu uwaga: nie przekonują mnie też argumenty, że Jezus właśnie dlatego przyszedł do prostaków, bo byli naiwni i łatwiej im było wcisnąć cuda. Ludzie prości mają rodzaj naturalnego instynktu, wyczuwania, kto jest wariat, a kto się kąpie w czystej prawdzie, będącego w zaniku u „wykształciuchów" żyjących w getcie własnego rozumowania, dla których jedyną dostępną relacją jest ta z ich własnymi myślami.

Mimo to dalej, już chyba tylko dla intelektualnego sportu, przekopywałem się przez dzieła specjalistów, którzy setki lat toczyli ze sobą namiętne spory o to, czy Jezus w ogóle od kogoś mógł się uczyć, czy mógł czegoś nie wiedzieć, skoro niewiedza to skutek grzechu, a On był bezgrzeszny? A może jednak do wiedzy nabytej na drodze normalnego ludzkiego doświadczenia dołączyła jako ekstra „moduł" wiedza wlana, płynąca z drugiego, Boskiego elementu, czy może było dokładnie odwrotnie?

Na wałkowaniu tego zagadnienia spędzić można życie, niczym udomowiony gryzoń kręcąc się coraz szybciej w diabelskim (*nomen omen*) młynie. W końcu trzeba jednak uwolnić Boga ze złotej klatki ludzkich pojęć. Pozwolić Mu być Bogiem. Uznać, że ponieważ nigdy nie rozwiążemy jednej strony równania (nie będziemy w stanie zrozumieć Boskiej natury), nigdy nie będziemy też w stanie opisać mechanizmu i skutków spotkania się jej w jednej osobie z naturą ludzką. Grupa prostych rybnych biznesmenów znad jeziora Genezaret też tego nie umiała. A mimo to osiągnęła sukces.

A gdyby jednak – nie daje mi to spokoju – chcieć trochę zabawić się w mniemanologię? Trzeba by założyć, że tak, Jezus jako

Bóg wiedział, że jest Bogiem (nikt jak dotąd nie orzekł z pewnością, że było inaczej), znał wszystkie języki, znał datę końca świata. Jako w pełni człowiek nie był jednak w stanie się tą wiedzą posługiwać. Być może rację mają ci, co prawią, że Bóg „zapisał" w ciele Jezusa tylko te elementy wiedzy, które były niezbędne do przeprowadzenia Jego misji. Ksiądz Grzegorz Strzelczyk, podkreślając, że skoro Jezus był i Bogiem, i człowiekiem, a między tymi dwiema naturami nie mogło być jakiegoś „przeciekania", bo zbiór Bogów (a właściwie Boga) i zbiór ludzi to – poza przypadkiem Jezusa – zbiory o charakterze rozłącznym, mógł doświadczać Boga na zupełnie innej niż intelektualna ścieżce. Zamiast szukać nieistniejących kabli, które pozwoliłyby Jezusowi podłączać się do twardego dysku z wiedzą Boga, sensowniej jest uznać, że jako człowiek był po prostu mistykiem. Kimś, kto nie usiłuje rozbierać na czynniki pierwsze rysunku technicznego Boga, ale kimś, kto chce Go spotkać takiego, jaki jest, bez rozbierania i psychoanaliz. Doświadczyć nie znaczy rozumieć, basta.

Ksiądz Strzelczyk to zasadniczo człowiek, któremu chciałbym w tym miejscu oddać hołd, gdyż w swoim czasie oszczędził mi wielu bezsennych nocy. Jego książka *Teraz Jezus* była w mojej czysto amatorskiej chrystologicznej refleksji przewrotem analogicznym do opisanej wyżej galilejskiej wycieczki. Autor ten ma niezwykły wprost dar do malowniczych porównań. Błaga na przykład, by – co jest specjalnością wszelkiej maści dewotów – zaniechać prób uwznioślania Jezusa przez Jego odczłowieczanie, przypominających podnoszenie wartości małego fiata przez dołożenie halogenów, spojlerów i podwójnego wydechu rodem z porsche. Gdy pisze o tym, czym tak naprawdę jest zbawienie, formułuje metaforę hydrauliczną. Rura łącząca nas z Bogiem „zarasta" kamieniem od naszej strony. Ale wyczyścić ją da się tylko od strony

Boga. Bóg w Jezusie zstępującym na ziemię podejmuje więc próbę rozbicia tego kamienia, tak by komunikacja na linii Bóg – człowiek znów była możliwa. To ksiądz Strzelczyk wyjaśnił mi dobitnie, kto tak naprawdę się wcielił (w Jezusie oglądamy ten „moment" relacji Trójcy Świętej, którym jest relacja Syna do Ojca). Fenomen dwóch natur Jezusa tłumaczy za pomocą metafory „kryształkowej". By ją zrozumieć, potrzebny jest wpierw miniwykład z filozofii bytu. Otóż każdy byt składa się z natury, która określa, do jakiego gatunku będzie należał, i hipostazy (czyli czegoś w rodzaju „osobniczego ducha", który w niepowtarzalny sposób formuje ciasto natury, przygotowane już i pełne „ciastowatych możliwości", ale wciąż nieokreślone, czy będzie keksem, czy szarlotką). To hipostaza sprawia, że na przykład dwa koty, choć należące do tego samego gatunku, różnią się między sobą. Z filozofii „przesiadamy się" na fizykę. W szkole każdy chyba wykonywał eksperyment, podczas którego w naczyniu z roztworem soli zanurzano nitkę i czekano, aż urośnie na niej kryształ, niepowtarzalny jak struktura nitki. W przypadku Jezusa ta sama nitka (hipostaza) zanurzona została w dwóch roztworach, dajmy na to soli i kwarcu, powstały więc na niej dwa różne kryształy (dwie różne natury).

To ksiądz Strzelczyk przypomniał mi, że zbawienie to nie bramka w dyskotece, przy której Jezus będzie siedział i pociągając za stosowną wajchę, kierował złych do piekła, a milusińskich w rozkosze. Że dlatego, iż Bóg się wcielił i dzielił z nami nasze normalne życie, zbawienie dokonuje się odtąd w najbardziej przyziemnych sprawach, każda ludzka czynność – jak jedzenie czy sen – ma odtąd znaczenie przekraczające horyzonty tego świata. Wcielenie nie było zaś – niezwykle ważna hipoteza – „planem B" Boga, misją ratowniczą z Tytana. Ksiądz Strzelczyk, przywołując autorytety starych mistrzów teologii, pyta: a może Bóg od samego początku chciał stać się człowiekiem, zrobić niespodziankę, odwiedzić kiedyś człowieka w jego własnym domu, dać się dotknąć, zobaczyć? (Boże, chroń nas od nieproszonych gości, westchnąłby pewnie człowiek).

Zamiast jak inni bogowie potwierdzać swoją wyższość przez poniżanie stworzeń, Bóg nasz mały świat podnosi do rangi sakramentu. Cytowany już genialny Jean Guitton zwraca uwagę, że Jezus odmalowany jest w Ewangelii „jako sama ludzkość, a nie jako najdoskonalszy z ludzi". Nie jest takim ascetą jak Jan Chrzciciel, nie jest mądrym Pitagorasem, arcypobożnym prorokiem czy Gandhim. Nie spieszy się, nie nalega, nie naciska, nie wymusza, nie ma życia szczególnie (jak na tamte czasy, gdy krew lała się strumieniami) dramatycznego, szczególnie długiego. Nie musi, jest Bogiem, który nie szył sobie czegoś na swoją miarę, interesował Go zwykły ludzki los. Doktor Jan Kozłowski, filolog klasyczny z UW i mój nauczyciel greki (za co Kościół ogłosi go męczennikiem), zwrócił mi uwagę na pisany ładnych paręset lat przed Chrystusem passus z *Iliady*, jasno wskazujący, że greccy bogowie są nieśmiertelni dlatego, że nie jedzą chleba i nie piją wina. Jedno i drugie to czynności napędzające spiralę, która prowadzi człowieka wprost do śmierci. Tymczasem Jezus nie zaproponował swoim uczniom nektaru i ambrozji, jadł z nimi chleb i i pił wino, najbardziej ludzkie z pokarmów. Mało tego, to z nich zrobił „lekarstwo na śmiertelność", to w nich zostawił Siebie. Przychodząc na ziemię, pokazał, że człowiek, by żyć wiecznie z Bogiem, nie musi negować swojego człowieczeństwa, udawać, że jest aniołem, wyrzekać się cielesności. Człowiek ma jedną drogę do świętości. To ludzka, czasem przyziemna normalność. Jedzenie i picie. Spotkania. Eucharystia.

I tu dochodzimy do sedna. Bo przecież gdyby Jezus był uzurpatorem, dążyłby do podkreślenia swej inności, nadzwyczajności, spinałby się, by za wszelką cenę dowieść, że jest z nieba. A tymczasem owszem, robi cuda, trzem uczniom funduje oglądanie swego Przemienienia, ale robi to jakby przy okazji, bez fanfar i pompy. Przechodzi przez świat prawie bez rozgłosu, dyskretnie, szybko, wbrew wszystkim oczekiwaniom. I jeszcze – jak się przy tym zachowuje…

Poradnik

Czy w kościele można używać zmysłów? Nie umiem ich nie używać. Człowiek wierzący powinien umieć modlić się wszędzie, ale skoro nie jesteśmy aniołami, mamy ciało, powinniśmy włączyć je w modlitwę co najmniej na równi z duchem. Mój pierwszy spowiednik wbił mi do głowy, że modlić się należy w takiej pozycji, w jakiej rozmawiałoby się z ważnym gościem. Można stać, można siedzieć. Leżeć? W tej pozycji modlę się tylko, kiedy jestem chory. Mój świętej pamięci proboszcz, człowiek wielkich budowlanych i duszpasterskich talentów, kopalnia życiowej mądrości, powtarzał zaś, że są w życiu takie sprawy, które da się zrozumieć tylko w ciszy kaplicy, „a i to na klęczkach". Owe „klęczki" jako warunek *sine qua non* przetestowałem w życiu, faktycznie – to działa. Nie wiem, czy rolę gra tu zmęczenie, skupienie, wymuszone postawą uniżenie? Modlitwa na klęczkach zawsze jest jakoś bardziej intensywna. Modlitwa na stojąco sprzyja ekspresji, odprawiana na siedząco przynosi dużo nowych myśli. A gdy przełamiesz barierę wstydu (mi zajęło to jakieś dziesięć lat) i wyciągniesz przed siebie ręce, poczujesz lekkość, ulgę – o ile łatwiej trwać przed Bogiem, gdy całym sobą nie udajesz, że coś Mu możesz dać albo że coś masz. Wzrok. Modląc się w domu, patrzę na ikonę, w kościele na ołtarz, tabernakulum. Łatwiej mi się skupić, gdy miejsce jest „mądrze zaświecone", gdy zakrystianin czy proboszcz czuje wnętrze, a nie odpala wszystkie – jakie Bozia dała – energooszczędne świetlówki (ich zimne światło wykańcza wizualnie połowę znanych mi kościołów). Słuchu nie mam za grosz, nie rozumiem więc, jak można się modlić, samemu śpiewając. Pół biedy, jeśli w kościele słychać pieśń, w której wyczuwam intuicyjnie harmonię wpisującą się w Boży porządek. Bo nic mnie tak nie rozprasza jak śpiewane tyleż gromko, co bezrozumnie popularne pieśni, którymi wierni wraz z kapłanem zagłuszają wszystko. Czy Bogu naprawdę trzeba tak niemiłosiernie wyć do ucha, czy nie zrozumie, gdy zaniesiemy Mu te wszystkie słowa w formie recytacji? Zapach. Kościoły specyficznie pachną, każdy z nich ma swój własny miks woni drewnianych ławek, przyjemnie duszących świec i kadzidła, słodkawych kwiatów, ukrytej w kątach wilgoci, a to wszystko nierzadko z dominującą nutą pasty do czyszczenia posadzki. Jeszcze inaczej pachną kościoły połączone w jedno z klasztorami, plebaniami, szkołami. Do nich zwykle kilka razy dziennie zakrada się woń stołówkowych posiłków (uwaga: w jakimś nieuchwytnym niuansie innych od posiłków domowych, nie wiem, na czym to polega, ale obiad w stołówce pachnie zawsze dokładnie tak samo). Odnajduję perwersyjną przyjemność w odwiedzaniu w porze lunchu warszawskiego kościoła Jezuitów przy ulicy Rakowieckiej, który – mieszczący w podziemiach stołówkę – pachnie wtedy jak dobrze mi znany poznański klasztor dominikanów. Kuchenne wonie wzbudzane rzetelną dłonią siostry Leokadii swobodnie penetrowały piętra i korytarze, około siedemnastej docierając niezawodnie do położonej na drugim piętrze kaplicy, w której bracia, pogrążeni w odmawianiu różańca, odczuwali w jednej chwili, jak bardzo zgłodnieli od południowego obiadu i że zanim zasiądą do stołu, muszą jeszcze zaliczyć rozważanie, nieszpory, procesję.

Przypominam sobie ten miks wrażeń „dusznych" i cielesnych, po raz kolejny uświadamiam, że całe nasze życie rozpięte jest na dobrą sprawę między zaspokajaniem tych dwu głodów. Przed Bogiem nie ma więc po co wykonywać wygibasów, obiecując, że gdybyśmy nie mieli tego ciągnącego nas w stronę grzechu cielska, z pewnością bylibyśmy święci. Jasne, czasem ciało skażone przez kalectwo ducha jest jak ciężki przemoknięty płaszcz, który krępuje nam ruchy, ale nie ma co się nad nim znęcać. Bóg chce nas zbawić jako ludzi, a nie jako sfrustrowanych niedokończonych aniołów. A gdyby tak raz na jakiś czas spojrzeć na swoje ciało jak na sakrament? Z codzienności zrobić – choćby raz dziennie – modlitwę? Wreszcie uwierzyć, że aby być normalnym, nie trzeba wychodzić z kościoła. Gdyby Bóg chciał, zbawiłby nas, przylatując na gwiezdnym rydwanie w koloratce i przy dźwiękach hymnu z pewnej religijnej rozgłośni, zbawia nas jednak za pośrednictwem ludzkiej miłości, wierności, wytrwałości.

By choć troszkę wczuć się w Jezusa, rzućmy jeszcze raz okiem na Galileę. Gdyby nie grzech i całe związane z tym zamieszanie, Jezus przecież czułby się tam jak w raju (bo to naprawdę niezwykle przyjemne miejsce, zwłaszcza w marcu, przed falą upałów). Raj zmienił się w zadupie, dobrzy ludzie w politykierów, ciułaczy, skrupulantów. To człowiek sprawił, że ziemska droga Jezusa zakończyła się w takiej męce, Bóg sam ani tego nie wymyślił, ani nie chciał. Przestańmy więc zachowywać się jak ktoś, kto zabił autem dziesięć osób, a teraz płacze i pomstuje na tych, co dali mu prawo jazdy, kupili samochód, otworzyli garaż. Jezus nie miał na czole świecącego napisu:

„Jestem Bogiem". Warto choćby raz w życiu uświadomić sobie, tak do trzewi, że zdecydowana większość z nas, spotkawszy Go na ulicy, z pewnością minęłaby Go bez słowa. Co więcej – dziś też byśmy Go zabili albo co najmniej umieścili w psychiatryku, nie można mieć wątpliwości.

Na wcielenie, śmierć, zmartwychwstanie Jezusa – pisze ksiądz Strzelczyk i warto go posłuchać – spójrz jak na początek sądu nad światem. Człowiek skatowany za nic, niewinnie cierpiący, pokazuje oprawcom, że żyje, że Jemu tak naprawdę nie stało się nic. On idzie swoją drogą, ich kłopot zostaje. Każdy grzesznik niesie na plecach ciężar – czas przeszły źle wykorzystany. Skażony na dobre, na stałe. Wcielony Bóg uczy, że jedną z najskuteczniejszych broni przeciw złu jest cierpliwość, bo to ona doprowadzi nas do punktu, w którym dobro weźmie górę nad całym syfem świata.

(Do)czytania

Francis Dreyfus OP, *Czy Jezus wiedział, że jest Bogiem?* (tłum. R. Rubinkiewicz, Poznań 1995). Przekonywający i naszpikowany biblijno-teologiczną argumentacją dowód na to, że nie dość, iż Jezus wyraźnie mówił o sobie jako o Bogu, to co do Jego bóstwa przekonani też byli jego pierwsi uczniowie. Ludzka klasyka: o sprawy, które były jasne i oczywiste dla naocznych świadków, spierają się dziś z pasją ci, co słyszeli z piątej ręki. Lektura wymagająca cierpliwości i zaprawy.

Geza Vermes, *Jezus Żyd. Ewangelia w oczach historyka* (tłum. M. Romanek, Kraków 2003) – Żyd, były ksiądz katolicki i jeden z najwybitniejszych współczesnych historyków Biblii, profesor Oksfordu, w swoich książkach zawiera wnioski nie zawsze zgodne z katolicką ortodoksją (nie wierzy już zupełnie w boskość Jezusa), ale nikt nie zarzuci mu nierzetelnego prezentowania faktów. Kopalnia wiedzy o detalach epoki.

Jedyne, na czym chciałbym spędzić resztę ziemskich dni, to słuchanie debaty Vermesa (mogłaby się jeszcze do niej dołączyć Karen Armstrong) z Jeanem Guittonem. Jego *Jezus* (tłum. I. Józefowiczowa, Warszawa 1963) powinien być lekturą obowiązkową dla wszystkich, którzy zmagają się z myślą, że był On tylko lokalnym magikiem. Kusi mnie, by przepisać tu całą tę znakomitą książkę. Guitton precyzyjnie dowodzi (wykazując niespójność innych hipotez), że opowieść o zmartwychwstaniu ma więcej sensu niż każda inna i że uczniowie od samego początku wiedzieli, że Jezus to „Bóg z Boga", „światłość ze światłości", ktoś Bogu współistotny. Tezę o Jego pośmiertnej deifikacji trzeba zaś stanowczo odrzucić, bo ona by się po prostu w tamtych warunkach nie przyjęła, skoro i w przypadku cesarzy narzucana była siłą (a tu nie mamy cesarzy, tylko paru biednych rybaków).

Sporo wiedzy można też znaleźć w komentarzach do Ewangelii według Mateusza i Jana w serii The Anchor Bible (*Matthew*, New York 1971; *The Gospel According To John I–XII*, New Haven – London 2008, *The Gospel According To John XIII–XXI*, New Haven – London 2008). Wbrew pozorom – nie tylko dla specjalistów.

Henri Daniel-Rops, *Dzieje Chrystusa* (tłum. Z. Starowieyska-Morstinowa, Warszawa 2010). Stanowczo ponawiam zalecenie.

- Czy Jezus mógł uczyć się czegokolwiek od ziemskich rodziców? Czy umierając na krzyżu, wiedział o wszystkich, za których umiera? Zgodnie z tak zwaną zasadą doskonałości - wiedział. Zgodnie z inną zasadą - kenozy, wyniszczenia - umarł za wszystkich, ale nie wszystkich musiał mieć przed oczyma (mówimy tu o wiedzy ludzkiej, Bóg wie wszystko). Fascynująca historia sporów o to, co Jezus miał w głowie, w wywiadzie z ojcem Wiesławem Szymoną OP na stronie www.list.media.pl.

- Erudycyjna i pasjonująca korespondencja protestanta i byłego jezuity z zasadniczym pytaniem: kim tak naprawdę był Jezus: Bogiem czy wyjątkowym człowiekiem (zaskakujące zwroty intelektualnej akcji) - Krzysztof Dorosz, Stanisław Obirek, *Między wiarą a Kościołem. Listy o szukaniu drogi* (Warszawa 2010).

- O tym, że wcielenie Boga otwiera zupełnie wstrząsające perspektywy, pisała średniowieczna mistyczka Juliana z Norwich (cytowana przez Jamesa A. Wisemana w *Historii duchowości*, tłum. A. Wojtasik, Kraków 2009): „Człowiek idzie wyprostowany, a pokarm w jego ciele jest zamknięty jak w dobrze uszytej sakiewce. Gdy zachodzi konieczność, sakiewka jak najstosowniej otwiera się i zamyka ponownie. Dzieje się tak za sprawą Boga, albowiem on sam powiada, że przychodzi do nas, aby zaspokoić nasze najpośledniejsze nawet potrzeby. Bóg nie gardzi tym, co stworzył, ani nie wzdraga się służyć nam w najprostszych naturalnych funkcjach naszego ciała, z miłości do duszy, którą stworzył na swoje podobieństwo".

- Ksiądz Grzegorz Strzelczyk w wynoszonej tu pod niebiosa książce *Teraz Jezus* (Warszawa 2007) udowadnia, że jest Kubicą porównań niemal na każdej stronie. Pisząc o stosunku ludzi do tajemnicy Zmartwychwstania, mówi, że ci, którzy badają jej prawdziwość, szukając świadectw, są jak ludzie patrzący na wyjście z metra. Chrześcijanin zaś to ktoś, kto schodzi na peron, zajmuje miejsce w pociągu i sprawdza, gdzie go ów pojazd zabierze.

Gdy patrzę na obrazy „słodkiego Jezusa", gdy przeglądam książki o Jego ziemskich potomkach, wśród których jest i Barack Obama, i Bronisław Komorowski, i Justin Timberlake (Barbara Ewa Turlińska, *Krew Merowingów. Polscy potomkowie Jezusa*, Bytom 2009), gdy czytam książkę (Dennis Price, *The Missing Years of Jesus*, London 2009) opowiadającą bajkę, że młody Jezus wraz z Józefem z Arymatei wsiedli na łódkę i popłynęli na parę lat w okolice słynnego brytyjskiego uzdrowiska Bath, by tam popracować w kopalni i poduczyć się trochę od druidów, gdy sięgam po pracę Ralpha Ellisa *Jesus The Last of the Pharaohs* (Cheshire 2001), pracowicie zbierającą chyba wszystkie hipotezy, które na temat Jezusa stworzono (że był gubernatorem Tyberiady, bratem Judasza, zginął w 65 roku podczas walk o Jerozolimę), zastanawiam się, jak bym się czuł, gdyby ktoś za tysiąc lat napisał o mnie, że byłem Lady Gagą i mieszkałem w Pernambuco? Stwórca jest wszechwiedzący, wiedział więc pewnie, jakiego ryzyka się podjął. Czy to nie wystarczający powód, żeby choćby raz dziennie powiedzieć mu: „Szacunek!".

[Krzykliwy]

i nie całkiem jak baranek...

Dla wszystkich kojarzących Boga z ciepłem, do którego można przytulić się po zbyt bliskim kontakcie z prozą życia, ta scena jest jak zimny prysznic. Kaznodzieje, komentując to, co zdarzyło się w Kanie Galilejskiej, zwykli piętrzyć podniosłe banały. Pierwsze publiczne wystąpienie Jezusa ma miejsce na weselu. Jaki to cudowny materiał na homilię o tym, jak to Bóg wspiera politykę prorodzinną, ludzkie szczęście. Winiarze już do końca świata będą zasłaniać się kananejskim argumentem – Jezus zmienił wodę w trunek, a więc afirmuje zabawę, zwykłą ludzką radość! Właściciele szkół tańca i opartych na rytmicznym podrygiwaniu telewizyjnych formatów, jeśli oczekują czegoś od współczesnej nauki, to z pewnością odpowiedzi na pytanie, jak szybko wskrzesić świętego Jana. By dopisał w swojej Ewangelii kilka słów o tym, jak Jezus wyszedł na parkiet i wycinał żydowskie hołubce. Bóg jest fajny. Bóg jest super... Niespodzianka.

Gdy wczytać się w tę historię, naprawdę ciarki przechodzą po krzyżu. Jeszcze kilka miesięcy wcześniej Jezus był po prostu synem wdowy z Nazaretu, cieślą, który dzielił los tysięcy takich jak on, żyjących w biedzie, wiecznie zapracowanych i pobożnych ludzi. Jezus zawsze, gdy mówił o bogactwie, miał tendencję do uproszczeń, właśnie takich, jakich mają w zwyczaju używać ludzie biedni. Przypowieść o wdowie, która zgubiła pieniążek, zapaliła wszystkie światła i wymiotła dom, by go znaleźć, albo o innej, która przynosi na ofiarę w Świątyni grosz, całe swoje utrzymanie, może być opisem Jego własnej matki.

I nagle ten jedyny żywiciel domu, oparcie swojej Mamy, odkłada narzędzia i znika. Nie wiemy, czy to radykalne przecięcie pępowiny poprzedzone było jakąś rozmową, próbą tłumaczenia dlaczego. Jakiekolwiek powody przedstawiał Matce Jezus, trudno sobie wyobrazić, by tego wieczora w domu obeszło się bez łez. Rusza w świat, idzie nad Jordan, spotyka surowego proroka Jana, od którego przyjmuje chrzest. Po czym na prawie sześć tygodni zaszywa się na pustyni, pewnie na jakiejś górze w okolicach Jerycha. Ma czterdzieści dni, by spojrzeć z dystansu na cały swój świat. Na dom, gdzie pozostała opuszczona przez dwóch mężczyzn swojego życia Matka. Na Jerozolimę, centrum hałaśliwego przemysłu sakralnego działającego na tyle sprawnie, że poradziłoby sobie i bez Boga.

Nie sądzę, iż podobieństwo Jezusa do mnie jest szczególnie uderzające, pozwolę jednak sobie na osobisty wtręt – ilekroć siedzę w górach czy nad oceanem, nie umiem nie myśleć o krajach, które są po drugiej stronie, o ludziach, których na tym świecie nie spotkam. Co myślał Jezus? Wiemy tyle, ile opowiedział uczniom. A opowiedział, że zmagał się z szatanem, który robił, co mógł, by Go zmusić do udowodnienia boskości. Proponował mu rodzaj *joint venture*, na które w try miga zgodziłaby się większość ówczesnych proroków. Jezus zapewniać miał wkład merytoryczny, szatan – kapitał, dzięki któremu Jezus mógłby swą misję zrealizować. Jezus, z krwi i kości, cały jest z tego świata, a jednocześnie całym sobą z niego nie jest. To ten paradoks trzeba mieć w głowie, gdy podczas śledzenia Jego drogi natykamy się na zachowania niezrozumiałe.

Wracamy do Kany Galilejskiej, dziś uroczego miasteczka w górach nieopodal Nazaretu, żyjącego z obsługi ściągających tu z całego świata par małżeńskich. I straganów z winem takiej jakości, że gdyby wierzyć, iż w jego powstaniu maczał palce Pan Bóg, należałoby natychmiast zostać ateistą. Jezus z Matką oraz Filipem i Natanaelem, dwoma z pięciu ciekawskich, którzy zdecydowali się zostać Jego uczniami (ale na razie wyraźnie są na etapie testowania sprawy), idą na wesele do bliżej nieokreślonych krewnych. Żydowskie wesela to nie nasze wieczorne pląsy z dodatkiem trzech dań ciepłych, tam bawiono się nawet półtora tygodnia. Organizator całego przedsięwzięcia „machnął się" w rachunkach, w połowie zabawy skończyło się wino. Panika. Co za wstyd. Maryja, poinformowana o awarii przez krewnych, idzie do swojego Syna, mówi: „Nie mają już wina". Po co to mówi?

Jakoś trudno mi uwierzyć tym, którzy z Maryi robią anielicę od samego początku świadomą tego wszystkiego, co my dzisiaj wiemy, znającą nawet dogmat o swoim własnym niepokalanym poczęciu. Spośród ludzi to Ona najbardziej doświadczyła na sobie niezrozumiałości Boga. Być może przychodzi do Jezusa po prostu jak matka, która nie widziała syna od czterech miesięcy i na dobrą sprawę nie ma pojęcia dlaczego. Może słyszała – choćby od rozpowiadających pewnie to i owo na weselu Filipa i Natanaela – że gdy Jezus chrzcił się w Jordanie, Bóg potwierdził, że On jest Jego Synem. Maryja przychodzi więc, próbując na nowo ułożyć sobie z Nim relacje. Do tej pory mówiła doń jak do syna, teraz może trzeba inaczej. Szuka języka, jakim człowiek może mówić do kogoś, kto w dziwny sposób go przerasta. To, co mówi, do dziś pozostaje wzorem modlitwy. Nie prosi, nie błaga, nie piętrzy zapewnień, że gdyby Jezus coś na to poradził, oni na pewno złożą mu sutą ofiarę. Stając przed Bogiem, stwierdza fakt. Pokazuje, że coś się na tej naszej ziemi stało, że coś dzieje się ludziom, zostawiając Mu resztę.

Tyle że On, było nie było – jej Syn, odzywa się do Niej tak, że w pięty idzie. „Czy to moja lub twoja sprawa, kobieto?". W greckim oryginale brzmi to jeszcze mocniej: „*Ti emoi kai soi?*". Dosłownie: „Co mnie i Tobie?", „Co Tobie do mnie?" – zostaw mnie w spokoju, nie męcz, co mamy ze sobą wspólnego. Interpretatorzy Biblii od setek lat spierają się, czy użyty w tym zdaniu przez Jezusa semityzm był formą „zmycia głowy" Maryi, że zajmuje się nie swoimi sprawami w niewłaściwym czasie, czy akcent trzeba położyć na kolejne słowa („jeszcze nie nadeszła godzina moja"). Tak czy siak, dialog pokazuje nam wyraźnie cztery rzeczy, dwie ziemskie i dwie nie z tego świata. Po pierwsze – Jezus miał chyba jednak w sobie typowy rys Galilejczyka, cudowną prostotę, gdy trzeba, zaprawioną konkretną szorstkością. Po drugie – Syn zrobił słusznie, że zafundował Matce po śmierci wszystkie niebiańskie zaszczyty, bycie matką niezwykłego (do tego stopnia) Dziecka to naprawdę nie była bułka z masłem. Po trzecie – nawet jeśli tak to zabrzmiało, Bóg nie działa z intencją ochrzanienia kogokolwiek, tu po prostu zderzają się dwa nieporównywalne żywioły. Jezus stwierdza, że nad porządkiem win, wesel i całego naszego ziemskiego hałasu istnieje zupełnie inna matematyka i fizyka, pogodzić się z tym można tylko przez milczenie, bo są to rzeczy, o których nam nic nie jest wiadomo. Po czwarte wreszcie – jeśliby wydarzenie w Kanie czytać jako historię o ludzkim cierpieniu (choć brak wina dla wielu bywa też błogosławieństwem), Maryja daje ciekawą podpowiedź, jak należy postępować z Bogiem. Po takiej odpowiedzi swojego Syna idzie bowiem do organizatorów imprezy i zapowiada im, że On na pewno coś zaradzi. Wspomniany już i nieoceniony doktor Jan Kozłowski, gdy rozbieraliśmy ten fragment na czynniki pierwsze, zwrócił uwagę, że można by go na dobrą sprawę zamknąć w schemacie następującym: Maryja do Jezusa: „Idź po bułki". Jezus: „To nie moja sprawa". Maryja: „W takim razie kup pięć". Może tak właśnie trzeba modlić się do Boga w sytuacjach, gdy czegoś nam brakuje i wydaje nam się, że Bóg milczy?

Fascynująca Ewangelia. Z jednej strony Bóg, który pokazuje, że jeszcze nie nadszedł dla Niego czas zanurzenia się w ludzkie cierpienie, z drugiej jednak – na prośbę Matki w to cierpienie wchodzący. Z jednej strony – protestujący przeciw temu, by traktować Go jak automat do cudów, z drugiej – robiący cud taki, że wszystkim żuchwy opadają do ziemi. Ze szczególnym uwzględnieniem uczniów, którzy, jak skrzętnie notuje święty Jan, dopiero wtedy uwierzyli, że z tym Jezusem coś może rzeczywiście być na rzeczy, że to nie kolejny Szymon, Juda albo inny Atrogenes, mesjasze, powstańcy, nauczyciele, magicy, których znękana rzymską okupacją ziemia rodziła wówczas na pęczki.

W zachowaniu Jezusa jeszcze co najmniej raz pokaże się to pęknięcie. Dwie współistniejące w Nim natury miewały według mnie – teologowie tym razem już na pewno mnie zabiją – momenty, gdy trudno im było harmonijnie zmieścić się w jednym bycie. Jak inaczej wytłumaczyć scenę rozgrywającą się, jak precyzyjnie wyliczył francuski badacz Jaubert, w poniedziałek, 10 dnia miesiąca nisan roku (prawdopodobnie) 30, na pięć dni przed śmiercią Jezusa?

Jezus mieszka wówczas w Betanii, wiosce na zboczu Góry Oliwnej, Jego bazie wypadowej, gdy przebywa w okolicach Jerozolimy. Przeżył już wjazd do miasta, gdy grupka mieszkańców wiwatowała na Jego cześć. Teraz wczesnym rankiem wraz z uczniami wraca do miasta (dni poprzedzające śmierć ma bardzo intensywne, mnóstwo debat, przypowieści, spotkań). Szli bez śniadania, ewangelista Marek (który zapisywał to, co opowiedział mu bezpośredni uczestnik zdarzeń, święty Piotr) wyraźnie mówi, że Jezus był głodny. Gdy schodzili z góry, zobaczył drzewo figowe i podszedł doń, mając nadzieję że znajdzie coś na ząb. Fig jednak nie ma, „nie był to bowiem czas na figi", zauważa Marek. Jezus wie o tym, ale robi rzecz zaskakującą: przeklina drzewo. A to natychmiast usycha. Jaką winę może mieć biedne drzewo, które nie może nakarmić chodzącego po ziemi Boga, bo robi wszystko zgodnie z planem, który ten sam Bóg w nie wpisał?

Ot, zagwozdka. Setki egzegetów od lat analizują cykl wegetacyjny figowców, próbując ustalić, czy w marcu mogą one dawać owoce, czy też nie (i czy jeśli mają już – nawet przedwcześnie – liście, muszą dać nam i figi). Niektórzy tłumaczą, że w Biblii nie jest czymś nadzwyczajnym wygłaszanie przemów do drzew, względnie traktowanie ich jako figur narodu, który ma wydawać owoce w porę i nie w porę, ma przekraczać swoje ziemskie prawa i uwarunkowania. Jeszcze inni skupiają się na tym, co Jezus mówi uczniom wstrząśniętym widokiem uschniętego drzewa, a mówi o sile modlitwy, o tym, że jeśli tylko będą mieli choć odrobinę wiary, nie tylko drzewom będą mówić, by uschły, ale będą też przenosić góry. Wydaje się jednak, że ten element został do całej opowieści dodany później. I nic nie uchroni nas od zmierzenia się z obrazem głodnego Mesjasza biorącego odwet na Bogu ducha winnej roślinności.

To w ogóle był dzień pełen emocji. Po incydencie z figowcem (choć Jan – jedyny – twierdzi, że było to wiele miesięcy wcześniej, po weselu w Kanie Galilejskiej) Jezus z uczniami weszli do Świątyni, a Mistrz zaczął wywracać stoły wymieniających pieniądze bankierów i sprzedawców ofiarnych zwierząt. Zwłaszcza na kilka dni przed Paschą, gdy do Jerozolimy zjeżdżali Żydzi z całego świata, musiał to być biznes jak się patrzy. Józef Flawiusz precyzyjnie pokazuje, co ludzie zrozumieli z pracowicie przekazywanego tysiącami lat Boskiego Objawienia i dlaczego, jeśli ten świat miał się nie zapaść, niezbędne było Wcielenie. Ten kronikarz (o niezwykle pokrętnym żydowsko-rzymskim życiorysie) pisze, że w Jerozolimie roku 70 na święto Paschy złożono w ofierze dwieście pięćdziesiąt pięć tysięcy sześćset jagniąt. To, co działo się na kilka dni przed świętem na największym Dziedzińcu Pogan, musiało więc przypominać skrzyżowanie wielkiego zoo z bankiem i otwarciem supermarketu. Dziesiątki tysięcy ludzi wymieszanych z bydłem, owcami, z latającymi nad głową gołębiami. Wszyscy cisną się do stołów bankierów, gdzie przywożone z różnych stron monety – denary i sestercje, można wymienić na szekle. Następnie dopchać się trzeba do kantorków prowadzonych przez kapłanów, którzy sprzedają „bony" na poszczególne ofiarne zwierzęta. Z takim bonem człowiek zgłaszał się do stosownej zagrody, by odebrać jedną z tysięcy beczących tam owiec, którą następnie może zaprowadzić do rozbitego gdzieś na zewnątrz namiotu. Albo dokupić jeszcze byczka czy gołębia i od razu zaciągnąć go lub zanieść do mieszczącej się powyżej, za Dziedzińcem Izraelitów, wielkiej rzeźni, ołtarza, na którym kapłani całymi dniami szlachtują przynoszone przez wiernych stworzenia (gołąbkom ukręcają łebki), a część ich truchła puszczają z dymem. Nad Jerozolimą czasów Jezusa non stop unosi się ciężka woń palonego tłuszczu, jak sądzono – samego wonnego delikatesu w nozdrzach Pana, niezwykle spragnionego tak subtelnych przyjemności, z miejsca poprawiających Mu humor.

Jezus, widząc to, przeciska się jakoś na świątynny dziedziniec i wpada w szał. Dla mnie ten moment to nie chwila słabości, lecz czysta epifania – objawienie Bóstwa. Jezus pokazuje coś niezwykle ważnego – Boski gniew, święte oburzenie, to nie wybuch afektu, to „organiczna", fundamentalna niezgoda na drastyczne łamanie pierwszych trzech przykazań, na taki obraz Boga, jaki można wynieść z tego miejsca. Komunikat: „Nie jestem politykiem, nie jestem rozkosznym cudakiem, mój Ojciec nie jest psychopatą, który uspokaja się dopiero wtedy, gdy pod nos podetknie mu się zapach krwi. Przestańcie robić z nas Herodów, kukły, idiotów". Jezus przewraca stoły cinkciarzy, wypuszcza jagnięta i bydło, handlarzom gołębi każe się natychmiast wynosić, mówiąc, by „nie robili z domu Ojca targowiska". Jan pisze co prawda, że „powypędzał wszystkich ze Świątyni", ale wystąpienie Jezusa w takim tłumie i przy tak gigantycznych rozmiarach dziedzińca miało pewnie charakter lokalny. Hałas, jaki tam panował, kłótnie, krzyki i spory nieodzowne pod tamtą szerokością geograficzną zagłuszyły nawet przychodzącego do swojej Świątyni Boga. Niewątpliwie jednak wystąpienie zauważyły rzymskie władze. Znów pytanie: po co była ta cała demonstracja, czy nie lepiej było chronić siebie, wiedząc, jak delikatnym organizmem jest zbieranina apostołów? Przecież wszystkie kwestie związane z urządzeniem Świątyni, z ofiarami zwierzęcymi, przepisane były w Prawie? Bóg sam ustanowił zasady, a teraz Jego Synowi nie podoba się, że ludzie – jak umieją – starają się je realizować?

W ten poniedziałek, wracając z Jerozolimy, Jezus musiał już wiedzieć, że cały ten tłum, który Go otaczał, jest gotów na to, by zobaczyć cuda, ale tak naprawdę nic, kompletnie nic nie pojmuje. Nie jest w stanie zmienić sposobu myślenia. Ludzie dalej będą przestrzegać drobiazgowych przepisów i mnożyć ofiary, później – latami zastanawiać się, czy obrazą Boga jest zjedzenie zniesionego w szabat jajka. W najlepszym razie zachowają się zaś jak Nikodem. Sympatyzujący, niezaangażowany. Czujący, że coś jest na rzeczy, niegotowy jednak, by przekroczyć granicę osobistej decyzji. Ciągnięty przez Miłość, panicznie bojący się jednak momentu, gdy będzie musiał odrzucić również inne, wciąż leżące na stole opcje. Typ znany i dziś: dobry człowiek, który przyniesie kwiaty na grób Boga.

To właśnie tego dnia musiało z całą mocą dotrzeć do Jezusa, że „Słowo przyszło do swojej własności, a swoi go nie przyjęli". I że ta historia może mieć tylko jeden finał, a to napięcie jest tak wielkie, że świat nie udźwignie naraz ich i Jego. Że za kilka dni trzeba będzie dać się im zabić.

Bóg przyjmuje naturę czasem gwałtownego, częściej szlachetnego i pobożnego Żyda, ba – w tym w ciele (bo przecież się go tajemnie nie pozbył) wstępuje w końcu do nieba. Mamy więc Boga – do bólu z ciała, który do bólu z ciała nie jest. Boga, który choć jest tak blisko, różni się od człowieka wszystkim – choćby tym, że gdy Bóg się wciela, zbawia, leczy świat, gdy zaś człowiek chce zmienić się w Boga, kończy się to zwykle tragedią, w najlepszym razie – kiepskim teatrem. To, co wydaje się najsłuszniejsze, to adorowanie choćby tych trzech pokazanych wyżej momentów bosko-ludzkiego paradoksu. I odpuszczenie biednemu mózgowi – tajemnica dlatego jest tajemnicą, że niczego zrozumieć się nie da. O czym przekonamy się dobitnie już w następnym oraz w jeszcze kolejnym rozdziale.

Poradnik

Gdy ktoś pyta, dlaczego Bóg się gniewa, próbuję przekonać go, że to, co bierzemy za Boży gniew, to egzystencjalna burza. Sytuacja, w której (kulawe porównanie, ale mniej więcej się nada) Boski wyż spotyka się z ludzkim niżem. Prawda z nieprawdą. Bóg wcale się nie wścieka, to daje o sobie znać „różnica ciśnień" między Nim a czymś, co Mu przeczy, buntuje się, jawnie głosi o Nim czy o świecie nieprawdę. Takie zderzenie naturalnie kończy się wyładowaniem. Jeśli wiesz, jak było, a ktoś kłamie w żywe oczy, prędzej czy później krzykniesz: „Jak to?!". Boży gniew nie jest skażony chęcią zemsty, myśleniem: „Dam ci nauczkę", a gdy grzesznik już się pokaja – podpieczeniem go jeszcze trochę, by mocniej wbił sobie naukę do głowy.

Bogiem naprawdę nie targają afekty – On nie może być w swoich reakcjach od niczego zależny, również od naszych zachowań. To, co bierzemy za gniew Boga, to również jakiś rodzaj ciemności, w którą zanurzamy się za każdym razem, gdy robimy coś w poprzek praw tego świata. Jeśli bijemy w prawa rządzące rzeczywistością, ona – ponieważ jest dziełem dobrego Boga – będzie się przed nami bronić, na każde zło reagować będzie jak organizm na ciało obce. Torsje, które świat wtedy przeżywa, ludzie biorą właśnie za Bożą zemstę. Zauważmy, że tak chyba jest też – paradoksalnie – wygodniej. Człowiek przelękniony wydaje się sobie człowiekiem cierpiącym, sam się sobą wzrusza. Chcemy być ofiarami Bożego gniewu. Nie będziemy – to świat i my sami osądzimy się kiedyś z naszych głupot.

Zamiast mówić o Bożym gniewie, lepiej więc mówmy o gwałtownej reakcji. I za bardzo się jej nie dziwmy, bo jaka ma być, gdy się przykłada rękę do gorącej blachy? Dziś nie istnieje nic takiego jak jedna definicja gorąca, obiektywna hierarchia wartości, którą można by osądzić ludzkość, każdy ma swoją, taką, jaka mu się aktualnie podoba. Blacha tego nie zauważyła i jak parzyła, tak parzy, niestety.

Patrząc na Pismo Święte, można powiedzieć, że obraz Syna Bożego jest w nim niespójny. Raz mówi się, że „nie złamie trzciny nadłamanej, nie zgasi knotka o nikłym płomyku", innym razem, że „będzie chrzcił Duchem Świętym i ogniem", a plewy wrzuci w „ogień nieugaszony". Na to, co dla niektórych jest niekonsekwencją, można też patrzeć jak na komunikat realnego Boga, który ma w sobie wiele wymiarów i totalną autonomię wobec świata. Boga niekoniunkturalisty. Tęsknotę, której nie potrafi zrealizować żaden lider, ksiądz czy polityk.

Nigdy nie rozumiałem fragmentu Pisma mówiącego o tym, że Jezus po śmierci „zstąpił do piekieł" (i zabawił tam chwilę, zmartwychwstał wszak dopiero po trzech dniach). Czy zszedł tam niczym szef służby więziennej, by pootwierać wszystkie cele? Ksiądz Szymik wytłumaczył mi, że chodziło o to, by spotkać człowieka nawet na samym skraju cierpienia, w otchłani. Jezus jako człowiek nie miał wcale większej nadziei niż my, nie wiedział, czym to się skończy, ale poszedł do piekła. Przełamał sobą samotność ludzi, którzy się na nią skazali.

(Do)czytania

Henri Daniel-Rops, *Dzieje Chrystusa* – wspominałem już o tej książce; uwielbiam poziom detalu, na którym operuje autor, tkając tło swoich opowieści: gdy maluje dwuipółmilionowy tłum falujący w czasie święta wokół świątynnego wzgórza w Jerozolimie, gdy wylicza, że Jezus przemienił w Kanie Galilejskiej pewnie około sześciuset litrów wina. Gdy wreszcie wszystkim tym, o których mówią, że są tak pobożni, iż w niemowlęctwie w piątki odmawiali pokarmu matki, a w niedzielę sami pchali wózeczek do kościoła, wynajduje patrona: żyjącego w czasach Jezusa rabbiego Jozuego ben Chanania, który będąc w tym samym wieku, osobiście zaniósł swoją kołyskę do synagogi, by móc słuchać Słowa Bożego.

Geza Vermes, *Jezus Żyd. Ewangelia w oczach historyka.*

Ralf Miggelbrink, *Gniew Boży. Znaczenie pewnej gorszącej tradycji biblijnej* (tłum. A. Wałęcki, Kraków 2005) – niewielka, suto napakowana teologicznymi koncepcjami książka. Gdy autor zastanawia się, dlaczego w Kościele nie śpiewa się już starej łacińskiej sekwencji *Dies irae* (Dzień gniewu – „Dzień ów gniewu się nachyla, gdy w proch wieki zmiecie chwila"), trudno nie dojść za nim do wniosku, że po całych latach tworzenia fantastycznych i głęboko traumatyzujących koncepcji rozwścieczonego Boga, który przyjdzie niszczyć ziemię, nie chcemy dostrzec, że jedyne, co będzie On niszczył, to zło, niesprawiedliwość. Bóg nie może istnieć w świecie, w którym istnieje zło, i to zło będzie wypalone. Pytanie, czy nasz lęk nie bierze się z tego, że dziś zło nazywamy słabością?

O wyniszczeniu Boga, o wejściu w samotność grzesznika przez zejście do piekła pisze ksiądz Jerzy Szymik w *Traktacie o Bogu Jedynym* (Warszawa 2006) – niewielki fragment, warto.

[A MOŻE]

wszystko zmyślił sobie święty Paweł?

Wygląda na to, że zabawa się skończyła. Po okresie bezpośredniej pielęgnacji ludzkości, posyłania na żer kolejnych proroków, po latach tłumaczenia mechanizmów zwycięstw i porażek, słodkich wyznań naprzemiennie z łagodnym, acz stanowczym wskazywaniem kierunków, po pokazaniu Syna – obnażeniu się tak, że już bardziej nie można – Bóg definitywnie kończy dzieciństwo ludzkości. Od momentu śmierci Jezusa zachowuje się jak ojciec osiemnastolatka, który nie zamierza dalej prowadzić go za rączkę. Nie może objawić człowiekowi prawdy o Sobie bardziej, niż samemu stając się człowiekiem. Nie ma już chmury, która prowadziła Naród Wybrany, ale jest jedna z Osób Trójcy Świętej, która jadła z ludźmi lunch, uczyła ich, tłumaczyła najważniejsze sprawy. Urządzanie teraz show w postaci komet, pęknięć nieboskłonów i anielskich przemówień byłoby „upupianiem" kogoś, kogo (po raz sto pięćdziesiąty siódmy, pamiętamy Mojżesza) Bóg uznał za partnera w relacji. Karty leżą na stole, decyzję każdy musi podjąć sam. Radość z szansy i ciężar odpowiedzialności na własnej skórze odczuli ci, których jako pierwszych Bóg „wykopał" w świat, mówiąc, że wystarczy im Jego łaski.

Wspominałem już bodaj dwa rozdziały wcześniej, że miałem w swoim życiu moment, gdy cholernie zazdrościłem apostołom. Słuchali Jezusa na żywo, widzieli, jak wskrzesił Łazarza. Ulegałem pokusie myślenia, które dziś modnie nazywa się ahistorycznym, nie uwzględniając tego, że tysiąc lat temu relacje między ludźmi wyglądały inaczej, inne były siły i środki. Słowem, o Kościele pierwszych wieków myślałem w kategoriach tego dzisiejszego – Kurii Rzymskiej, biskupów, papieża przyjmującego głowy państw i jeżdżącego na pielgrzymki. Zapytajcie szeregowego chrześcijanina, wzruszy ramionami i odpowie dokładnie to samo: Jezus wniebowstąpił, a tu na ziemi puszczony przezeń w ruch interes zaczął się żwawo kręcić. Straszne bzdury. Apostołów człowiek zaczyna szanować, kiedy na chwilę wczuje się w ich sytuację, gdy – trzęsąc tunikami ze strachu – patrzą, jak rzymscy żołdacy ściągają z krzyża pokrwawione zwłoki Mistrza. Gdyby dla nas wiara nie była mitologiczną opowieścią o żyjącym za górami, za lasami Mesjaszu, gdybyśmy najpierw dotykali Jego ciała i na tym opierali swoją wiarę, a kilkanaście miesięcy później widzieli, jak to ciało, zmasakrowane i podziurawione, umiera, mielibyśmy pożar w głowie.

Rzucili przecież robotę, narazili się na gniew rodzin, pośmiewisko znajomych. Jezus nie zostawił im w testamencie garnka z pieniędzmi ani skoroszytu pełnego wytycznych typu „Jak zorganizować zupełnie nową religię, część pierwsza" (inna rzecz, że oni wcale nowej religii nie chcieli zakładać, chcieli pozostać pobożnymi Żydami. Wszystkim naokoło opowiadali z przekonaniem, że to jest ten, który wyzwoli Izraela, a przecież z każdym krokiem drogi krzyżowej Jezusa musiało coraz mocniej pulsować w nich pytanie: kiedy On wreszcie pokaże swoją władzę? Tymczasem Jezus – w środku szykującego się do święta i mającego wszystko inne w nosie miasta – daje się zabić jak przestępca. Chciałbym, by po tamtej stronie któryś z apostołów powiedział mi, jak w ten piątek wieczorem wyglądała ich modlitwa.

Tylko ktoś, kto nigdy w życiu nie wczytał się ze zrozumieniem w Ewangelię, może sądzić, że apostołowie po ukrzyżowaniu po prostu wrócili do domu i z pobożnym uśmiechem czekali, kiedyż On zmartwychwstanie. A jednak trzeciego dnia dociera do nich wiadomość, że grób jest pusty. Człowiek, który przeżył straszny zawód, cios, wstrząs, uruchamia mechanizm obronny, każący mu jak najszybciej pogodzić się ze stratą. Do śmierci kogoś bliskiego hodował w sobie nadzieję, teraz psychika musi jak najszybciej tę nadzieję uśmiercić. I oto znów ktoś domaga się, by obudzili w sobie coś, co już prawie zmarło – i niech odpoczywa w pokoju. Nic nie przynosi takiej ulgi jak wycofanie się do znanych ziemskich zajęć po nieudanym szturmie na niebo. OK, grób jest pusty. Pan zmartwychwstał. Ale po co? Co to znaczy? Co niby mają teraz robić? Świat kręci się dalej, to największe zaskoczenie.

Jezus zjawia im się na chwilę w Emaus, ulatnia się po krótkiej kolacji, uczniowie podekscytowani pędzą do Jerozolimy, tam też Jezus rozmawia z nimi, udowadnia, że żyje. W Ewangelii Jana wręcz poleca uczniom, by wracali do Galilei, gdzie ma się im ukazać (nie wiedzą, że na tej ziemi może po raz ostatni). Znów na moment, z głową jakby w innym miejscu. Piotra wyznacza na szefa całej grupy, udziela wskazówek. Zabiera ich na ostatni spacer, podczas którego ulatuje do nieba. Zostawiając nas w objęciach paradoksu, jakiego próżno szukać w świecie. Chrześcijaństwo, największa światowa religia, opiera się na zeznaniach kilku pobożnych kobiet, galilejskich rybaków i paruset innych uczniów, którzy podobno też widzieli zmartwychwstałego Pana. Dlaczego nie objawił się całemu światu, nie dał uczniom satysfakcji, publicznego dowodu, że warto było, że mieli rację? Chrześcijaństwo już na swoim fundamencie ma wyryte najbardziej dramatyczne pytanie, zadawane wtedy nad galilejskim jeziorem, dziś w szpitalnych kaplicach: dlaczego Bóg zdaje się nieobecny wtedy, gdy jest człowiekowi, po ludzku patrząc, najbardziej potrzebny?

Wspólnotę uczniów (poza oczywistym sprawcą i „klejem" całej sprawy – Duchem Świętym) tak po ludzku utrzymały w pierwszych kilkudziesięciu latach po śmierci Jezusa dwie rzeczy. Po pierwsze – przekonanie, że koniec świata nastąpi niedługo, wręcz jeszcze za ich życia. Jezus sam przecież zapowiedział, że niedługo wróci, w związku z czym da się jeszcze to wszystko jakoś wytrzymać. Gdyby wiedzieli, że to ma trwać naprawdę nie wiadomo jak długo, łatwiej byłoby im dać sobie z tym spokój (obiecany, a później dany przez Jezusa Duch Święty jednak na szczęście wyposażył ludzi w narzędzia, które przetrwały ludzkie założenia, plany i oczekiwania, sprawdziły się również wtedy, gdy okazało się, że na koniec świata przyjdzie trochę poczekać). Motywacja druga to odkrycie, że religijność przeżywana tylko w sztywnych ramach kultu nie jest w stanie utrzymać ludzkości na kursie na niebo.

To z kolei (choćby w słynnym Hymnie o miłości, uwielbianym i zbanalizowanym przez sentymentalnie nastawionych nowożeńców) dobitnie wytłumaczył chrześcijanom święty Paweł. Stwórca genialnie doszedł widać do wniosku, że znacznie bardziej skuteczne (i utrwalające) od proklamowania chrześcijaństwa przy użyciu wywieszonego na nieboskłonie i odtrąbionego przez aniołów obwieszczenia będzie przekazywanie go przez jednego słabego i wątpiącego człowieka drugiemu, też słabemu i mającemu więcej pytań niźli odpowiedzi. Na Boga nie da się już gapić, z Nim się trzeba pozmagać. Nikt lepiej niż Paweł nie nadawał się do tego, by być jednym z pierwszych ogniw tego łańcuszka.

Był mniej więcej dziesięć lat starszy od Jezusa. Urodził się przed 10 rokiem po Chrystusie w Tarsie, dziś w Turcji, wtedy – stolicy rzymskiej Cylicji (miasto znane, to tu odbyła się pierwsza randka Kleopatry z Markiem Antoniuszem). Pochodził z zamożnej rodziny, która – za bliżej nieokreślone zasługi – uzyskała przywilej *ius civitatis*, obywatelstwa rzymskiego, dzięki któremu pozycja człowieka wobec władz ulegała radykalnej poprawie. Rodzice Saula (tego imienia także używał) należeli do dość zamożnych. Ojciec był, zdaje się, lokalnym potentatem w produkcji namiotów z wielbłądziej i koziej sierści (namiot nie był wówczas sprzętem turystycznym, lecz istotnym wypełnieniem luk w kulejącym budownictwie mieszkaniowym, producenta namiotów można więc porównać do dewelopera). Saul uczył się fachu i jednocześnie pobierał nauki (pewnie także w klasycznym greckim gymnasionie), zwyczajem było wówczas, że studia i praca fizyczna zawsze szły ze sobą w parze. Po osiągnięciu pełnoletniości będzie kontynuował edukację w Jerozolimie. Sam pochodzący z rodziny faryzejskiej (wbrew pozorom nie byli to oszołomi, tylko zacny świecki ruch zachęcający ludzi, by przez literalne stosowanie się do Prawa dążyli do świętości), zetknie się tam z całym – opisywanym tu już – kolorytem ówczesnego judaizmu: głoszącą radykalną ascezę i mającą bazę na pustyni sektą esseńczyków, konserwatywnym i klerykalnym stronnictwem saduceuszów (którzy twierdzili na przykład, że nie ma zmartwychwstania, a faryzeusze to dewoci i głupole) oraz zelotami – radykalnym ruchem, który porządku i królowania Jahwe nie wahał się wprowadzać metodami terrorystycznymi. Choć formalnie sam o sobie mówi, że jest faryzeuszem, ideologicznie najbliżej będzie chyba mu do tych ostatnich.

W pewnym momencie spotykamy go w Jerozolimie, gdy robi porządek z chrześcijańskimi awanturnikami. Dzieje Apostolskie podają, że był wśród tych, którzy ukamienowali Szczepana, jednego ze współpracowników apostołów. Szczepan należał do hellenistów, Żydów wyrosłych i wychowanych w kulturze greckiej, którzy uwierzyli w Jezusa i nie mieli większych obiekcji co do ostrej konfrontacji z żydowską macierzą (my męczeństwo Szczepana czcimy dziś męczeństwem wysłuchania zwyczajowego listu pasterskiego rektora KUL, czytanego zawsze w dniu świętego, 26 grudnia). W 33–35 roku Saul wyposażony w stosowne plenipotencje rusza do Damaszku, by wypalić chrześcijańską narośl na ciele Narodu Wybranego.

Dzieje Apostolskie mówią, że Paweł w drodze do Damaszku ślepnie. Uzdrawia go niejaki Ananiasz. To doświadczenie przewraca całą konstrukcję duszy Pawła, zbudowaną do tej pory na założeniu, że fundamentem wiary jest skrupulatne przestrzeganie Prawa. W drodze do Damaszku Paweł zrzuca łańcuch.

Nie odlatuje jednak w przestworza, by krążyć tam pięknie, lecz zupełnie po nic, niczym zerwany ze sznurka latawiec. Żeby przejrzeć, musi poczekać na Ananiasza i to wytycza drugie motto jego nauczania: Bóg chce być odkrywany nie przez stado duchowych singli, lecz we wspólnocie. Tylko przez relacje można dotrzeć do Tego, który sam jest relacją (o czym dowiemy się już za stron kilkanaście).

Paweł z gorliwością neofity zaczyna nauczać, później pojawia się w samym Damaszku. Gra na tyle „ostro", że wkrótce jego byli koledzy, rozczarowani nagłą zmianą frontu, zmuszają go do ucieczki. Przez chwilę gości w Jerozolimie, gdzie otrzymuje wstępną „autoryzację" ze strony kierujących wspólnotą Piotra i Jakuba. Paweł będzie miał jeszcze swoje przejścia z Piotrem, ale największym piętnem odcisną się na nim relacje ze środowiskiem (do którego z pewnością zaliczyć można było też i niektórych apostołów) przekonującym, że żeby być chrześcijaninem, trzeba najpierw być pobożnym Żydem (a więc obrzezać się, przestrzegać wszystkich przepisów żywieniowych, składać ofiary w Świątyni). Paweł zupełnie inaczej czytał przesłanie Jezusa, ostry spór między Pawłem a tak zwanymi chrześcijanami judaizującymi miał jednak dopiero wybuchnąć.

Na razie Paweł, ścigany przez byłych kolegów, musi uciekać również z Jerozolimy. Trzy lata spędza w domu, w Tarsie. Szyje namioty, ma czas na rozmyślania. Wyciąga go stamtąd jeden z apostołów, cieszący się estymą Barnaba, który potrzebuje pomocy w głoszeniu Ewangelii w Antiochii. Obaj panowie wyruszają później razem na Cypr, skąd następnie wracają na kontynent, do Galacji (dzisiejsza Turcja), którą przemierzają wzdłuż i wszerz. W Antiochii, gdzie po Pawłowych kazaniach w tamtejszych synagogach coraz więcej nie-Żydów wyznaje wiarę w Jezusa, zasygnalizowane wyżej pytanie: czy jedyna droga do chrześcijaństwa wiedzie przez judaizm, staje się kwestią palącą. Uczniowie postanawiają odwołać się do opinii „centrali". Delegacja wyjeżdża do Jerozolimy, gdzie około roku 48 odbywa się pierwsze zebranie wszystkich starszych rodzącego się Kościoła, nazywane z czasem Soborem Jerozolimskim. Wiemy o przynajmniej jednym człowieku, który z pewnością musiał przysłuchiwać się debacie z wypiekami na twarzy. To Tytus, Grek, który na obrady przyjechał razem z Pawłem. Z jaką ulgą musiał przyjąć decyzję soboru, który uznał, że od pogan nie będzie się wymagać obrzezania.

Później okaże się, że spór trawiący młodziutką wspólnotę wcale nie wygaśnie. Wśród zwolenników tezy, że chrześcijaństwo to po prostu zreformowany judaizm, pojawią się jednak fundamentaliści, którzy nie będą chcieli siadać przy jednym stole z nieprzestrzegającymi zasad rytualnej czystości. W takiej na przykład

Galacji są miasta i gminy, do których docierają judaizujący chrześcijanie i przekonują, że Paweł i jego koncepcja to bujdy na resorach, a on sam nie powinien wypowiadać się w tych kwestiach, nie należy bowiem do ścisłego grona wybranych osobiście przez Jezusa apostołów, jest „apostołem *honoris causa*". Nowi chrześcijanie, traktowani jak ludzie drugiej kategorii, są na krawędzi odejścia ze wspólnoty. Paweł, słysząc o tym, nie posiada się z oburzenia. Pisze niezwykle emocjonalny list do Galatów (warto zerknąć do Biblii, to naprawdę nie jest tylko znana ze mszy świętych nudna, trudna epistoła), w którym wyraźnie pokazuje, że stare prawo musi ustąpić przed nowym, Jezus przyszedł do wszystkich, że najważniejszy jest duch, a nie gramatura czy rodzaj spożytych pokarmów.

Nie da się ukryć, że jest cholerykiem. Celibatariusz (z wyboru), człowiek nie najlepszego zdrowia. Dla Żydów zdrajca. Dla wielu spośród swoich braci uzurpator, a nawet heretyk. Człowiek szalony, który gdy czuje, że tak podpowiada mu Duch Święty, jest w stanie przejść pieszo kilkaset kilometrów, omijając miasta, które aż prosiłyby się o założenie gminy, albo z radością ruszyć do ewangelizacji ówczesnego Las Vegas, Koryntu, gdzie najpierw nawiązuje kontakt z miłą rodziną, po czym w płomiennych słowach nawraca, kogo się tylko da. Co chwila ktoś go aresztuje, gdzie się nie ruszy, towarzyszy mu atmosfera donosu, pogoni, napięcia.

W 59 roku Paweł wyrusza w pojednawczą podróż do Jerozolimy, ma już dość wykłócania się ze swoimi o detale, marzy mu się podbój nowych terenów, wymyślił sobie, a teraz chce, by starsi bracia pobłogosławili go na podróż do Hiszpanii. Po drodze z Koryntu wysyła list do Rzymian, przeczuwając, że to chyba tam będzie musiała powstać nowa Jerozolima. To specyficzny list. Paweł wie, że chrześcijanie w Rzymie żyją w podzielonych na dzielnice grupkach, on jeszcze raz przypomina im, że chrześcijaństwo to paradoks – realizowana we wspólnocie wolność. Gdy przybywa do Jerozolimy, starsi nakazują mu, by poszedł poddać się rytualnemu oczyszczeniu w Świątyni. Jedni badacze widzą w tym braterską troskę o to, by nikt się Pawła nie czepiał (złożył on ślub i z nim związana była ofiara), inni – zachowanie obecne gdzieniegdzie w Kościele aż po dziś dzień: nieufność w stosunku do tych, którzy mocno wystają ponad średnią, robienie im testów na szczerość intencji, wymaganie, by poddali się przeróżnym upokorzeniom i procedurom. Paweł idzie do Świątyni. Tam rozpoznają go byli koledzy, wszczynają rozruchy, apostoł trafia do więzienia. Powołuje się na rzymskie obywatelstwo i żąda procesu w drugiej instancji przed trybunałem cesarza. Z przystankami na Malcie i Sycylii zostaje przewieziony do Rzymu, gdzie też naucza chrześcijan (podobnie zresztą jak Piotr). Prawdopodobnie ginie po procesie w roku 64 lub 67. W latach sześćdziesiątych w ferworze antychrześcijańskiej obsesji rzymskich szaleńców ziemskie wędrowanie kończy zresztą cała elita chrześcijan pierwszego pokolenia, do swojego Mistrza dołączają święty Jakub Młodszy i święty Piotr.

Kościół staje na krawędzi istnienia. Chrześcijaństwo pierwszych wieków to był naprawdę znacznie większy galimatias niż ten, który mamy dziś w Kościele i który wszystkim wydaje się szczytem tendencji odśrodkowych. Do sporu „szkoły Jakuba" ze „szkołą Pawła" dochodzą wciąż aktywni i bezkompromisowi opisani już helleniści. Niewykluczone, że swoje trzy grosze do całej sprawy dorzucają też byli uczniowie Jana Chrzciciela, tworzący osobną „hardcore'ową" frakcję ascetów, do tego dołącza środowisko skupione wokół świętego Jana, tak zwany krąg Janowy. Nie ma faksów, maili, struktur. Staje się jasne, że musi pojawić się nowy model zarządzania wątłą jeszcze i coraz bardziej rozsianą po świecie, a wciąż na poły konspiracyjną wspólnotą.

Do przesilenia dochodzi wraz z samobójczym powstaniem zelotów, które zaczyna się w 66 roku w Cezarei, a wkrótce rozlewa się na cały kraj. Zbuntowani Żydzi najpierw nieźle dali Rzymianom w kość (rozbijając im w proch XII Legion). Później zaczynają się jednak bratobójcze walki między czterema frakcjami, Żydzi wykrwawiają się sami, stojący na czele karnej ekspedycji Tytus nie ma więc większego kłopotu ze zrównaniem Palestyny z ziemią. W 70 roku jego ludzie doszczętnie palą i burzą jerozolimską Świątynię, w walkach w mieście giną dziesiątki tysięcy ludzi (Tacyt mówi, że sześćset tysięcy, ale chyba odrobinę przesadza). Judaizm dostaje cios w samo serce. Nie ma już najświętszego miejsca, w którym można było składać ofiary YHWH, ustają ciągnące do miasta pielgrzymki, całą religię trzeba definiować na nowo. Stary mędrzec Johanan ben Zakkai za pozwoleniem władz rzymskich przenosi siedzibę Sanhedrynu (Najwyższej Rady) do miasta Jawne i to tu przez najbliższych kilkadziesiąt lat wykuwać się będzie w długich debatach późniejsze oblicze judaizmu, tak zwany judaizm rabiniczny. Dla chrześcijan dramat roku 70 to kolejny kamień milowy. Chrześcijaństwo zostaje potępione, judaizm definiuje też swój kanon świętych ksiąg, przecięcie pępowiny łączącej chrześcijaństwo z judaizmem, na którym wyrosło, staje się nieuniknione.

Chrześcijanie, podobnie jak Żydzi, też muszą na nowo opisać swoje miejsce w świecie. Nie zrobiliby tego bez talentu, ducha i energii Pawła. Cytowałem już teorie głoszące, że Jezus był tylko zwykłym galilejskim mędrkiem, kimś w rodzaju duchowego Kopciuszka, Paweł zaś był genialnym „producentem", który zobaczył w Nim świetny materiał na gwiazdę. Odkrył Go, wymyślił Mu *image*, dorobił kilka detali. Rzecz wyglądała inaczej – Paweł nie ustalał treści, mając dostęp do źródła – kontakt z tymi, którzy Jezusa słyszeli na własne uszy, wydobył z niej tylko pewne akcenty pozwalające powiedzieć chrześcijanom: tym i tym różnimy się od Żydów. Nie stworzył zatem naszej tożsamości, ale pomógł nam ją określić.

Kościoły lokalne po szoku prześladowań, którego nie miały prawa przetrwać, powoli się jednak budzą. Ducha dodaje im wspomnienie Pawła kreślącego przed nimi wizję religii uniwersalnej, w której Żydzi i poganie mają równy dostęp do Ojca dzięki wierze, a nie dzięki uczynkom (ta polemika o procent łaski i procent uczynków w przepisie na zbawienie znów obudzi się na przykład w protestantyzmie). W środowisku uczniów Pawła powstają pisma tak ważne, jak Ewangelia świętego Łukasza, Dzieje Apostolskie czy przypisywane Pawłowi Listy do Tymoteusza i List do Tytusa. To w tych kręgach zaczyna powoli wykształcać się kościelna struktura, pojawiają się na przykład prezbiterzy, czyli późniejsi księża. Chrześcijaństwo, wyrastając z izraelskiej sekty, gotuje się do tego, by pokazać Boga już całemu światu. Najpierw jednak musi samo sobie wytłumaczyć, w co tak naprawdę wierzy, i przetrwać – gdy Założyciel uleciał do nieba – ostre ideologiczne zakręty.

Poradnik

Paweł musiał być też zanurzony w Bogu po same czubki swych płonących uszu, gdy pisał słynny Hymn o miłości zamieszczony w Pierwszym Liście do Koryntian. Mój kolega zakonnik do dziś wykorzystuje ten tekst, aby dowodzić przychodzącym doń zakochanym, którzy koniecznie chcą czytać ten właśnie fragment Pisma na swym ślubie, że największą możliwą karykaturą miłości jest opiewany przez poetów stan nazywany zakochaniem. Bóg przez Pawła pokazuje, że interesują Go dojrzałe relacje. Gdy człowiek idzie drogą wiary i coraz bardziej pozwala Bogu mieszać w swoim życiu, paradoksalnie nie czuje, że ktoś mu coś zabiera, czegoś zabrania, przeciwnie – wyrzekając się siebie, coraz bardziej czuje się sobą, utwierdza się w swojej własnej tożsamości. Paweł nie dodał nic do nauki Jezusa, on streścił całe chrześcijaństwo w dwóch najważniejszych słowach. Do uporządkowanego prawem świata wprowadził element miłości, szaleństwa, absurdalności. Wolność.

W Liście do Rzymian Paweł pisze: „Sądzę, że cierpień teraźniejszych nie można stawiać na równi z chwałą, która ma się w nas objawić. Bo stworzenie z upragnieniem oczekuje objawienia się synów Bożych. Stworzenie bowiem zostało poddane marności – nie z własnej chęci, ale ze względu na Tego, który je poddał – w nadziei, że również i ono zostanie wyzwolone z niewoli zepsucia, by uczestniczyć w wolności i chwale dzieci Bożych. Wiemy przecież, że całe stworzenie aż dotąd jęczy i wzdycha w bólach rodzenia. Lecz nie tylko ono, ale i my sami, którzy już posiadamy pierwsze dary Ducha, i my również całą istotą swoją wzdychamy, oczekując [przybrania za synów] – odkupienia naszego ciała".

To wrażliwość Pawła pokazała mi, że przyjście Jezusa na świat to wydarzenie ważne nie tylko dla ludzi, ale i dla mrówek i chrabąszczy, królików, generalnie – dla całego stworzenia. Jasne, że Jezus z jakichś powodów stał się człowiekiem, a nie na przykład mrówką czy chrabąszczem, nie zwalnia to jednak żadnego z Jego uczniów z zauważenia, że przychodzi on po to, by „przemienić" całe Boże męczące się czasem strasznie na tej ziemi stworzenie, a nie dać ludziom do ręki argument, że skoro w Ewangelii nie ma mowy o mrówkach, można je deptać bezkarnie, co więcej – to jest wolą Jezusa. Od czasów grzechu pierworodnego zwierzęta i ludzie cierpią tu tym samym cierpieniem (choć inaczej to sobie uświadamiają).

Dawno temu w Wielkiej Brytanii wyszperałem gdzieś książkę oksfordzkiego teologa Andrew Linzeya *Animal Theology* (w Polsce ukazała się niedawno pod tytułem *Teologia zwierząt*, tłum. W. Kostrzewski, Kraków 2010). Jestem więcej niż pewien, że zdecydowana większość znanych mi teologów uzna go za regularnego świra, ja w tym, co on pisze, odnajduję echo własnych intuicji. Myśl główna – mówimy, że Jezus to wcielone Słowo Boga. A więc Słowo, które stworzyło cały świat, nie tylko człowieka. W Jezusie więc absolutnie całe stworzenie, nie tylko dumny i przekonany o swojej supremacji człowiek, dostaje szansę na wieczne życie. „Łącząc się z człowiekiem, Bóg zjednoczył się z naturą" – pisał wielki mistyk święty Jan od Krzyża. Na dźwięk słowa Jezusa oddychają z ulgą psy, koty, ryby, a nawet nieszczęsny figowiec, któremu z pewnością w ostatecznym rozrachunku zostaną wynagrodzone wszystkie traumy.

Nie chodzi tu rzecz jasna o to, by powtarzać historie, które przez kilka wieków działy się we Francji, gdzie miejscowa ludność aż do lat trzydziestych XX wieku z wielkim oddaniem czciła świętego Guineforta, psa rasy greyhound, który – według legendy – został omyłkowo zaszlachtowany przez swojego pana (rycerz myślał, że zrobił on krzywdę dziecku, a tymczasem Guinefort zabił atakującą dziecko żmiję).

Chodzi o to, by wreszcie pożegnać się z myślą, że chrześcijaństwo sankcjonuje bycie drapieżcą jako naturalną drogę układania się człowieka ze światem (który w tej relacji nie ma wyjścia, może być tylko ofiarą). Wszystkie brednie o tym, że wolą Boga jest śmierć któregokolwiek z Jego stworzeń (nawet jeśli myśliwy zabija je z szacunkiem i robi z tego przeżycie nieomal duchowe), powinny zostać jak najszybciej odesłane do lamusa. Myśliwy, mięsożerca (w tym ja sam), smarkacz, który przyczepia kotu do ogona petardę – wszyscy stajemy nie po stronie Bożego pomysłu na ten świat (w którym człowiek żywi się roślinami, zwierzęta żyją z nim w pokoju), ale po stronie grzechu, słabości, ciemności (mięsożerstwo zostaje przez Boga usankcjonowane dopiero w przymierzu z biednym Noem). Błagam też, by nie wciskać mi nieświeżych mądrości, że zabijanie jest konieczne. Od dawna już nie jest, ludzkość jest w stanie spokojnie wyżywić się roślinnością, tylko zwyczajnie jej się nie chce.

To Paweł przypomniał mi, że z każdego „westchnięcia i jęku" będę szczegółowo rozliczony. Czy będzie chodziło o świnkę, która zanim zamieni się w mój schabowy, wyda straszny kwik, o rozdeptaną dżdżownicę, która z pewnością nie miała intelektu, nie znała fabuły najnowszych seriali, nie przyjmowała Komunii i nie dokonywała wyborów etycznych, ale miała w sobie dane od Boga życie, a śmierć miała dla niej moją twarz.

Postrzeganie okresu apostolskiego Kościoła jako wesołej harcerskiej zbiórki, gdzie przy ognisku snuje się gawędy i z radością biegnie wypełniać wskazówki drużynowego, to dobre dla miłośników bajek. W głowach i sercach apostołów aż do śmierci musiał buzować miks wiary w to, co na własne oczy widzieli, i ukłucia znanego każdemu człowiekowi, który najpierw zawierzy, zaufa, a później patrzy, jak jego miłość odchodzi inną drogą. Święta Faustyna kazała modlić się słowami: „Jezu, ufam Tobie!". Są jednak takie momenty, gdy to Bóg przychodzi do nas i to On nam deklaruje ufność, daje nam jakiś skarb z nadzieją, że tego nie schrzanimy.

(Do)czytania

- Etienne Trocme, *Pierwsze kroki chrześcijaństwa* (tłum. J. Gorecka-Kalita, Kraków 2004) – poświęcona w połowie Pawłowi najlepsza propozycja dla tych, którzy jakoś sprawami wiary się interesują i cenią sobie rzetelne, krytyczne, miejscami prowokujące spojrzenie. Cymes.

- Paul Dreyfus, *Święty Paweł. Reporter na tropach apostoła* (tłum. M. Wojciechowski, Częstochowa 2003) – rzecz dla tych, co chcieliby poznać Pawła, ale nie siedzą w tematach religijnych – beletryzowana opowieść o Pawle pióra znanego francuskiego dziennikarza. Czytadło oparte na oficjalnej kościelnej wiedzy.

- Zwięzła, dobrze się czytająca *Historia chrześcijaństwa. By lepiej rozumieć nasze czasy* pod red. Alaina Corbina (tłum. A. Kocot, Kraków 2009) donosi, że święty Paweł chętnie korzystał z solidarności branżowej handlarzy tekstyliami w miastach, w których się zatrzymywał. A „sposób, w jaki chrześcijanie rozwinęli struktury wzajemnej pomocy, robił wrażenie na współczesnych, od pisarza Lucjana po cesarza Juliana, tworzył też – z braku obrazów i zabytków – pierwszy obraz nowej religii". Aktualna sugestia, a książka naprawdę dla każdego.

- Rozmaici lewicowcy lubią robić z Pawła rewolucjonistę (Alain Badiou, *Święty Paweł. Ustanowienie uniwersalizmu*, tłum. P. Mościcki, J. Kutyła, Kraków 2007). Pawła interesuje zdaje się tylko jedno – niemieszanie Kościoła i polityki, a pokazanie, że Bóg co prawda nadal pozostaje za zasłoną, ale tym razem nie jest to już zasłona w Świątyni, za którą raz w roku mógł wejść tylko arcykapłan. Ewangelia mówi, że gdy Jezus umierał, ta zasłona „przedarła się na dwoje, z góry na dół". Opowieść raczej symboliczna, gdyby rzeczywiście tak było, z całą pewnością Żydzi zrobiliby z tego wielkie wydarzenie. Paweł dopisuje do tej opowieści ciąg dalszy – odtąd za zasłonę oddzielającą nas od Boga może wejść każdy, biletem wstępu do Świętego Świętych jest dzisiaj jedno słowo (naprawdę warto je powtarzać wiele razy na dzień): „Wierzę".

[Ich Troje]

Tato, Syn i Gołąbek?

Jakby Bóg nie mógł poprzestać na Jezusie…

Wspomniany już święty Augustyn, żyjący w V wieku świetny retor i inteligentny bawidamek, w końcu został biskupem i jednym z największych teologów Kościoła. W *Wyznaniach* zwierza się, że śniło mu się kiedyś dziecko siedzące na plaży i cierpliwie próbujące przelać do wykopanego dołka całą zawartość oceanu.

Obrazek ten doskonale opisuje istotę teologii. Jedynej z nauk, w której wypadku już na starcie mamy pewność, że nigdy nie poznamy do końca przedmiotu jej studiów. W ludziach, którzy jej się oddają, musi być więc ładunek szaleństwa właściwy poetom. Karykaturą teologa jest młody absolwent stosownego wydziału wyposażany przez pięć lat w granaty, pistolety i wyrzutnie prostych argumentów, trenowany do tego, by pędzić przez pole minowe pytań gimnazjalnej młodzieży. Bywają jednak chwile, gdy i w takich smutnych rzemieślnikach obowiązkowej szkolnej katechezy budzi się artysta. Wymęczeni nieustannym odpowiadaniem na pytanie o to, czy zakonnice mają brzydkie myśli albo dlaczego trzeba się spowiadać obcemu facetowi w budce, na chwilę ulatują w przestrzeń.

Karmiłem się tym widokiem wielokrotnie. Milczący dotąd katecheta w trakcie jakiejś dyskusji czy spotkania zadaje na głos pytanie, które nurtuje go pod skorupką codziennych banałów. Czy Bóg cierpi? Albo – wiążąca się z tym ściśle inna kwestia (bo skoro cierpi Syn, czy cierpi też Jego Ojciec) – jak wytłumaczyć uczniom Trójcę Świętą? Tak przez czterdzieści pięć minut pogadać by się pewnie o czymś dało, w końcu przez dwa tysiące lat tabuny różnej maści księży profesorów wytworzyły w tej sprawie tony zakręconych argumentów. Jak jednak wszczepić je do duszy, jak uwierzyć w coś, czego nie można pojąć? Przecież akurat wiara w Trójcę to rzecz najbardziej fundamentalna dla każdego chrześcijanina, a pointowana najczęściej do bólu niepoprawnym obrazkiem, na którym siedzi Trzech – dwóch to brodaci hippisi w różnym wieku, a trzeci jest gołębiem i macha nad nimi skrzydłami. Czy to w ogóle da się jakoś opowiedzieć ludziom?

Trójcy akurat się nie da. Przekonują o tym nie tylko księża, którzy w swej homiletycznej pracy wciąż zdobią ściany, nie walcząc z przemarzaniem fundamentów: bardzo chętnie ponudzą na tematy bieżące lub wyjaśnią, że lepiej jest być dobrym niż złym człowiekiem, dogmatykę omijają z daleka. W kwestii Trójcy ich lęk można próbować zrozumieć, to puszcza, w której gubią się najtęższe umysły, a wracając z wycieczki, mogą tylko z wypiekami na twarzy opowiedzieć co nieco o wrażeniach, nikt bowiem nigdy nie stworzy spójnej mapy tych ostępów. Jak pięknie zauważył kardynał Joseph Ratzinger, komentując spory, które w tej sprawie wybuchały przez ostatnie dwa tysiące lat: „Każde z wielkich podstawowych pojęć nauki o Trójcy Świętej zostało kiedyś potępione;

(...) mają one znaczenie jedynie, gdy jednocześnie są uznane za bezużyteczne i tak, jako nieudolny bełkot – i nic ponadto – zostają dopuszczone".

Bełkotać też jednak warto, choćby po to, by wyrazić zachwyt. Ot, choćby nad mądrością Boga, który całkiem słusznie wyszedł z założenia, że przed dzieckiem świat należy odkrywać po kolci, miast prosto z kolebki wykopywać je na uniwersytet. Podsumujmy pokrótce nasze dotychczasowe śledztwo. Parę ładnych wieków minęło, zanim Stwórca zdecydował się jeszcze raz wytłumaczyć przez proroków, że nie jest najfajniejszym ze stada przeróżnych bogów, ale jest tym jednym jedynym, a człowiek, który nie chce żyć w świecie fikcji, ma do wyboru albo uwierzyć w Niego, albo zdecydować się na wieczną samotność. Później na ziemię przyszło ostateczne potwierdzenie owej inności i jedyności Boga – Jezus. Kolejna rewelacja – Pan „działa" na inne paliwo, niż sądzono. Tym paliwem okazało się nie tyle prawo, ile miłość. Na deser zostawił jednak sobie najlepsze. Wyraźne sugestie, jakie pozostawił Jezus, mądre i wrażliwe głowy zaczęły składać z pewnymi tekstami Starego Testamentu, zaraz zaczęto to wszystko mleć w wielkich młynach starożytnych intelektów, modlić się nad tym i badać, by dojść do wstrząsającego wniosku – Bóg, owszem, jest jeden jedyny, ale są w nim trzy odcienie, specyfiki, coś, co do dziś nazywa się „Osobami". I tu zaczynają się schody. Gdy człowiek mówi, że „Bóg jest Jeden, ale w Trzech Osobach", i mając do dyspozycji takie pojęcie osoby, jakie znamy dzisiaj, wyobraża sobie z pewnością, że oto niebo zamieszkuje jakiś święty triumwirat: boski Pompejusz, boski Cezar, takiż Krassus, którzy regularnie odbywają narady, dzieląc się kompetencjami. Nic bardziej błędnego. Ale po kolei.

Niektórzy sądzą, że na pierwsze tropy tej niestandardowej natury YHWH trafiamy już w Starym Testamencie. W tych księgach często mówi się choćby o „Duchu Bożym", który uczestniczył w stworzeniu, na początku świata unosił się nad wodami, później był natchnieniem dla proroków. Jeszcze więcej zamieszania wprowadził do całej sprawy Jezus, którego chrześcijanie uznali za Syna Bożego nie w znaczeniu metaforycznym, ale zupełnie dosłownym, i który też zapowiedział, że ześle swoim uczniom „Ducha Pocieszyciela". Ów Duch miał wszystko im wyjaśnić, wszystkiego nauczyć i pomóc jakoś przetrwać tych kilka, kilkanaście, kilkadziesiąt czy kilkaset tysięcy lat, które dzielą ludzi od końca świata (jak się Pan Bóg uprze, może to być i miliard lat, dopiero wtedy nie będzie miał wyjścia, bo ziemia zdaniem naukowców znów stanie się królestwem bakterii).

Pierwsi chrześcijanie nie mieli podręczników, które ja pamiętam choćby z czasów przygotowywania się do Pierwszej Komunii czy do bierzmowania, gdzie udziela się rozbrajająco, radośnie wręcz prostych odpowiedzi (z gatunku: jest tak, bo tak jest, i kropka, Bóg jest dobry, ponieważ jest samą dobrocią, *et cetera*). Debaty o tym, kim tak naprawdę był Jezus, trwały latami. Jedni, przekonani, że był jedynie wyjątkowym, usynowionym przez Boga człowiekiem, wyzywali od heretyków tych, którzy uważali go za Boga. Rzymianie natomiast wszystkich ich uważali gremialnie za ateistów. Kluczowe jednak pozostawało wciąż pytanie – jak pogodzić fakt istnienia Syna Bożego oraz kiełkującą intuicję o Duchu Świętym z odwieczną prawdą: Bóg jest jeden i basta! Chrześcijanie, wbrew temu, co mówią o nich czasem niektórzy Żydzi albo muzułmanie, wcale nie wierzą w trzech Bogów.

Naprawdę wielka szkoda, że nikt nie organizuje dziś wycieczek poglądowych w tamte czasy. Współcześni wierni, dla których katolicyzm to odpis „na biedne dzieci" względnie głośne śpiewanie smętnych pieśni, przeniesieni w realia wieku III lub IV nie byliby w stanie uwierzyć w to, co widzą. Rozgrzany do czerwoności piec, w którym wypalają się fundamenty Kościoła. Jan Złotousty raportuje, że o naturę Chrystusa (Boską czy ludzką) kłócą się nawet przekupki, niewielu wspomina jednak niejakiego Ariusza, Krzysztofa Krawczyka ówczesnej teologii, podobno nawet przystojnego, obdarzonego melancholijnym wejrzeniem i głębokim miękkim głosem kontrowersyjnego kapłana z Aleksandrii (żył na przełomie III i IV wieku), który – geniusz marketingu – swoje koncepcje zapisywał w postaci piosenek tak bardzo wpadających w ucho, że śpiewano je w portach i tawernach całego basenu Morza Śródziemnego. Marynarze, podróżnicy, ladacznice i kupcy rozsiewali arianizm po świecie. Ariusz wygadywał o Trójcy straszne farmazony, głosił mianowicie, że tylko Bóg Ojciec jest prawdziwym „pełnoprawnym" Bogiem, że Syn to w istocie stworzenie, może bardziej doskonałe niż inne, podobnie zresztą Duch Święty. Był czas, gdy nie było Syna – stwierdzał kategorycznie Ariusz, a cały ówczesny świat, nie wyłączając cesarzy, żołnierzy, biskupów, emocjonował się tą debatą niczym my dziś mistrzostwami w futbolu. Dokumenty z tamtych lat mówią o właścicielu łaźni, który nagabywał w tej sprawie klientów, pracowniku kantoru wymiany, który na pytanie o kurs waluty, odpowiedział długachną dysertacją o różnicy między stworzeniem a niestworzonym Stwórcą, oraz piekarzu, który informował wszystkich chętnych przy wydawaniu bułeczek, że Ojciec jest większy niż Syn.

Cesarz wysyłał armie, które składały z urzędu nieprawomyślnych biskupów, ci zbierali się na kolejnych synodach i analizowali w nieskończoność słowne niuanse, szukając odpowiedzi na pytanie, jak zgrabnie nazwać nienazwane (w tamtych czasach prawie każdy biskup miał swoje własne wyznanie wiary). W połowie IV wieku biskupi ze zdumieniem zauważyli, że arianizm – prostszy do zrozumienia i wytłumaczenia ludziom – stał się w ich własnym gronie nutą dominującą. Zaczęło się ostre prostowanie i powrót do wyznania wiary (bardzo podobnego do tego, które mamy dzisiaj) uchwalonego na soborze w Nicei (ale nie tej francuskiej, lecz tureckiej). W 325 roku cesarz Konstantyn zwołał go, bo jako „szef wszystkich szefów" chciał mieć „matrycę", dzięki której będzie można określić, kto jest chrześcijaninem, a kto nie (bo dotąd chrześcijaninem był nie ten, który uznawał prawdy wiary, ale ten, kto sam się za chrześcijanina uważał). To w końcu ważna rzecz: ustalić, w co się wierzy, nieprawdaż?

Przed Niceą o Trójcy dyskutowano równie namiętnie. Sam termin pojawił się w piśmiennictwie pewnie w II wieku, Ducha Świętego jako Osobę Boską zaczęto odkrywać w wieku III. I znów oczywiście się spierano. Bliski arianizmowi kierunek o wdzięcznej nazwie monarchianizm adopcjonistyczny sugerował, że Jezus był tak fajnym człowiekiem, że Bóg adoptował go (w chwili chrztu w Jordanie) na Syna. Prąd ten zyskał sobie popularność wśród judeochrześcijan, którym Jezus jako Bóg nie mógł zmieścić się w głowie. Modaliści monarchianistyczni twierdzili natomiast, że Ojciec, Syn i Duch to tylko maski, które przyjmuje jeden i ten sam Bóg w zależności od potrzeb. To Ojciec więc (tylko że w masce Syna) zginął na krzyżu i zmartwychwstał. Założę się o stosowną sumę, że spora część współczesnych chrześcijan, „dopowiadając" sobie niedopowiadaną przez księży i katechetów tajemnicę Trójcy Świętej, myśli o niej właśnie na któryś z takich, znanych, jak się okazuje, od tysięcy lat, zdroworozsądkowych sposobów.

Wszystkim, którzy twierdzą, że doktryna Trójcy Świętej nie została objawiona, ale wymyślona, chcę zadać zabójcze w swej prostocie pytanie: po jaką choinkę wymyślać system religijny, który jest tak ciężki do wytłumaczenia, że aż bolą zęby? Na szczęście tym prostym jak konstrukcja cepa eksplikacjom kodyfikatorzy (bo przecież nie wynalazcy) doktryny trynitarnej zaczęli z czasem przeciwstawiać zupełnie inne myślenie – oparte nie na butnym ustalaniu wewnętrznej mechaniki Boga, lecz na uznaniu po raz kolejny za beznadziejną próby Jego intelektualnego podboju. Mam swoją prywatną, średnio – przyznaję – błyskotliwą teorię, że Bóg dlatego objawił nam, że jest Trójcą Świętą, by definitywnie zawstydzić nas poznawczo, już na amen pokazać, że choć kocha, jest totalnie Inny, więc jeśli chce się Go opisać, trzeba użyć zupełnie innych narzędzi. Których *nota bene* nie mamy.

Tłumacząc wzajemne relacje i pochodzenie Boskich Osób, ukuto ciekawe porównania, mówiące na przykład, że z Trójcą jest jak z ogniem: gdy odpalasz jeden płomień od drugiego, mają one dokładnie tę samą naturę (wciąż jest to jeden płomień, choć świec mamy trzy). Wielki chrześcijański pisarz Tertulian na przełomie II i III wieku pisał, że Bóg, Syn i Ojciec są „jednej substancji, jednego stanu, jednej mocy", różnią zaś Ich „stopnie, formy i postaci". „Ci Trzej stanowią Jedno, nie Jednego" – dodawał. Orygenes pisał, że błędem jest sądzić, iż jakaś część energii Ojca kiedyś tam zamieniła się w Syna. „Syn zawsze pochodzi od Ojca, lecz bez jakiegokolwiek początku". Należy więc wybić sobie z głowy próby ustalenia, kiedy doszło do zrodzenia Syna z Ojca. Nie było momentu, w którym Bóg byłby samym Ojcem albo gdy obaj z Synem wpadli na pomysł i by „wytchnąć" Ducha. Nie było takiego momentu, bo nie było czasu.

Tu jasno już widać, jak ułomne są ludzkie kategorie i pojęcia, które mówiąc, iż Syn został zrodzony, a nie stworzony, kierują nasze myśli ku jakiejś boskiej porodówce. Nie ma żadnego odpowiednika w ludzkiej rzeczywistości, który mógłby nam pomóc zrozumieć zachodzący w Bogu proces. Wiemy tylko, że istota Boga jest niepodzielna i że to wszystko musi wyglądać inaczej. Jak w Bogu wyodrębnił się ów podmiot relacji? „Syn i Duch są z Ojca, ale nie po Nim. Kto ma istnienie inne, ten ma i sposób rodzenia odmienny" – zauważa przytomnie inny ówczesny mędrzec, Grzegorz z Nazjanzu (akurat fan bliskiej i mnie myśli, że o Bogu możemy raczej powiedzieć, jaki nie jest, niż jaki jest).

Sporo światła na całą sprawę rzuca w V wieku jeden z filarów chrześcijańskiej myśli, wspomniany na początku święty Augustyn. To dzięki niemu można zrozumieć, że tu naprawdę nie chodzi o trzech spowinowaconych Specjalistów o różnych kompetencjach (nie jest tak, pisze Augustyn, że Bóg Ojciec o wszystkich pamięta, Syn – wszystkich rozumie, a Duch Święty – ich kocha), lecz o jednego Boga, w którym zawierają się relacje. To ta sama natura i ta sama wiedza, te same możliwości. Nie jest tak, że Duch Święty to tylko chłopiec na posyłki, a Jezus to Bóg w wersji uproszczonej.

W każdym z nich jest cały Bóg, a różnią się od siebie nie wyglądem czy zadaniami, jedyne, co Ich od siebie różni, to przeżywana wewnątrz Trójcy relacja. Bóg Ojciec nie dlatego jest Ojcem, że jest starszy (bo nie jest), ale dlatego, że ma Syna, Duch Święty nie dlatego jest duchem, że lepiej lata, ale dlatego, że tchnęli Go Ojciec i Syn. Fascynujące wewnętrzne życie Trójcy, w której nie o zadania, kolor włosów czy przydatność chodzi. Liczy się to, że się jest. Istnienie nawet najbardziej samotnego człowieka na ziemi jest sensowne, bo nawet jeśli nie ma przy nim nikogo, są jeszcze owe Trzy Osoby, w których od relacji aż kipi i które nie chcą niczego innego, jak tylko go do swojej relacji dołączyć (choć już nie w ramach rozszerzania Trójcy Świętej, rzecz jasna). Święty Paweł pisze do Galatów, że Bóg Ojciec po to wysłał do serc swoich uczniów Ducha Syna Swego, żeby odtąd mogli mówić do Niego już nawet nie „Panie Boże", nie „Jestem", ale „tato" (tak właśnie tłumaczy się „*abba*", które wcale nie jest jednym słowem „abbaojcze").

Na koniec zostawiam najlepsze. Nie da się pisać o Trójcy Świętej bez wspomnienia, że chrześcijanie różnych wyznań od wieków toczą spór o tak zwane *Filioque* (czyli stwierdzenie, że Duch pochodzi od Ojca i Syna). Tymczasem wydaje się ono jedynym rozsądnym wytłumaczeniem, jeśli mamy założyć, że prawdą jest to wszystko, co mówi dogmat i co powiedzieliśmy dotychczas. Bo jeśli Ojciec miałby na przykład zrodzić Syna, a Syn – Ducha, Duch byłby czymś w rodzaju Wnuka Bożego. A takiej zależności w Bogu nie ma. Podobnie, jeśli Ojciec zrodziłby i Syna, i Ducha, Syn i Duch byliby rodzeństwem, a takiej zależności też w Bogu nie ma, bo Ojciec mówi, że ma jednego Syna. Ojciec nie może też pochodzić od żadnego z nich, bo taka jest natura Ojca, a Syn nie może pochodzić od Ducha, bo jest Synem samego Ojca. Nawet więc jeśli nie wiemy, jak to się stało, że Dwaj sprawiają, że pojawia się Trzeci, widzimy, że wszystkie inne opcje są bez sensu. Ojciec jest jak pień, Syn jak pęd, a Duch Święty jest kwiatem – są inni, a istotowo pozostają jednym i tym samym drzewem (kwiat ani pęd to nie są wszak odrębne gatunki), które pokazuje się nam niejako w trzech odsłonach – sugeruje święty Tomasz.

Racjonalistów to i tak nie przekona, będą krzyczeć, że Bóg chrześcijan cierpi po prostu na syndrom zwany w psychologii osobowością wieloraką, odpowie im jednak wielki dwudziestowieczny teolog Karl Rahner, podkreślający, że w Bogu nie ma trzech świadomości, trzech decyzyjnych podmiotów, z których każdy przeżywa inaczej i ciągnie sprawy w swoją stronę. Rahner błaga, by w celu uniknięcia zamieszania odejść w mówieniu o Trójcy Świętej od pojęcia Osób, niestety nie ułatwia sprawy, proponując, by zastąpić je „substytucjami". Dzięki Bogu, że nie proponuje masowego powrotu do używania innego, choć chyba najbardziej precyzyjnego, ale niemożliwego prawie do wytłumaczenia współczesnemu człowiekowi pojęcia „hipostazy", choć ja i tak próbowałem to zrobić w rozdziale o cielesności Jezusa.

Na pierwszy rzut oka wydawać by się mogło, że Bóg naprawdę mógł zachować nam objawienie tej prawdy o sobie na czas, kiedy być może będziemy w lepszej dyspozycji, by te cudowności ogarnąć. Kłopotów przysporzyło nam to co niemiara – muzułmanie (o czym dosłownie za chwilę) wkurzyli się na takie *dictum* i wrócili do konceptu Boga „jednoosobowego", uważając koncepcję Trójcy Świętej za teologiczne *science fiction*. Jest w tym wszystkim jednak i historia tak piękna, że aż chce się zamrzeć w świętym zapatrzeniu.

Poradnik

Warunek absolutnie wstępny. Uda się tylko wtedy, gdy usuniemy sobie z oczu ślad długiej brody Ojca i rozkosznych długich loków Jezusa. Paradoksalnie być może najłatwiej będzie zacząć przygodę z poznawaniem Trójcy Świętej od prób zaprzyjaźnienia się z myślą o Duchu Świętym – opatrzona tym imieniem szuflada na skojarzenia w większości naszych głów pozostaje pusta. Gdy modlimy się do Ojca lub do Syna, nasza wyobraźnia błyskawicznie dorabia tym debatom scenografię, wypowiadamy słowa, wsłuchujemy się w to, co powie Pan Bóg, widzimy poruszające się usta, spojrzenie z oleodruków. Tu – czysta karta. Z Duchem Świętym sprawa jest niezwykle prosta – On jest samym działaniem.

W Piśmie Świętym, gdy mowa o Nim, używa się słowa *pneuma*, które oznacza również ruch powietrza, wiatr. Jeśli ktoś chce, może się ze mnie śmiać do woli, w zaufaniu wyznam jednak, że tej koincydencji doświadczyłem w swoim życiu organicznie. Mógłbym – przypuszczam – zrobić furorę w *joint venture* z właścicielem elektrowni wiatrowej, zawsze bowiem gdy szczerze i naprawdę modlę się do Ducha Świętego, wieje wiatr. Po raz pierwszy poczułem to na moście nad Dunajcem w okolicach Tylmanowej (który ostatecznie o mało nie odleciał, most, nie Dunajec). To, co mogłoby zostać uznane za zwyczajowe zjawisko w rejonach górskich, spotykało mnie później również na nizinach, w depresjach, na pustyniach, na morzach, za kołem podbiegunowym i w strefie tropikalnej. Nigdy nie umiałem sobie Ducha Świętego wyobrazić, przychodzi do mnie zawsze jak energia, czysty dynamizm. Lubię kontemplować i inne Jego znaki: ogień albo czerwień (czerwień to nie tylko kolor płomienia, ale też krwi, gdy tej zabraknie w żyłach, człowiek umrze).

Jeśli ktoś nie zaobserwuje wokół siebie atmosferycznych ekstrawagancji, równie dobrze Ducha może szukać w sobie. Przypomnij sobie lata, gdy wydawało ci się, że z pewnością jesteś na swoim miejscu, że wiesz, dokąd iść, że czujesz się dobry. To moment, kiedy był z tobą Duch Boga, który cię stworzył. Jeśli przyjąłeś chrzest, to był moment, w którym Bóg włączył cię w Siebie. Jeśli przyjąłeś bierzmowanie – Duch Święty wlał ci w duszę mnóstwo cech i umiejętności. Jeśli wciąż podnosisz się po ciosach, wciąż żyjesz i masz choćby cień nadziei, mówi przez ciebie Duch Święty. Jeśli bywasz na mszy, zwróć uwagę na słowa księdza bezpośrednio przed przeistoczeniem. Ksiądz nie jest w stanie „zakonsekrować komunikantów" sam z siebie, on w imieniu wszystkich modlących się prosi Boga, żeby zesłał swojego Ducha, który sprawi, że Syn stanie się obecny. W tej chwili na mszy mamy Boga we wszystkich Trzech Osobach. Gdy odpowiadasz: „I z duchem Twoim", też życzysz księdzu, by był z nim Duch, bez którego cała msza byłaby tylko teatrzykiem.

Bóg, który jest jednością, ale jest wewnętrznie tak dynamiczny i tak różnorodny, to bardzo trudne wyzwanie dla wszystkich, którym jedność myli się z jednomyślnością i totalną unifikacją poglądów, postaw, wszystkiego. Bóg chrześcijan to Bóg relacyjny, dialogujący nawet sam ze sobą, przenikający się nawzajem, w którym Trzy Osoby wykonują swój wewnętrzny taniec (uwaga, włącza się we mnie czynnik teologicznego „WOW"! – to jeden z najbardziej zakręconych terminów w całej teologii: perychoreza, dosłownie znaczy to tyle co „chodzić dookoła"). Bóg, który jest totalnym zaprzeczeniem egoizmu, cały czas idzie „ku". Najpierw rodzi Syna. Syn daje pierwszeństwo Ojcu, Duch Święty daje im się posyłać. Bóg wychodzący do Abrahama, szukający Noego, Mojżesza, wysyłający proroków. Skoro On taki jest, to i my nie zbudujemy tego świata inaczej, niż wychodząc z siebie.

Po co został nam dany Duch Święty? Pismo mówi, że gdy nie wiemy, jak się modlić, On sam przychodzi nam z pomocą, „przyczynia się za nami w błaganiach, których nie można wyrazić słowami". Warto z tej podpowiedzi skorzystać. „Chwała Ojcu i Synowi, i Duchowi Świętemu" – osobiście sądzę, że nie ma bardziej rozdzierającej, a zarazem ekscytującej modlitwy, streszcza ona bowiem to, co będziemy robić przez całą wieczność (nie należy się też bać słowa „chwała", nie oznacza ono automatycznego, smętnego bicia pokłonów, winien to być – a po śmierci będzie – szczery, euforyczny zachwyt).

Ta refleksja ma istotne konsekwencje praktyczne. Co raz to od swoich znajomych słyszę o cudownych ludzkich obsesyjkach – a to ktoś nie zostawia nigdy brudnych naczyń w zlewie, bojąc się, co powiedzą strażacy, gdyby mieszkaniu przyszło w nocy się zająć, ktoś inny swoją troskę o higienę stóp motywuje tym, że nie zniósłby kompromitacji, gdyby nagle obnażono je w szpitalu. Ciekawe, czemu – u licha – nie moglibyśmy wygenerować w sobie również „obsesji" znacznie donioślejszej, nieustannego powtarzania „Chwała Ojcu"? Umierając z tą frazą na ustach (i w sercu), możemy mieć pewność, że w niebie z miejsca powitają nas jak swoich.

(Do)czytania

- Ks. Eligiusz Piotrowski, *Traktat o Trójcy Świętej* (w: *Dogmatyka,* t. 4, Warszawa 2007) – dla tych, co bardzo chcieliby wiedzieć, czym różni się *homoousios* od hipostazy i czy na pewno był to sabelianizm. Wbrew pozorom – w miarę przystępnie napisane.

- Zdzisław Józef Kijas OFMConv, *Traktat o Duchu Świętym i łasce* (w: *Dogmatyka,* t. 4, Warszawa 2007) – ojciec Kijas to jeden z najlepszych i najbardziej ukierunkowanych na popularyzację wiedzy współczesnych polskich teologów. Pisze o Duchu Świętym tak, że nawet da się to zrozumieć. Bo na przykład *Duch Święty w Nowym Testamencie. W Kościele. W życiu chrześcijańskim* Anselma Dalbesio, (tłum. K. Model, Kraków 2001), który może zachwyci teologów, przeciętnego czytelnika utwierdzi tylko w przekonaniu, że o najmniej znanej Osobie Trójcy Świętej pisze się dziś na dwa sposoby. Tajemnicę pokazując przez totalne zamącenie pojęć (teologowie) albo poprzez mnóstwo ekstatycznych czułych słów i wykrzykników (charyzmatycy).

- Henry kardynał Manning w *Przewodniku życia w Duchu Świętym* (tłum. Bp P. Kłossowski, Kraków 2009) – mimo na pierwszy rzut oka mocno pobożnościowej aury, ma kilka bardzo interesujących i wykładających prosto trudne sprawy obserwacji. Ciekawie pisze o darach Ducha Świętego i o tym, jak możemy je przykryć nie tylko grzechem śmiertelnym, ale i stopniowo – grzechami powszednimi, które są jak piasek powoli ograniczający sprawność mechanizmu zegara, a później zmieniają się w nałóg (na przykład gniewu czy pychy) i sprawiają, że zegar zaczyna chodzić do tyłu. „Pan Bóg nie stworzył głupców, głupcy tworzą się sami", dodaje ksiądz kardynał i trudno nie przyznać mu racji.

[Inaczej!]

– powiedział Muhammad. Miał rację?

Prawie półtora tysiąca lat temu pewien arabski przedsiębiorca z Mekki w jednej z licznych wolnych chwil (dobrze naoliwiony kapitałem interes potrafi sam doskonale się kręcić) udał się na krótką kontemplację do położonej za miastem pieczary. Spotkał tam ducha, który kazał mu recytować dziwne wierszowane strofy, a gdy nasz bohater próbował mu się przeciwstawiać, padł ofiarą przemocy z przyduszaniem włącznie. Przeraził się nie na żarty, przekonany, że dopadły go złośliwe dżiny i wbrew jego aspiracjom uczyniły poetą, czyli – według ówczesnych standardów – nawiedzonym. Po powrocie do domu opowiedział o wszystkim żonie i swemu chrześcijańskiemu kuzynowi. Ci pomogli mu uwierzyć, że to, co się stało – zgodnie z tym, co mówił mu w jaskini gość podający się za anioła – może być Bożym objawieniem. Nie wiemy, co myślał, gdy tego dnia kładł się na spoczynek. Czy nosił już w sobie intuicję, że za kilkanaście wieków jego imię powtarzać będzie z nabożną czcią ponad miliard ludzi, wyznając pięć razy dziennie, że „nie ma Boga prócz Allaha, a Mahomet jest jego prorokiem".

Nawiasem mówiąc – nie wynaleziono chyba lepszej metody, by zirytować muzułmanina, niż nazwać go mahometaninem. Doświadczyłem tego kiedyś w jednym z krajów Bliskiego Wschodu (to tu po raz pierwszy odkryłem, że na pragnienie związane z upałem najlepsza jest gorąca herbata, analogicznie: na niechęć do modlitwy najlepszym lekarstwem jest po prostu modlić się więcej...). Podejmujący mnie aromatycznym wrzącym wywarem gospodarz, z wypisaną na twarzy rdzennie muzułmańską melancholią i spokojną stanowczością, podskoczył jak na szpilkach na dźwięk takiego określenia swej religii (tu w wersji angielskiej). Zacytowana wyżej szahada, święta zasada wiary (zdanie, które wystarczy z przekonaniem trzykrotnie publicznie wypowiedzieć po arabsku, by automatycznie stać się muzułmaninem), stawia Mahometa (ja wolę jednak używać jego oryginalnego imienia – Muhammad) w jednym rzędzie z Bogiem, ale – uwaga – nie pełni tu funkcji, jaką w chrześcijaństwie ma Jezus Chrystus. Jest tylko i aż posłańcem Tego, który jest absolutnie jedyny, niedający się z niczym porównać, do szpiku (gdyby Bóg miał szpik) samowystarczalny, niepotrzebujący wsparcia czy współdziałania od nikogo. Kto chciałby uchwycić zasadniczą różnicę między dwoma najbardziej rozpowszechnionymi dziś na świecie systemami postrzegania Boga (chrześcijaństwo: 2,1 miliarda wiernych, islam: 1,2 miliarda), niech zapyta, co według nich jest największą zbrodnią wobec Boga. Chrześcijanin odpowie pewnie, że nieposłuszeństwo, niewypełnianie Jego woli. Istotą kontaktu z Bogiem jest więc dla niego współpraca, relacja, decyzje, chrześcijaństwo kręci się wokół pytania: „Jak kochać bardziej?". Dla muzułmanina kluczowym narzędziem pracy jest kontemplacja zagadnienia: „Jak jest?".

Największym przestępstwem jest w islamie *szirk*, kwestionowanie Jedyności Stwórcy, przypisywanie mu pomocników. Islam to – tylko i aż – podporządkowanie się „oczywistej oczywistości", prawdzie, że istnieje jeden Bóg. Sensem życia jest tu nie tyle zmienianie świata, ile nieustanne przypominanie sobie (i innym), jakie miejsce zajmujemy w całej kosmicznej hierarchii.

Dlatego ludzie Zachodu nie rozumieją islamu i nigdy do końca go nie zrozumieją. Z wzajemnością. Nie pomogą sympozja, międzykulturowe warsztaty, programy. Człowiek od dziecka wychowywany do kwestionowania wszystkiego, co się da, i przyrządzania sobie ideologicznych sałatek z dostarczanych przez przeróżne systemy i religie składników zawsze będzie miał kłopot z obsługą systemu, w którym pewne rzeczy są absolutnie niedyskutowalne. Muzułmaninowi nie mieści się w głowie, że ktoś może nie uznawać istnienia Boga, dlatego dla muzułmanina ateista to nie ktoś głupi czy ślepy, ale po prostu niewdzięczny. Wiara nie jest tu kwestią prywatną, bo to po prostu śmieszne, by na świecie stworzonym i w każdej sekundzie utrzymywanym przy życiu przez Boga wydzielać Mu jakieś strefy, dopuszczać do głosu w świątyniach, a na ulicach już nie, oddzielać wiarę od działalności gospodarczej, politycznej czy naukowej. Komentując reakcję części muzułmańskiego środowiska na słynne duńskie karykatury Muhammada, trzeba mieć w głowie, że bluźnierstwo, które w zachodniej cywilizacji jest dopuszczane na mocy praw o wolności słowa i wyznania, dla muzułmanina jest terrorystycznym zamachem na istotę tego świata. W zachodnim świecie – być może trochę „rozpieszczeni" przez Boga – czytamy rzeczywistość przez prawa jednostki, w świecie islamu prawa ma jedna tylko Jednostka, Bóg, ludziom przypisane są zaś wyłącznie obowiązki. Bóg za pośrednictwem Muhammada przekazał ostatnie przed końcem świata wskazówki, wyprostował wszystkie dotychczasowe błędy popełniane przez

Żydów i chrześcijan, uściślił to, co było nieścisłe. A wszystko to stało się na umęczonej słońcem arabskiej pustyni dobre sześćset lat po tym, jak w Jerozolimie nauczał wielki prorok Jezus (wspominany w Koranie z szacunkiem, choć muzułmanie twierdzą, że ukrzyżowano nie Jego, ale Jego sobowtóra i że z pewnością nie był Bogiem, to chrześcijanie dośpiewali sobie później).

Nie muszę wierzyć (i nie robię tego), że Muhammad jest „pieczęcią proroków", ale jeśli chce się iść tropem Jedynego Boga, nie można chyba zaprzeczyć, że coś niezwykle ważnego w relacjach Boga z ludźmi na tej pustyni się stało. Co? Czy – z perspektywy chrześcijanina (z innej patrzeć nie umiem) – Bóg objawił nam w VII wieku jakąś nową, nieznaną dotąd prawdę? Byłbym hipokrytą, twierdząc, że ta myśl dręczy mnie od zawsze. Islam z chłodną uprzejmością omijałem w swoich duchowych poszukiwaniach do czasu, gdy po raz pierwszy zetknąłem się z życiorysem jednego z najbardziej intrygujących ludzi wiary XX wieku, Mohammada Asada (Leopolda Weissa), polskiego Żyda ze Lwowa, który wychowany w środowisku judaistyczno-chrześcijańskim przez Wiedeń i Berlin trafił na Bliski Wschód, gdzie przyjął islam, był doradcą króla Arabii Saudyjskiej i prominentnym pakistańskim politykiem. Kupiłem kiedyś przypadkiem jego autobiografię, *Road to Mecca* (Droga do Mekki), przeczytałem jednym tchem i do dziś nie mogę uwolnić się od pytania, co komuś, kto do wyboru miał wszystko, kazało wybrać właśnie islam, twardą religię nomadów, założoną przez człowieka, którego cywilizacja zachodnia latami obciążała kompletem najgorszych przewinień?

Pięć wieków po Chrystusie sytuację tej części znanego nam świata (z rozważania wyłączamy Chiny czy imperia Nowego Świata) „ustawiało" ścieranie się dwóch potęg. Bizancjum, chrześcijański spadkobierca idei zalewanego właśnie przez barbarzyńców

Cesarstwa Rzymskiego, to zawierało pokój, to znów toczyło wojny z rozciągającym się na ziemiach dzisiejszego Iranu perskim imperium Sasanidów. Ziemiami położonymi pomiędzy nimi zarządzali na północy Turcy, na południu zaś Arabowie. Ci z kolei dzielili się na mieszkających na północy tegoż południa biednych koczowników i beneficjentów znacznie bardziej sprzyjającego klimatu (docierały tu monsuny znad Oceanu Indyjskiego) tak zwanej *Arabii Felix*, Arabii Szczęśliwej, okolic dzisiejszego Jemenu. Skomplikowanych stosunków zachodzących między różnymi arabskimi klanami i krajami nie będziemy tu wyświetlać, dość powiedzieć, że z czasem rola biedniejszych klanów Arabów z „północy południa" rosła, zaczęli oni bowiem konkretnie zarabiać na obsłudze i ochronie karawan ciągnących przez tamten region do Azji. W jednolicie ubogim środowisku pojawiły się rysy na tle różnic majątkowych, świat ludzi, którzy zaczęli mieć pieniądze, przestał opierać się na wierze, coraz bardziej palące stało się też pytanie o tożsamość. Dlaczego bowiem ci, którzy sprawdzili się i w sensie biznesowym, i siłowym, pracując na zlecenie innych, nie mieliby wybić się na podmiotowość? Jeśli idzie zaś o pejzaż religijny, tamten region porównać da się do wrzącego kociołka (może być z umiłowaną w tamtych stronach jagnięciną). Różnobarwny żywioł chrześcijański (ówcześni chrześcijanie podzielili się na kilka frakcji idących na noże w sprawie natury Chrystusa) konfrontował się non stop z judaizmem. Swoje dorzucała rdzenna religia Persów, zoroastryzm, ze swoją ideologią odwiecznej walki bóstwa dobrego i złego, o głos dobijało się całe dziedzictwo „epoki osiowej", z hinduizmem na czele, oraz dziesiątki lokalnych kultów bożków, zmarłych mędrców, dżinów o niepojęcie zagmatwanych koligacjach i specjalizacjach. Arabowie byli ludźmi twardymi, żyli w skrajnie nieludzkich warunkach, nic dziwnego, że nie mieli raczej skłonności do rozmyślania czy czegoś, co dziś określilibyśmy przesadnym zmysłem religijnym. Handlując czy obstawiając karawany, stykali się jednak z resztą świata, co kończyło się bolesnym ukłuciem. W czym są gorsi od Żydów czy chrześcijan, którzy mają swoich własnych proroków, własne objawienie, święte księgi, dlaczego i oni nie mogliby wybić się na duchową emancypację?

Są lata siedemdziesiąte VI wieku, jesteśmy w Mekce, mieście istotnym z punktu widzenia handlu i religii zarazem. To tu mieściła się niezwykle ważna dla arabskich ludów świątynia, w której umieszczono stary jak świat święty meteoryt, a praktyki sprawowano w modnym obecnie w lotniskowych kaplicach systemie *multifaith* - biznesmeni z różnych stron przywozili tu i zostawiali posągi swoich bóstw. W klanie Kurajszytów przychodzi na świat Muhammad ibn Abdullah. Rodzina nie jest zamożna, młodzieniec wynajmuje się więc do pilnowania wielbłądów, później pracuje przy obsłudze karawan. Jego życie nabiera przyspieszenia, gdy żeni się z Chadidżą (on miał lat dwadzieścia pięć, ona czterdzieści), swą pracodawczynią, wdową, bogatą bizneswoman, właścicielką linii karawanowej Mekka – Syria. Inteligencja, zmysł dyplomatyczny, pokojowe nastawienie – rodzina i współpracownicy nie mogli się Muhammada nachwalić, on tymczasem zaczął zdradzać wyraźne skłonności mistyczne. „Miał wszystko, co potrzebne do szczęścia, a jednak nie był szczęśliwy" – kwituje ten okres w życiu biograf Proroka Maxime Rodinson. Być może Muhammad słyszał od kogoś, że tak właśnie robią chrześcijańscy anachoreci, może był to jego autorski pomysł – miał w zwyczaju raz na jakiś czas oddalać się na kilka dni do górskich jaskiń, tam pozostawać, modląc się do Allaha, głównego bóstwa Arabów. I znów – niektórzy z nich sądzili, że ma on do pomocy jeszcze jakichś bogów, inni już wtedy byli przekonani, że to ten sam Bóg, o którym mówią choćby żydowskie święte księgi. Jaki był stan wyjściowy religijnej świadomości Muhammada, nie sposób ustalić. Około roku 610 Muhammad miał pierwsze objawienie z serii, która trwała przez dwadzieścia trzy lata, aż do jego śmierci. Prorok zachowuje się tu zresztą według klasycznego wzorca spotykanego u mistyków wszystkich wyznań, początkowo próbując wymigać się od ekstraordynaryjnych przygód. I jak zwykle w takich sytuacjach Bóg musi uciec się do odrobiny przemocy (archanioł Gabriel przycisnął mu do ust książkę, każąc recytować, tak mocno, że Prorok o mało się nie udusił). Muhammadowi przytrafiały się też i inne mistyczne przygody, został na przykład zabrany do Nieba i do Jerozolimy na grzbiecie niebiańskiego konia Buraka. Zasadniczo jednak w mękach i bólach wprost z Nieba otrzymywał teksty, które Gabriel (objawiający się w postaci mężczyzny siedzącego ze skrzyżowanymi nogami, wielkiego tak, iż wypełniał cały horyzont) kazał mu recytować, a później powtarzać innym, ci zaś z czasem ułożyli je i spisali w księdze nazywanej Koranem (*quran* znaczy „recytacja"; sztuka recytacji uważana była przez nieskłonnych raczej do wzruszeń Arabów za największy z możliwych skarb, świadectwa z epoki Muhammada opisują walki o miasta toczone w ten sposób, że nad fosą stawały naprzeciwko siebie dwie armie i godzinami obrzucały się wyzwiskami – wierszem i prozą). To największa świętość tej religii i to w jego przypadku można mówić o statusie porównywalnym z tym, jaki w chrześcijaństwie ma Jezus (choć dla niektórych już takie postawienie sprawy będzie bluźnierstwem, Koran nie jest bowiem Bogiem, a – tylko i aż – Jego objawieniem).

Mój osobisty stosunek do Koranu jest dokładnie taki jaki muzułmanów do Jezusa Chrystusa. Podobnie jak oni nie uznają w Nim Bożego Syna, jest dla nich bowiem godnym wielkiego szacunku prorokiem, być może największym po Muhammadzie, który przed końcem świata przyjdzie ponownie – już jako muzułmanin – żeby przygotować ludzkość na spotkanie z Bogiem, ja w Koranie – choć traktuję go z szacunkiem – nie odnajduję spójnego i dopełniającego chrześcijaństwo czy judaizm znaku Bożej obecności. Dla mnie to opis mistycznego doświadczenia człowieka o ponadprzeciętnej religijnej wrażliwości. Człowieka pewnej kultury i epoki. Wśród świadectw, które mamy o życiu Proroka, niezwykle trudno jest bez pudła wskazać odpowiadające prawdzie, a niebędące apokryficznymi opowieściami jego późniejszych przeciwników, widzących w nim agresywnego autokratę, czy zwolenników, którzy do każdego kroku Muhammada doszywali nadprzyrodzoną ideologię. Opowieści, że Muhammad nie tyle był mistykiem, ile epileptykiem, można spokojnie włożyć między inne bajki, głoszone przez tak zwanych racjonalistów, tego typu niesprawdzalnymi etykietkami można wszak „obkleić" każdego, kto wystaje ponad przeciętność. Nie różnił się obyczajami od współczesnych. Był człowiekiem obdarzonym standardowym dla swego środowiska temperamentem, po śmierci Chadidży miał jeszcze dziewięć żon, wśród nich słynną Aiszę – którą poślubił, gdy miała lat dziewięć (takie rzeczy nie były wówczas przestępstwem). Nie ma podstaw, by wątpić, że wszystkie traktował z szacunkiem i troską.

Mój kłopot zaczyna się, gdy czytam kolejne *hadisy* (opowieści o życiu Proroka, na którym muzułmanie powinni się wzorować) i widzę, jak głoszone przezeń Boskie przesłanie pokoju zderza się z konkretem życiowej sytuacji. Muhammad – ze względu na apokaliptyczną treść swoich objawień (a biznes nie lubi, gdy się zapowiada koniec świata, to bowiem trzęsie rynkiem) i jawne przeciwstawianie się dyktaturze pieniądza – wraz z grupą swoich pierwszych wyznawców był nieustannie dręczony przez ziomków. Nie mogli oni zrozumieć, jak posłaniec Boga może, będąc zwykłym śmiertelnikiem („on je pożywienie i chodzi po jarmarkach", widzieliśmy już, że to samo zarzucano Jezusowi), skazywać na piekło przodków (którzy uznawali wielu bogów), bano się też wzrostu jego potęgi politycznej. Muhammad z grupą kilkudziesięciu wyznawców musiał więc wiać z Mekki, najpierw do Abisynii, później osiedlił się w Medynie. Stąd toczył ze swoimi – wciąż usiłującymi go zabić – pobratymcami niekończące się potyczki i wojny w poszukiwaniu środków na działalność religijną, nie stronił także od łupienia ich karawan. To tu z teologa zajmującego się do tej pory głównie Absolutem zmienił się w ustawodawcę, który wiarę przekłada na prawo. Tu ustalił ramy kultu, to tu pękły jego marzenia o połączeniu sił z Żydami, którzy wbrew jego założeniom nie przyjęli go niestety z otwartymi ramionami. Dotąd muzułmanie musieli w czasie modlitwy zwracać się w stronę świętej Jerozolimy, w Medynie Muhammad obraził się i zarządził, że powinni robić to w stronę Mekki, a Żydom wyjaśnił, że nie potrzebuje ich łaski, Arabowie pochodzą bowiem wprost od Abrahama, o czym wyraźnie jest mowa w żydowskiej Księdze Rodzaju. Od ideologii spokojnego współistnienia stopniowo przechodzi do kontrataku.

Zwolennicy Proroka, za jego aprobatą, dokonali na przykład w Medynie eksterminacji sprzymierzonego z przeciwnikami żydowskiego plemienia Banu Kurajza, uczyniwszy to według obowiązujących do dziś klasycznych wzorców masowej egzekucji: kopiąc głębokie doły, a następnie ścinając siedmiuset facetów powiązanych pęczkami po kilku (w Starym Testamencie niektórzy wodzowie też robili takie numery, ale nie wszyscy uważamy, że to powód do chwały). *Hadisy* opowiadają też, jak to Muhammad kazał zabić jakiegoś niewiernego, który prosił o litość w świątyni Kaaby w Mekce. Zasadniczo jednak współcześni uznawali go za mistrza dyplomacji, trafnych sądów, rokowań, negocjacji. Pomysł miał genialny: podzielone do bólu klanowe społeczeństwo, które nagle stanęło w punkcie zero i usłyszało, że na sądzie Bożym każdy staje sam, a więzi plemienne i pozycja społeczna nie mają żadnego znaczenia, było gotowe, by przekształcić się w jeden wielki lud. Którego potęgę potwierdza moc z wysoka, najważniejszy z proroków, jacy chodzili po ziemi, wysłany właśnie do nich, nie do kogo innego. Własne objawienie, własny święty język (arabski jest dla muzułmanów językiem tak świętym, że nawet przekłady Koranu uznaje się nie za przekłady, lecz za wariacje na temat). Spojone przez Muhammada radykalnie monoteistyczną myślą państwo, pomimo następujących po jego śmierci podziałów, walk stronnictw i frakcji, miało wszelkie szanse, by stać się trzecią siłą na ówczesnej mapie świata (zajmując miejsce Persji). I za chwilę powalczyć o więcej. W 713 roku, a więc już w 91 roku islamskiej ery, wojska muzułmańskie zajmują deltę Gangesu. W 732 (110 roku według muzułmańskiego kalendarza) są w galijskim Poitiers.

Dla wielu ujmująca była prostota tej religii. Nie tylko dlatego, że nie ma w niej skomplikowanej boskiej mitologii (jak w pogaństwie) czy debat o hipostazie, bycie i relacjach wewnątrz Trójcy (jak w chrześcijaństwie), jest jeden prorok, największy, najcudowniejszy, basta. Muhammad przekonał muzułmanów, że są teraz jedną wspólnotą, *ummą*, w której każdy jednak – jako – że nie ma tu papieża, Kongregacji Nauki Wiary, kapłanów czy sakramentów, bierze sam odpowiedzialność za swoją wiarę. Może w życiu nie zajrzeć do meczetu i nie zetknąć się z imamem (poza momentem wygłoszenia *szahady*), a i tak po zmartwychwstaniu (bo do tego momentu zmarli muzułmanie pozostają w nieświadomości) trafić do raju, gdzie czekają na niego nieduchowe przyjemności z hurysami, specjalnie na tę okazję stworzonymi dziewicami (co czeka kobiety, do końca jasne nie jest, wiadomo tylko, że nawet one będą tam miały wymarzone rozkosze). Wystarczy, że oprze się na pięciu filarach wiary: wypowie *szahadę*, będzie modlił się pięć razy dziennie, dawał jałmużnę ubogim, pościł w ramadan i raz w życiu odbędzie pielgrzymkę do Mekki (gwoli ścisłości – wtedy musiałby być w meczecie po raz drugi).

Założenie szczytne, po śmierci Muhammada islam podzielił się jednak na sunnitów i szyitów, następnie setki szkół, powstały teologiczne niuanse dotyczące wszystkiego: od interpretacji Koranu po pozycję imama i organizację państwa. Islam dorobił się swojego mistycyzmu (sufizmu), ale też „protestantyzmu", wybitnych intelektualistów, a nawet stojącego w totalnej sprzeczności z tym, co powiedziano powyżej, kultu świętych – „przyjaciół Allaha", praktykowanego głównie w krajach Azji Środkowej. Ilu muzułmanów, tyle islamów. Każdy, kto wypowie *szahadę*, może uważać się za ortodoksyjnego muzułmanina.

Muhammad bez wątpienia był sprawnym politykiem, charyzmatycznym przywódcą. Jak chrześcijanin może ocenić go na płaszczyźnie wiary? Nie ma co spierać się o imponderabilia, tu każdy pozostanie przy swoim zdaniu. Warto jednak oprzeć się pokusie zbyt łatwych ocen i nie kopiować tandetnych intelektualnie argumentów z czasów, gdy chrześcijaństwo starło się z islamem w konfrontacji o europejskie posiadłości. Muhammadowi zarzucano czasem, że niektóre z jego objawień (zwłaszcza późniejsze) były dziwnym trafem doskonale dopasowane do aktualnych potrzeb Proroka (komunikaty potwierdzające, że kogoś należy zaatakować, jakąś kobietę pojąć za żonę). Nierozwiązywalny dylemat: jak bowiem stwierdzić, czy mistyk jest mistykiem tylko wtedy, gdy jest przez treść objawień zaskakiwany? Dlaczego nie może z czasem dojrzewać tak, by intuicyjnie wyczuwać, jaka jest w tej czy innej sprawie wola Boga? Dokonywanie psychoanalizy poszczególnych wersów Koranu, w czym lubują się antyislamscy publicyści, moim zdaniem też nie ma najmniejszego sensu. Domyślam się bowiem, że podobne uczucia towarzyszyć mogą komuś, kto po raz pierwszy bez wcześniejszego „nasiąkania" tekstem, zadomowiania się w nim od dziecka, sięgnie choćby po Stary Testament – w warstwie dosłownej pełen najdziwniejszych wskazań i zachęt do mordów. Islamscy fundamentaliści biorą te wersy Koranu dosłownie, podobnie robią jednak przecież i nasi chrześcijańscy radykałowie, którzy – zwłaszcza w USA – domagają się świętych wojen z niewiernymi, a ludziom pokrzywdzonym przez huragan machają przed nosem Biblią, mówiąc, że to kara za grzechy. Dla muzułmanina Koran pozostanie arcydziełem, ja z niego dla siebie nie wyciągnę wiele, poza historyczną wiedzą o świadomości ludzi ówczesnej epoki.

Wiem, co musi czuć muzułmanin, czytając te słowa. To samo, co czuję ja, czytając wynurzenia współczesnych historyków dowodzących, że dajmy na to, Jezus był nauczycielem egzorcystą, a chrześcijanie zrobili go Bogiem, bo wstydzili się zrobić nim świętego Pawła. Ludzie wierzący nie są w stanie rozmawiać o posłańcach Boga, używając wyłącznie narzędzi historyków, prędzej czy później paść musi deklaracja wiary. Szanuję islam i jego wyznawców, będę zawsze domagał się dla nich prawa do wyznawania go w spokoju, ale nie jest on moją religią. Nie widzę w nim „złotej cegły" wieńczącej mur wznoszony przez wszystkie systemy religijne świata. A nade wszystko – nie umiem uwierzyć Muhammadowi, bo próbując szlachetnie uprościć religię, nie uwzględnia rewolucji, jaka dokonała się w relacjach Boga z człowiekiem wraz z przyjściem Chrystusa. W mojej ocenie przesłanie Jezusa jest właśnie tą ostatnią rzeczą, którą Bóg chciał nam powiedzieć przed końcem świata, to wystarczy, nie potrzeba niczego więcej.

Czy chrześcijanin znajdzie w gorących piaskach Arabii jakieś tropy podprowadzające go do Boga? Wiele idei jest podobnych. Bóg Muhammada to Bóg, który po śmierci wezwie nas na sąd, a jeśli byliśmy dobrzy, okaże nam swe miłosierdzie i dobroć, póki co trzyma jednak świat w twardych ryzach (o niepoddającym się kryterium płci Bogu mówi się w islamie jak o ukochanej, która na razie zwróciła ku nam twarde, męskie oblicze). To fascynujące, że muzułmanie pierwszych wieków toczyli między sobą dokładnie te same spory, które pasjonowały pierwszych chrześcijan, na przykład o to, czym zawiniły umierające dzieci, że nie dane im było zrobić niczego dobrego, albo czy gdy Koran mówi o oku i uchu Boga, możemy wyobrazić sobie, że są to organy podobne do naszych, ludzkich. Kluczową różnicą jest to, co o istocie Boga powiedział (a tam: powiedział – pokazał!) chrześcijanom Bóg Człowiek, Jezus, a co muzułmanie odrzucają jako bajania. Dzięki Jezusowi wiemy, że w Bogu miłość jest nadrzędną zasadą, a miłosierdzie wyprzedza sprawiedliwość (w islamie też się o tym mówi, ale nasz Bóg to na sobie pokazuje). Bóg objawiający się Muhammadowi to Bóg i taki sam jak starotestamentalny YHWH, i zupełnie inny niż On. W islamie – jak zauważa Maxime Rodinson – „ludzie są winni Bogu wiarę, pobożność, wdzięczność uwielbienie, prawdziwą ufność. Jednak niemal nigdy nie żąda się miłości. (...) Człowiek popełniał grzechy, ale nigdy nie wywołało to u Boga tej skargi zdradzonego kochanka – opłakującego niewierną stawiającą przeszkody jego miłości, która dźwięczy w księgach Starego i Nowego Testamentu".

Niewykluczone, że po śmierci czekać nas będzie – jak to mawia młodzież – zupełnie nieprzeciętne „zdziwko". Nie można wykluczyć, że Allah, YHWH i Jezus to w istocie ten sam Bóg, oglądany tylko z różnych stron, przez różne ludzkie wrażliwości. I Żydzi, i chrześcijanie, i muzułmanie mimo różnić wyłapują też bowiem pewne wspólne cechy Pana. Ich Bóg nie jest *deus otiosus* (bogiem odległym), który stworzył świat i zostawił go samemu sobie (albo innym bóstwom; Mircea Eliade zwraca uwagę, że takim *deus otiosus* był dla Arabów w epoce przedmuzułmańskiej Allah, ludzie, owszem, wierzyli weń jako w „szefa wszystkich szefów", ale znacznie bliższe były im lokalne boginie). To Bóg, który - u jednych bardziej namiętnie, u innych trochę bardziej zachowawczo, ale jednak - pragnie jakiegoś kontaktu z człowiekiem. Wszystkie te religie łączy więc motyw słowa, bez którego pełna komunikacja byłaby niemożliwa. W judaizmie prorocy zapisują swoje i Boże słowa, w chrześcijaństwie odwiecznym i jedynym Słowem, które Bóg chciał powiedzieć ludziom, jest Jezus Chrystus. W islamie słowo jest kluczem do wszystkiego, słowo zapisane w Koranie to najświętsza ze świętości, coś jak żydowskie księgi i rytuały razem wzięte, jak chrześcijańskie sakramenty - słowo to wszystko, co jest.

Poradnik

Dla chrześcijanina kontakt z nauczaniem islamu może być przypomnieniem starej prawdy, obecnej we wszystkich trzech wielkich religiach: romansowanie z innymi bożkami, siłami i wróżkami to duchowa prostytucja. Okazja, by zadać sobie pytanie, jakich i ilu bogów mamy w głowie i czy - skoro dajemy im prawo do siebie za życia - na pewno będziemy chcieli być z nimi również po śmierci? Muzułmanin spojrzenie na świat zaczyna od sfery Pana Boga i dopiero z niej przechodzi do spraw czysto przyziemnych. My w cywilizacji zachodniej postępujemy dokładnie odwrotnie, najpierw zakorzeniamy się w „bieżączce", a dopiero później szukamy sobie Boga. A gdyby tak - dla eksperymentu - na chwilę odwrócić spojrzenie? Spróbować wyobrazić sobie już dziś sytuację, która gdybyśmy umarli w tej chwili, oczekiwać nas będzie z tamtej strony?

Gdzie – uwaga – niekoniecznie czekać nas będą czarnookie dziewice, które po każdym polegiwaniu z nami odnawiać będą swoje dziewictwo i tak *ad infinitum*. Ten zapis Koranu może być chyba interpretowany jako opis maksimum szczęścia takiego, jakie znali ówcześni jego męscy słuchacze. Biblia pokazuje raj jako „ogród na Wschodzie", a wiadomo, czym był ogród dla człowieka, który większość życia spędzał w temperaturze 40 stopni Celsjusza. Czyja wizja nieba jest prawdziwa? Sprawdzimy to wspólnie, bo jak czytamy w soborowej konstytucji *Lumen gentium*: „plan Zbawienia obejmuje także i tych, którzy uznają Stworzyciela, wśród nich głównie muzułmanów, oni bowiem, wyznając, iż zachowują wiarę Abrahama, czczą wraz z nami jedynego i miłosiernego, który będzie sądził ludzi w dniu ostatecznym".

Znajomy opowiadał mi, jak podczas rodzinnej wizyty w Maroku wybrał się na przechadzkę w ruinach jakiegoś opuszczonego miasteczka nad brzegiem oceanu. Wędrował, czytając Nowy Testament, z głową w chmurach i w huku żywiołu. Gdy przysiadł na jakichś starych schodach, zauważył, że po drugiej stronie ulicy siedzi człowiek (szczegół z tych, co jak rzep wbijają nam się w pamięć) w skórzanej kurtce i w wielkim skupieniu pogrąża się w lekturze Koranu. Panowie zaczęli rozmawiać. Muzułmanin wyznał, że nie wierzy w Chrystusa. Jego brat, na emigracji zarobkowej w Niemczech, uwierzył i dzwoni teraz do niego, mówiąc, że Chrystus dał mu mercedesa. Opowiedział mu też o dwóch znajomych rybakach, którzy niedawno wypłynęli z tego miejsca w morze, choć ewidentnie zanosiło się na sztorm. Popełnili grzech, mówił, zgubiła ich chciwość. Spotkałem w życiu wielu muzułmanów, wielu z nich – nie wiem, czy nie częściej niż chrześcijanie – w swojej „organicznej" surowości przypominała mi o niebezpieczeństwie zarażenia się czymś, co starożytni Grecy nazywali *hybris*, mieszcząc w tym terminie przekroczenie miary wyznaczonej człowiekowi, a co za tym idzie – niezdolność prawidłowej oceny sytuacji. „Umiarkowanie", zgoda na własną kondycję (wyraźnie obecne też w chrześcijańskiej myśli!) w czasach, w których wszystko musi być „na maksa", brzmi złowieszczo. Ale jeśli go z pudełka z napisem „październikowe terminy naszych babć i dziadków" szybciutko nie wyciągniemy, nigdy nie ułożymy sobie relacji ani z ludźmi, ani z Bogiem. Bo nie da się żyć w świecie, w którym wszystkie bez wyjątku drzewa, krzewy, ba – nawet paprotka z parapetu – za wszelką cenę chcą mieć piętnaście metrów wysokości i ani centymetra mniej (że nie będą miały, to inna sprawa, ale ile krwi napsują i sobie i innym...).

(Do)czytania

Seyyed Hossein Nasr, *Istota islamu. Trwałe wartości dla ludzkości* (tłum. K. Pachniak, Warszawa 2010) – godne polecenia, bardzo muzułmańskie w tonie: lubimy świat, ale mamy swoje zasady. Zaangażowany, przystępny i wyczerpujący wykład islamskiej doktryny, wyraźnie nastawiony na zachodniego czytelnika, pokazujący, że muzułmanie nie gryzą, ale mają też pryncypia, których nie będą podważać. Czyta się lepiej niż też bardzo rzetelne, ale troszkę bardziej suche (i pisane jednak „z zewnątrz") kompendium Angelo Scarabela *Islam* (tłum. K. Stopa, Kraków 2004).

- Maxime Rodinson, *Mahomet* (tłum. E. Michalska-Novák, Warszawa 1991) – pasjonująca (choć miejscami niezgrabnie przetłumaczona na polski) biografia, wyczerpująca od strony historycznej. Nie przypadnie do gustu muzułmanom. Czytając ją, poczują to co ja, gdy widzę, jak historyk z psychologiem próbują zamknąć w klatce swoich badań Jezusa (nuta, która staje przewija się u Karen Armstrong).

- Karen Armstrong, *Muhammad. Prophet for Our Time* (London 2006) – fakultatywnie. Wybitna religioznawczyni pisze biografię pod hasłem „prorok na dzisiejsze czasy", jak sama wyznaje po to, by zasypać podziały, które wyrosły między Zachodem a islamem po atakach na World Trade Center. W podobnym tonie dla tych, co też czują potrzebę panreligijnego pojednania, ale znacznie przyjemniejsza, nieprzyćmiona tak przez swoją główną ideę – *Od Mojżesza do Mahometa. Wspólne korzenie*, Jean-Pierre Isbouts (tłum. J. Korpanty, Warszawa 2009). Bardzo optymistyczna historia spotkania zdobywającego Jerozolimę kalifa Umara z lokalnym patriarchą Sofroniuszem (rok 638) – obaj długo rozmawiali i sprzątali razem dziedziniec świątynny (na którym Umar postawił później meczet), pokazująca, że choć się różnimy, możemy razem pracować.

- Martin Lings, *Muhammad. His Life Based on the Earliest Sources* (Rochester 2006) – wyczerpujący przegląd *hadisów* o życiu Proroka, można czytać jak baśń, starożytną kronikę bądź dokument wiary.

- Muhammad Asad, *The Road to Mecca* (Louisville 2005) – nie ma co strzępić języka, trzeba to przeczytać z powodów wyłuszczonych powyżej.

Paweł Jessa, *„Przyjaciele Allaha". Kult muzułmańskich świętych w Azji Środkowej* (Poznań 2009) – dziesiątki dowodów na to, że wiara to religia przepuszczona przez wrażliwość konkretnego człowieka. Islam zabrania czcić świętych, a muzułmanie z Uzbekistanu mają to w nosie i czczą spokojnie choćby Surchpusz-otę, świętego wojownika z kijem i w czerwonym ubraniu, a do jego grobu pielgrzymują, zanim odbędą *hadżdż* do Mekki.

Mircea Eliade, *Historia wierzeń i idei religijnych,* t. 3 (tłum. A. Kuryś, Warszawa 1995) – garść podstawowych odniesień antropologicznych, rozwój teologii islamu. Nie bać się – pisane przystępnym językiem.

Mateen Elass, *Co tak naprawdę mówi Koran. Chrześcijański przewodnik po świętej księdze islamu* (tłum. T. Fortuna, Warszawa 2009) – umacnia chrześcijańską samoświadomość, sugerując, że trzeba szykować się będzie do wojny. Zupełnie niepotrzebna nuta konfrontacji, szykowania się do obrony *et cetera.*

John L. Allen Jr., *The Future Church. How Ten Trends are Revolutionizing the Catholic Church* (New York 2009) – dla wszystkich zwolenników tezy, że islam zawładnie teraz światem. Allen, analizując statystyki, pokazuje, że równowaga się zachowa, nie zaleje nas żaden żywioł, liczba muzułmanów i chrześcijan na świecie rosnąć będzie w mniej więcej równym tempie (islam teraz rośnie być może trochę szybciej, ale to się skończy, bo społeczeństwa islamskie coraz częściej małą kłopoty z dzietnością, islam – w przeciwieństwie do chrześcijaństwa – jest religią, na którą ludzie rzadziej się nawracają, w znacznie większym stopniu dziedziczą ją w rodzinie).

Korespondencja między chrześcijaninem a muzułmaninem (w serii Źródła Myśli Teologicznej, Kraków 2005). Kontakt z innością budzi do życia, każe myśleć o tym, co wydawało się już przemyślane. Jakie to szczęście, że do naszych czasów zachowały się listy z przełomu IX i X wieku, w których trzech przyjaciół przekonuje się nawzajem do swojej wizji Boga. Jeden, muzułmanin, jest na tyle pewny swego, że swój list nazywa „dowodem ostatecznym", ba – „geometrycznym"! Przekonuje w nim, że islam musi być prawdziwy, bo nikomu nie udało się tak idealnie trafić w potrzeby ziomków jak Muhammadowi, a w dodatku wszyscy się zgadzają co do tego, że nikt nie był mądrzejszy i generalnie fajniejszy. Chrześcijanin odpowiada bardzo uprzejmie, że to nonsens, wszak i Grecy mają swoich geniuszy, Żydzi swoich, a chrześcijanie swoich. Muzułmanin mówi, że Muhammad czynił wielkie cuda, chrześcijanin, że zna takich, co w dziedzinie matematyki czy medycyny osiągnięcia mieli może nawet jeszcze bardziej spektakularne, lecz nie uznaje się ich za proroków, lecz po prostu za obdarzonych talentem mędrców, fachowców. Koran w zgodnej opinii jest bezkonkurencyjnie najpiękniejszy – pisze uczeń Proroka. Świetnie, odpowiada chrześcijanin, zapytajmy Greków, co myślą o dziełach Homera. Drugi z chrześcijan przekonuje, że cudem to dopiero było, gdy religia nieuciekająca się do podbojów zdobyła cały świat; zachęcała ludzi do skrajnych wyrzeczeń, ale ci mimo to do niej lgnęli. Zbudowana przez galilejskich rybaków, pociągnęła retorów i profesorów, nie przymnażała przyjaciół, przeciwnie – oni odchodzili, a ludzie mimo to uważali, że tak warto żyć. I to jest prawdziwy cud, dowód spotkania z żywym Bogiem, gdy człowiek nagle ze stuprocentową pewnością zaczyna płynąć pod prąd oczekiwań, wie, że jest jakaś większa prawda niż to, o czym mówią wszyscy.

[Daje Słowo]

– czasem brzydkie Słowo Boże

A może Muhammad, choć nie wierzymy w jego przesłanie, mógłby nam chociaż pomóc przez zimny prysznic? Stanowcze przypomnienie, że to może już czas, byśmy my, chrześcijanie, na nowo przejęli się swoją własną Księgą?

Przyjaciel Stanisława Wyspiańskiego wspominał, że spotkał go kiedyś o poranku pod jedną z krakowskich knajp, zziębniętego, skrajnie wymęczonego, ze śladami wstrząsu na przerażonej twarzy. Artysta, zapytany, co się stało, wyznał, że czytał Stary Testament. Bez przerwy przez dzień, noc i kolejny dzień, gdy skończył, zaczynał od początku. W końcu wybiegł szukać schronienia na mieście. „U siebie w domu, gdzie się to wszystko odbyło, nie wytrzymałbym..." Dziwak. Egzotyczny wyjątek. Dziś w tak zwanych intelektualnych kręgach kultywuje się przekonanie, że Biblia to żydowskie bajania o umiarkowanej wartości historycznej i całkiem znacznej literackiej, ale obciążone stuleciami interpretacji budzących grozę i opłakanych w skutkach. Jak i dlaczego podchodzą do niej chrześcijanie? Nie trzeba przenikliwości Stirlitza, by ustalić, że dominują wśród nich dwa podejścia.

Pierwsze, popularne zwłaszcza w USA i wszędzie tam, gdzie docierają tak zwani radykalni chrześcijanie ewangelikalni (nie mylić z ewangelikami), ucieleśnia w sobie słynny amerykański kaznodzieja Pat Robertson. Miły ów staruszek przy okazji każdego kolejnego trzęsienia ziemi, huraganu czy wybuchu wulkanu łapie za Biblię i leci przed kamery swoich stacji, by z gromkim „A nie mówiłem?!" wyjaśnić milionom widzów, że to, co się stało, to przepowiedziana kara Boża za rozwiązłość, a jego ideowi kumple wzywają, by nie udzielać pomocy krajom Trzeciego Świata, same bowiem są sobie winne, tkwiąc w pogańskich kultach i rozpuście. Wszyscy podobni Robertsonowi chrześcijańscy fundamentaliści (ich duchowi przodkowie, którzy jako pierwsi dotarli w XVII wieku z Anglii do Ameryki, uznali, że są wypisz, wymaluj bohaterami Księgi Wyjścia) przekonani są, że Biblia to nieomylny i detaliczny reportaż z historii świata. Wierzą do tego stopnia, że aż – paradoksalnie – nie wierzą, bo w co tu wierzyć, skoro przed nosem ma się niepodważalne fakty? Ja wierzę, że Pan Bóg stworzył świat, Robertson i spółka to wiedzą, ba, są nawet w stanie precyzyjnie objaśnić, jak wyglądał trzeci dzień procesu: rano nie było jeszcze jabłonek, ale o osiemnastej już rosły.

Drugie podejście, na moje wyczucie reprezentowane przez zdecydowaną większość współczesnych wyznawców Chrystusa, zasadza się na uprzejmej ignorancji i totalnym *désintéressement*, zgłaszanym, gdy na tapecie stanie przypadkowo temat Pisma. Po pierwsze strasznie ciężka lektura: co drugą stronę jak nie morderstwo, to archaiczny językowy zakrętas. Po drugie: na dźwięk słów Biblii spora część znanych mi uczniów Jezusa prezentuje warunkowy odruch opadania powiek, spowolnienia akcji serca, głowa zaś sama szuka podparcia. Środek witalizujący zmieniliśmy w preparat nasenny, nasączając go przez wieki tonami nieprzetrawionych, wymęczonych, nietrafionych kazań, konferencji, wystąpień i książek. Gdyby współczesnemu chrześcijaninowi pokazać nie tylko Wyspiańskiego, ale i świętego Hieronima, u którego wrodzona nerwica rozkwitała w kontakcie ze świętymi tekstami do granic obłędu, Ojców Kościoła, którzy przekonywali, że w tym słowie jest taka moc, iż wystarczy je odczytać, by zaczęły dziać się cuda, słynnego Marcina Lutra, który w swojej wieży przegryzał się nocami przez jeden mały wersecik Listu świętego Pawła do Rzymian, uznałby ich z pewnością *in gremio* za zdewociałych wariatów.

Są dwa powody, by poświęcić Biblii parę minut. Pierwszy, opisany wyżej – na przykładzie stosunku do Biblii widać, jak my, ludzkość, rozmemłaliśmy samego Boga. Wyrwaliśmy Mu kończyny, zamknęliśmy w złotej klatce, a gdy próbuje się ruszyć, zaczadzamy Go pobożnym kadzidłem. Drugi – fundamentalny. Bez Biblii nie da się zrozumieć i przeżyć chrześcijaństwa, które wierzy, że w Piśmie jest żywy Bóg. O człowieku trudno by nam było powiedzieć, że jest w pisanym przez siebie tekście. Są w nim jego myśli, jego duch, czytelnik jest w stanie rozpoznać autora po frazie, argumentacji, czasem nawet do tego, co czyta, uśmiecha się, jak uśmiechnąłby się, gdyby zetknął się z piszącym na żywo.

Na pierwszy rzut oka to rzeczywiście kolejny absurd chrześcijaństwa. Katechizm Kościoła katolickiego wprost mówi, że katolik powinien traktować słowo Boże jak Komunię Świętą (czcić jako Bożą Obecność i spożywać, karmić się nim). Tak jak w konsekrowanym opłatku naszym zdaniem zawiera się żywy organizm (choć nadal ma formę chleba, w swojej treści jest już ciałem Jezusa), tak i w Biblii, „upodabniając swe słowa do ludzkiej mowy", działa i żyje cały Bóg, a więc i Ojciec, i Syn, i Duch Święty.

CV tej książki nie da się chyba porównać z niczym. Bóg nie zrzucił Biblii ludziom na ziemię w jednym kawałku z nakazem, by kserowali to sobie, i basta. Przodkowie spisywali ją sobie przez setki lat, wielokrotnie zmieniając brzmienie słów, układ rozdziałów, kolejność ksiąg i ich wybór. Nie znaczy to jednak, że Bóg nie był pewien, co chce ludziom powiedzieć. Pismo Święte – ta konstatacja okaże się niezwykle ważna, gdy dojdziemy do pytań o to, jak je czytać – już na etapie powstawania nie było tylko książką, było żywym procesem.

Tego, jak książka może być procesem, nie zrozumie nikt, kto nie próbował wgryźć się w Pismo. Analiza literacka czy historyczna przyda się do opisania zewnętrznej szkatuły, gdy ktoś chce dobrać się do istoty, zrozumieć sens opakowania, musi użyć klucza. Nie da się dotrzeć do sedna Biblii bez modlitwy. Rozumianej nie jako zaklęcia i magiczne pacierze, ale jako rodzaj wewnętrznego nastawienia. Można to porównać do spotkania z człowiekiem – oceniam jego ubiór, mimikę twarzy, „skanuję" wszystkie możliwe zewnętrzne sygnały. Spotkanie, kontakt, porozumienie, zdobycie kawałka jakiegoś nowego świata jest jednak możliwe dopiero wtedy, gdy przestawię w sobie poznawczą wajchę: tak, teraz chcę wysłuchać tego człowieka, skupiam na nim swoją uwagę, wchodzę w relację.

Otwierając Pismo Święte, spotykamy Boga, który pokazuje się nie w formie referatu detalicznie prezentującego Jego anatomię, lecz zawsze działaniu, w akcji wobec świata. Nigdy nie pokazuje twarzy, zawsze jest ruchem, zmianą, zstępującą na ziemię energią. Dlatego każde zdanie Biblii ma dwóch autorów – Ducha Świętego i człowieka, który kreślił na papirusie rzędy liter. To dlatego zamiast „boskiego zen" tyle w niej emocji, napięć, zapisów czysto ludzkich patologii.

Gdy czytając Biblię, trafiamy na opis przygód jednego z największych rzeźników na tych kartach, Jozuego, który po wejściu Izraelitów do Ziemi Obiecanej przez parę ładnych lat mordował wszystkich tych, co nie chcieli mu ulec, by otworzyć przed nowymi osadnikami czystą kartę, tylko półgłówek odczyta to jako Boską zachętę do eksterminacji inaczej myślących sąsiadów. Takie traktowanie Pisma Świętego przypomina traktowanie perłodajnej małży młotkiem. Żeby zrozumieć sens każdej z perykop (fragmentów) Pisma, trzeba spędzić nad nimi godziny, dni, a nawet lata (ciekawe, że Ojcom Kościoła nie szkoda było jakoś na to czasu). Obwąchać je każdej strony, zobaczyć, co dzieje się w głowie i sercu, gdy czytamy poszczególne słowa. Spróbować wgryźć się w to, jak myślał Jozue. Należy on jeszcze do tego pokolenia Izraelitów, które owszem, wierzyło że YHWH jest najsilniejszym Bogiem, wcale nie byli jednak pewni, czy jest Bogiem Jedynym. W Ziemi Obiecanej siedzą znaczni więksi bałwochwalcy, Bóg domaga się, żeby u nas była czystość. Zareagował tak, jak umiał, urządził megajatkę. Czytam to i myślę, ile razy ja czyste, jasne i nikomu niezagrażające nakazy Boga wykonuję po swojemu, a trup się ściele gęsto?

Biblia jest jak Bóg. To bezcenne, po raz pierwszy w życiu poczuć tę poznawczą irytację, to napięcie między „wiem" a „nie wiem", to uczucie dodawania gazu na jałowym biegu, gdy odważymy się opuścić bezpieczny poziom katolicyzmu niedzielnego i modlitw „do Bozi", gdy dociera do nas, że to wszystko, co tak bardzo chcemy uznać za swoje, wymyka nam się z rąk, bo w nich się nie mieści. Spotkanie z Bogiem Biblii to fantastyczna lekcja, jak uwolnić się z męczącej logiki tego świata, który dla każdej myśli, uczucia, idei musi mieć racjonalną podkładkę, oświeceniowy – państwo wybaczą, ale tak to właśnie trzeba nazwać – „dupochron". Biblia to nieznajomy, który pod drukarską farbą chowa mapę, która poprowadzić może człowieka w kompletnie nieznane miejsca.

Zanim ruszymy w drogę – kilka zasadniczych faktów o naszych nowych znajomych. Biblia to bowiem z greckiego „książki", dopiero później zrobiła się z tego nazwa własna w liczbie pojedynczej. Składa się na nią Stary Testament i Nowy Testament, z których pierwszy opisuje dzieje relacji (fachowo: przymierza) Boga z ludźmi przed narodzeniem Chrystusa, Nowy zaś to, co działo się, gdy na ziemię zdecydował się przyjść pod imieniem Jezusa Syn Boży. Księgi Biblii wcale nie powstawały w kolejności, w jakiej je później ułożono. W Starym Testamencie najstarsze są wagoniki umieszczone później w środku składu (Księgi Królewskie i Samuela, najpewniej z X wieku przed Chrystusem). Spora część ksiąg, na przykład te opowiadające o stworzeniu świata czy niewoli w Egipcie, przez lata funkcjonowała jako przekazywane z pokolenia na pokolenie ustne opowieści. Naród kodyfikował je zwykle wtedy, gdy – nieustannie przez kogoś napadany i brany w niewolę – odczuwał potrzebę, by mieć ze sobą jakąś relikwię, ślad na piśmie, coś „obiektywnie" istniejącego, czego można by dotknąć, strzec, gdy na przykład jakiś kolejny wróg dewastował Świątynię i wypędzał daleko od domu. Spisywano wtedy wszystko, co się dało, wiadomo, jeden tekst ułatwia utrzymanie w jedności ludzi pozbawionych swojej ziemi (choć z drugiej strony – z czego też zdawali sobie sprawę spisujący – rodzi niebezpieczeństwo „skostnienia", święte opowieści przodków można odtąd postawić na półce, poddać gramatycznemu rozbiorowi, żyć złudzeniem, że ducha udało nam się przyszpilić). W kanon świętych tekstów zaczęto układać te wożone z miejsca na miejsce archiwa pewnie po wypuszczeniu części

Żydów z niewoli babilońskiej i odbudowaniu Świątyni pod koniec VI wieku.

Pierwszeństwo w tym świętym zbiorze uzyskuje u Żydów Pięcioksiąg, czyli po hebrajsku Tora, którą na początku IV wieku wysłannik perskiego króla kapłan Ezdrasz nadaje jako obowiązujące Prawo (i bardzo niełatwe do zrealizowania, gdy żyło się latami bez żadnych poważniejszych nakazów) mieszkającym w Palestynie Żydom. Do Tory dołączają pisma proroków, później tak zwane księgi historyczne oraz mądrościowe. Powstające jak grzyby po deszczu utwory wiernie oddają aktualny stan ducha jednego z najbardziej doświadczonych przez los, ale i żywotnych narodów na ziemi. Gdy Żydzi poluzowują sobie dyscyplinę, tracą państwo i ruszają na ciężkie wygnanie, eksplodują pisma proroków wzywających do nawrócenia. Gdy okazuje się, że po wygnaniu wcale nie tak wiele się zmienia, jak deszcz na ziemię lecą teksty o zabarwieniu mądrościowym. Powoli formuje się kanon, czyli zbiór tekstów, co do którego wspólnota jest przekonana, iż pisane były z Bożego natchnienia (pisma, które do kanonu nie weszły, nazywane są apokryfami).

Podobny kanon w kilkadziesiąt lat po śmierci i zmartwychwstaniu Jezusa wykształci sobie chrześcijaństwo. Tu znów żywa historia. To fascynujące patrzeć, jak na chwilę przed katastrofą z 70 roku chrześcijanie spisują Ewangelię według świętego Marka, która bardzo jasno zapowiada czasy ostateczne, a gdy dziesięć lat później końca świata wciąż nie widać, powstaje Ewangelia według świętego Mateusza, w której czytamy, że królestwo Boże jest jak zaczyn, który już został dodany, ale teraz potrzebuje czasu, by zadziałać i zakwasić całe ciasto.

Przez wieki zmagano się z pytaniem, jak Biblię czytać, odkrywano coraz to nowe płaszczyzny w tej relacji. Rabini, którzy skupili się na czytaniu i komentowaniu ksiąg Pisma, po tym jak Rzymianie ostatecznie zburzyli im Świątynię, doszli w tym do formalnego mistrzostwa. Karen Armstrong w swojej „biografii" Biblii przytacza zabawną historię z początków naszej ery, gdy zgromadzeni po upadku Jerozolimy w Jawne rabini, dyskutując, przez kilkadziesiąt lat wykuwali nową formę judaizmu. Dwóch z nich posprzeczało się tam o coś ze sobą, jeden z nich wezwał na pomoc Boga. Ten na poparcie słusznych tez wykonał kilka cudów, następnie przemówił donośnym głosem z góry. Rabini orzekli jednak, że w Piśmie jest napisane, iż Prawo, Tora, „nie jest już w niebiosach", a więc „nie zwracamy uwagi na głos z góry". Skoro Pan Bóg dał ludziom Pismo, to nie jest ono już Jego własnością, ponadto jest w nim napisane: „Niech decyduje większość", w związku z czym przegłosowano zaraz Boga, który śmiał się, że pokonały Go Jego własne dzieci.

Są i dziś wśród Żydów i wśród radykalnych chrześcijan tacy, którzy całe życie poświęcają na rozdrabnianie na atomy każdego przecinka w Piśmie i wysnuwanie z niego nie wiadomo jak cudownych wniosków. A przecież Bóg nie mieści się w znanym języku. Interpretacja Słowa to jak składanie obrazu z mnóstwa przynoszonych przez miliony ludzi kamyków, które w Kościele układają się we wspólny obraz (i dopiero wtedy wyraźnie widać, które pasują – są prawdziwe, a które są tylko wykwitem fantazji człowieka). Pismo – jak Bóg – przyciąga ludzi, by się zbierali, dyskutowali, dzielili swoim doświadczeniem. Pokazuje, że sens objawia się tylko we wspólnocie, gdy ludzie błąkają się po tym świecie osobno, nikt z nich nie może powiedzieć, że jest właścicielem całej prawdy.

Księgi Starego Testamentu pisane były po hebrajsku, aramejsku i grecku, trzy wieki przed narodzinami Chrystusa to, co było już spisane w innych językach, przetłumaczono na grekę (ten przekład to Septuaginta, oznacza się go zwykle jako LXX). Nowy

Testament pisano po grecku. Całość Biblii przetłumaczył na łacinę w V wieku święty Hieronim (ten przekład nazywamy Wulgatą). W średniowieczu nierzadkie były przypadki ludzi, którzy uczyli się greki i hebrajskiego po to, by czytać w językach oryginalnych. Jednych (jak świętego Bernarda z Clairvaux) spalała przy tym nieledwie dzika namiętność, inni – jak słynni mnisi z wylęgarni średniowiecznych intelektualistów: nadsekwańskiego opactwa świętego Wiktora – byli lodowato zimni od racjonalizmu. Wynalezienie druku i przekłady na języki narodowe sprawiły, że Biblia trafiła pod strzechy. Najsłynniejszy z najstarszych polskich przekładów sporządził w XVI wieku słynny ksiądz Jakub Wujek (uwielbiam to tłumaczenie, gdzie jedną z plag egipskich są „wrzody i pryszczele nadęte", Bóg „sfukał Morze Czerwone i wyschnęło", a ludzie „byli zjęci chciwością na puszczy i kusili Boga na miejscu bezwodnym"). Autorem popularnego (bo odwołującego się do potocznego języka) przekładu na niemiecki był Marcin Luter, który rzucił hasło „*sola Scriptura*", tylko Pismo, stawiając tezę, że jedynym stałym punktem podparcia w życiu chrześcijanina powinna być Biblia. Oświecenie Biblię wyszydzało, wspomniani już purytanie, którzy wygnani z Europy, pojechali podbijać Amerykę, dowiedli zaś, że jak się ktoś uprze, a przede wszystkim nie pozostaje w łączności z całym Kościołem, co pozwala na nieustanną kontrolę błędów i wypaczeń interpretatorów, to na Biblii może wyhodować dowolną ideologię. Tak jak krzyżowcy szli mordować Żydów z biblijnymi cytatami na ustach, tak osadnicy mordowali Indian i trzymali niewolników, opierając się na Świętej Księdze. Niewolnicy w niej szukali nadziei na wyzwolenie. Starożytni Ojcowie pouczają, że Biblia to taka księga, w której święty wprowadzony w stan ekstazy (a więc który wyleci „w ciemność ponad intelektem") odkryje, że przeciwieństwa są w stanie łączyć się ze sobą. A jedynym kluczem, według którego można trafnie interpretować Biblię, jest miłość. Jeśli nasza interpretacja nie niesie miłości, miłosierdzia dla innych, jest ona psu na budę, a my popełniamy błąd.

Jak czytać, żeby skorzystać z niej w pełni? Często, ale nie dużo naraz. Biblia nie otworzy się, jeśli nie czyta się jej stale. Choćby kilka wersów, choćby rozdział dziennie. Można czytać na wyrywki, można po kolei (choć wtedy radzę zacząć nie od Starego, ale od Nowego Testamentu). Bardzo sensowną metodą, wymyśloną już w pierwszych wiekach chrześcijaństwa (a zaniedbywaną mniej więcej od XV wieku, kiedy to modna stała się modlitwa polegająca na kotłowaniu w głowie własnych myśli), było *lectio divina* – skrzyżowanie czytania Biblii i modlitwy. Z grubsza polega to na tym, że po chwili na wyciszenie się czyta się fragment Biblii. Można go przeczytać raz drugi i trzeci, dokładnie przeżuć, wsłuchać się w każde słowo. Można je powtarzać, rozebrać je sobie następnie na czynniki pierwsze, poddać analizie technicznej, zbadać kontekst, zajrzeć do umieszczonych pod tekstem komentarzy. Obracać na wszystkie strony, brać pod światło, zastanawiać się, w jakiej sytuacji takie słowa mogły paść, co mówią o opisywanych bohaterach, jakie mogą być ich konsekwencje, kiedy my sami ich używamy. Następnie posłuchać rezonansu serca, sprawdzić, czy ten fragment odnosi się jakoś do konkretnej sytuacji życia. Wnioski z tego płynące można później wyrzucić z siebie (lub zachować) w bardzo prywatnej, kontemplatywnej modlitwie. Niektórzy zalecają, by na koniec zachować sobie jeszcze jedno zdanie z tekstu i chodzić z nim, przeżuwając niczym słomkę, cały dzień. Całość takiego procesu nie musi zająć dłużej niż pół godziny. Po kilkunastu razach nie ma mocnego, który nie zauważyłby, że za tymi literami kryją się sensy głębsze niż wyczytywane z nich zwykle moralne wskazania (to jest cacy, a to be).

Nie ma co przy tym oczekiwać spektakularnych fajerwerków, jakichś wielkich objawień. Nad Biblią trzeba się trochę pomęczyć.

Nie będzie to łatwe dla ludzi, którzy przyzwyczajeni do szybkich kęsów wiedzy i emocji, będą oczekiwali, że życie nad kartami Biblii zmieni im się w dwie minuty.

Zasadniczym powodem, dla którego warto to zmaganie podjąć, jest zaś fakt, że tylko w takim kontakcie będziemy w stanie dostrzec nitkę, która splata wszystkie czterdzieści sześć ksiąg Starego i dwadzieścia siedem Nowego Testamentu (taki jest katolicki - bardzo szeroki - kanon, inni mają intuicję, że tych ksiąg może być mniej lub więcej – jak w Kościele etiopskim). Te wszystkie wątki spina w sobie Jezus, którego Pismo nazywa też czasem Logosem, a więc po polsku Słowem. Nie chodzi o to, by za wszelką cenę starać się teraz udowodnić naszym braciom Żydom, że gdy Deutero-Izajasz mówi o „słudze Jahwe", który ma wyzwolić Izraela przez swoją śmierć i cierpienie, z całą pewnością chodzi tu o Jezusa. Znacznie cenniejsze jest odkrycie, że choć z imienia pojawia się on dopiero w Ewangeliach, jego Duch, to coś, czego nie da się uchwycić, ale co dwie znające się osoby momentalnie identyfikują jako ślad tej drugiej strony odciśnięty w sytuacji, w rozmowie, w śmiechu czy we łzach, jest w każdej poprzedniej księdze. Że dopiero gdy poznajemy jego imię w Nowym Testamencie, zdobywamy szyfr do piwnicy Starego Testamentu, bez którego nasz budynek wisiałby w powietrzu. Że Bóg objawia się nam nie od dwóch tysięcy lat, ale od samego początku świata, a Nowy Testament jest po prostu ostatecznym dopełnieniem Starego. I że ta żywa miarka, do której możemy przykładać nasze życie, to niewyczerpane i zawsze zaskakujące źródełko, to jest już koniec, kropka i granica. Można zaklinać chmury, niebo i aniołów, można prosić Boga, by nam się objawił i dał w ten sposób zarobić parę złotych na robionych dla pielgrzymów pamiątkach, ale prawda jest twarda i powtarzamy ją w tej książce jak mantrę: żadnego innego objawienia – wbrew temu, co mówią nam zaczepiający nas na ulicach bardzo przyjemni mormoni czy świadkowie Jehowy – nie było, nie ma i aż do końca świata nie będzie.

Poradnik

Biblia jest księgą, w której opisano nie tylko starych królów i neurotycznych proroków. Tam jest też i twój życiorys. Każdy ma swój własny, osobisty, specjalnie dla niego pisany fragment w Biblii. Warto tak długo czytać Księgę, aż się go znajdzie, poczuje to duchowe *déjà vu*. Człowiek ma wtedy wrażenie, jakby z tym fragmentem Pisma w pięści przyszedł na ten świat, jakby wreszcie znalazł drugą połówkę banknotu. Co najciekawsze – sprawdzałem na swoim własnym fragmencie, wyznam tylko, że jednak ze Starego Testamentu – miarą prawdziwości naszego połączenia z danym cytatem jest to, że za każdym razem świeci on tak samo, daje tę samą pewność, iż to jest podręcznik również do naszego życia.

W niektórych kościelnych kręgach popularne jest też – po krótkiej modlitwie – otwieranie Pisma na chybił trafił i traktowanie fragmentu, na który padnie nasz wzrok, jak przepisanego nam na tę chwilę proroctwa. Pytanie, co myśleć, gdy modlimy się na przykład o mądrość w postępowaniu z trudnym kredytem, a trafimy na przepisy dotyczące szlachtowania zwierząt albo surowe zalecenie, by „nie wiązać się ze śpiewaczką". Osobiście nie lubię takiego wymuszania na Panu Bogu zeznań. Zawsze gdy próbuję Go „przycisnąć", mam wrażenie że On natychmiast milknie, a ja słyszę tylko coraz bardziej rozgorączkowanego siebie. Najwięcej korzyści przynosi modlitwa, w której pozwala Mu się działać tak, jak On sam chce, żadne litanie nie działają tak, jak stanie przed Nim w ciszy z pustymi rękami. Gdy uzna za stosowne, podsunie nam też fragment z Pisma. Ładnych parę lat temu, gdy wychodziłem z jednego z warszawskich kościołów z krótkiej adoracji, zaczepiła mnie nieznajoma pani, przepraszając i mówiąc, że też się właśnie modliła i poczuła przemożną chęć, by przeczytać mi jedno zdanie z Ewangelii Jana. Przeczytała i jeszcze raz przepraszając, odeszła. „Człowiek nie może otrzymać nic, co by mu nie było dane z nieba". Nie potrzebuję bawić się w biblijnego totolotka, od tych kilku lat codziennie przymierzam to zdanie do mojego życia i mam poczucie, że wniosków nie przestanę generować do śmierci.

Stary Testament pokazuje Boga mówiącego tylko do Żydów, w Nowym narodem wybranym jest już cały świat. Kłopot w tym, że odkąd Bóg powiedział nam, iż wszyscy jesteśmy wybrani, stało się to dla nas wezwaniem do wszystkich i do nikogo. To interesujące ćwiczenie: choć na chwilę odnowić w sobie dumę z tego, że jest się wybranym przez Boga, wrócić do ćwiczenia proponowanego, gdy mówiliśmy o stworzeniu świata – określić swoją własną tożsamość, niczym Żydzi dokładnie wiedzieć, kim się nie jest, by następnie ustalić, kim się jest.

Jeśli jesteś zdrowy psychicznie i nie należysz do fanklubu filmów *Rambo 1 – Rambo 8*, z całą pewnością, czytając Biblię, musisz zadać sobie w końcu pytanie: dlaczego Bóg tak bardzo lubi krew? Dlaczego domaga się przelewania hektolitrów płynów ustrojowych biednych zwierząt jako przebłagania za grzechy Żydów, dlaczego później będzie domagał się krwi swojego Syna, a dopiero gdy ona popłynie, będzie można zbawić świat? To nie tak. Absolutnie każdym, najdrobniejszym nawet grzechem, jaki popełniasz na tej ziemi, kaleczysz ją, zaczyna z niej płynąć krew – uchodzi z niej życie. Ktoś musi dać swoją krew, by utrzymać na tym świecie hemostazę (czyli bezpieczny dla ustroju poziom krwi). Mordowane zwierzęta miały być substytutem tych, których trzeba by zamordować, żeby rachunek się zgadzał. Wreszcie na świat przychodzi Jezus, który wyzwala nas od logiki „krew za krew". Jego krew, krew Boga, który stworzył świat, wystarczy za całą krew, którą trzeba by utoczyć ludzkości, żeby stało się zadość elementarnym prawom fizyki tej ziemi, głoszącym, że akcja równa się reakcji i nie da się inaczej. Dlaczego Bóg stworzył świat podlegający takim prawom? To nie Bóg, to człowiek przez swój „twórczy" bunt zrezygnował z ochrony, odłączył się od Stwórcy i postanowił sam powalczyć z bezwzględnymi dla wszystkich po równo chemią i fizyką.

(Do)czytania

Przede wszystkim – *Biblia. Pismo Święte Starego i Nowego Testamentu* (na przykład Poznań 2003). Najbardziej popularne w Kościele katolickim tłumaczenie, to tak zwana Biblia Tysiąclecia. Jeśli masz ochotę na więcej – kup polskie wydanie Biblii Jerozolimskiej, to Biblia Tysiąclecia z nieco lepszymi komentarzami. Uwaga: przerwa na reklamę. Na ulicy Marszałkowskiej w Warszawie działa prowadzony przez Towarzystwo Biblijne najlepszy w Polsce biblijny sklep, gdzie znajdziesz wszystkie możliwe przekłady Biblii na polski i na inne języki, Biblie kieszonkowe, podróżne i biblijne gadżety. W sieci działa zaś od niedawna prowadzony przez filologów klasycznych serwis babelnet.pl, gdzie można przekonać się, ile sensów kryje się pod oklepanymi już na sto sposobów tekstami mszalnych czytań.

Karen Armstrong, *Biblia. Biografia* (tłum. A. Dzierzgowska, Warszawa 2009) – kilka obrazów, które zostają w pamięci, jak choćby ten cytat (połączenie Armstrong i świętego Grzegorza Wielkiego): „Dosłowny tekst jest jak płaski teren otoczony górami, które symbolizują duchowe znaczenia, mogące zaprowadzić nas poza zniszczone ludzkie słowa". Armstrong trafnie zauważa, że spora część kłopotów, jakie dziś ludzie mają ze wsłuchiwaniem się w Biblię, bierze się z tego, że żyjemy w czasach, w których mamy skłonność, by oczekiwać szybkich odpowiedzi na bardzo złożone pytania, a dwuminutowy telewizyjny „wywiad z ekspertem" jest podstawowym źródłem wiedzy i metodą poznawania świata. „Już w czasach biblijnych – pisze Armstrong – obawiano się, że spisane słowo może prowadzić do powstania płytkiej, powierzchownej wiedzy, w epoce mediów elektronicznych, gdy ludzie przyzwyczajają się, że prawdę można znaleźć za naciśnięciem myszki, to zagrożenie z pewnością wzrasta".

Zenon Ziółkowski, *Najtrudniejsze stronice Starego Testamentu* (Warszawa 2004) – solidna firma, rzetelna biblijna wiedza w pytaniach i odpowiedziach (pytania może ciut za bardzo wystudiowane, ale co tam). Ziółkowski zwraca między innymi uwagę na arcyciekawą rzecz – Biblia proponuje rewolucję, gdy idzie o sposób patrzenia na historię. Większość ludów, które otaczały Izraela (czasem i sam Naród Wybrany, przecież Kohelet mówi, że „to, co było, jest tym, co będzie"), widziało czas jako koło, beznadziejnie powtarzalny cykl wiecznych powrotów, z którego nie sposób się wydostać. To Biblia, księga – jak pisze Ziółkowski – małego narodu, zajmującego niewielki kraik w cieniu wielkich potęg politycznych, jako pierwsza zaczyna opisywać historię tak, jakby miała ona jakiś sens, jakby do czegoś zmierzała. Przymierza, które Bóg zawiera z Izraelem, przebijają się przez „kolistość" czasu, pokazując, że był punkt wyjścia i będzie punkt dojścia, jest cel.

Ks. Grzegorz Strzelczyk w doskonałej książce *Teraz Jezus* (Warszawa 2007), z której korzystałem przeobficie, pisze, że nie można być chrześcijaninem, nie znając Starego Testamentu. „Dla chrześcijan odczytywanie obrazu Chrystusa w perspektywie Starego Testamentu nie jest ekstrawagancką opcją, z której można zrezygnować bez większych strat – jak z drewnianej kierownicy w nowym samochodzie. Ignorując Stary Testament, tracimy coś więcej niż tylko subtelny komfort jazdy. Pomijając Stare Przymierze, trudno dostrzec świeżość i właściwy sens Nowego. Nie znając obietnicy, trudno cieszyć się z jej wypełnienia".

[Cichosza]

– mistyk radzi: *tisze jediesz, dalsze budiesz*

Po niewielkiej rozgrzewce, próbującej ogarnąć kilka tysięcy lat wzajemnych relacji człowieka z Bogiem, warto postawić pytanie fundamentalne: czy w ogóle powinniśmy o Nim mówić? Za moją odpowiedź niech wystarczy westchnienie ulgi, które wydaję na myśl, że ta książka zbliża się do końca.

Snuciu tej opowieści towarzyszyły niemożliwe do oddania w druku, pełne egzystencjalnego zażenowania chrząknięcia, kłopotliwie oglądanie się za siebie. Wiele lat temu, a kilka miesięcy po tym, jak rozpocząłem pracę w największym polskim dzienniku, poproszono mnie, bym w trybie awaryjnym oprowadził po redakcji licealną wycieczkę. Pamiętam palące uczucie, które towarzyszyło mi, gdy niczym stary szyper opowiadałem o morskich wyprawach publiczności niemającej pojęcia, że obcuje z majtkiem. Kiedy na horyzoncie pojawiał się ktoś ze starszych kolegów, ściszałem głos, wstydliwie spuszczając wzrok. Dziś wiem już, że jeśli idzie o rozmowę o Bogu, koszmarne zakłopotanie będzie mi towarzyszyć już zawsze. Na dwa rozdziały przed rozstaniem podam więc kilka namiarów na mistyków i świętych, którzy też pewnie nie powiedzą wszystkiego, ale zęby zjedli na światach, o których przeciętnie wierzący nie mają zielonego pojęcia (bo sami mieć nie chcą).

Mistyków, nie teologów (choć zgodnie z definicją obowiązującą w prawosławiu tylko mistyk jest teologiem). Im głębiej zanurzam się bowiem w debatach mędrców rozbierających Boga na czynniki pierwsze i sprawdzających, czy umieją złożyć Go z powrotem (niektórzy nie próbują, oni już na wejściu wiedzą, że chcą zrobić tylko sekcję zwłok), im częściej czytam wielotomowe dzieła dociekające, czy Jezus był feministą, czy może nosił karabin, tym bardziej paraliżuje mnie wrażenie, że Wcielenie Boga (podobnie jak wszystkie prowadzącego do niego akcje z Abrahamem czy Mojżeszem) dało ludziom idealny pretekst, by zrobili sobie zeń choinkę. Którą, gdy rosła w lesie, zajęci swoimi sprawami, mijaliśmy bez słowa, gdy zaś mamy ją w domu, przycinamy, obwieszamy, złocimy tak, by pasowała do zasłon i do mebli, by przydała życiu odrobiny szlachetnego nastroju.

Nie chodzi o to, by jakąś część teologicznych rozważań wysyłać do kosza, negować. Mam jednak pewność (a może i po tym, co dotąd tu przeczytali, zyskają ją i czytelnicy), że nasz duchowy reaktor będzie działał prawidłowo tylko wtedy, gdy raz na jakiś czas rdzeń teologii katafatycznej, mówiącej, że Boga da się opisać mniej czy bardziej dokładnie naszymi ludzkimi pojęciami, będzie chłodzony kąpielą w podejściu apofatycznym, zakładającym, że istoty Boga nie imają się żadne ludzkie słowa. Po kilkunastu rozdziałach próbujących opowiedzieć, jak Bóg działa, skąd się wziął i jaki jest, najchętniej dla przeciwwagi zwiałbym więc czym prędzej na chrześcijański Wschód. Gdzie za toczenie debat o Jezusie jako pionierze społecznej rewolucji można dostać po głowie, ale gdzie wciąż pamięta się o tym, że Boga nigdy, przenigdy nie pojmiemy naszymi ludzkimi siłami. I najmądrzejsze, co możemy zrobić, to po prostu Go kontemplować.

Na Wschodzie ocalał zatracony dawno na Zachodzie teologiczny „naturalizm". Świadomość, że to oczywista oczywistość, iż człowiek nigdy Panu Bogu do pięt nie będzie mógł dorość, jeśli chce myśleć – może myśleć, ale powinien to robić na kolanach. Człowiek Zachodu, słysząc takie *dictum*, zaraz wezwie policję i powoła się na swoje przyrodzone prawa, ludzką godność. Uzna to za upokarzanie, zacofane, aintelektualne, nieweryfikowalne, a więc niewarte uwagi i na dodatek podszyte jakąś dziwną wyższością wobec człowieka ustawianie sprawy. Rozkręcony, rozbiegany mózg chce paszy, pragnie mleć i przerabiać na chleb słów kolejne ważkie argumenty. Każdemu adeptowi spraw duchowych życzę, by choć raz w życiu wybrał się na górę Atos, na którą pielgrzymują dziś w poszukiwaniu *sacrum* nieco zblazowani biznesmeni. I pogadał o tym z mnichem. Nieco obcesowo każe wam się zamknąć i wziąć do pracy, więcej o Bogu dowiecie się, pieląc marchew, którą stworzył, niż z jałowych dociekań. Wyjaśni wam, że Bóg nie jest „Najwyższym Bytem", jak czasem nazywamy Go w Kościele, ponieważ jest „nadistotowy" i „nadistniejący". „Jeśli wszystko inne jest bytem, Bóg nie jest bytem" – napisał tak mocno, że aż do bólu, wschodni święty Grzegorz Palamas. To, co możemy robić (uwaga, za chwilę jedno z tych określeń, przy których po raz kolejny zagra czynnik teologicznego „WOW!"), to przyjmować z wdzięcznością zstępujące od Niego ku nam „niestworzone, Boże energie". Dzięki którym zaistniała marchewka.

Jest coś brutalnego, ale i niezwykle nęcącego w tym podejściu, które zwraca Bogu Jego tajemnicę. Ludźmi, którzy położyli teoretyczne podwaliny pod takie myślenie, byli żyjący w IV wieku tak zwani Ojcowie Kapadoccy, czyli święci bracia Bazyli Wielki, Grzegorz z Nyssy oraz ich kolega, święty Grzegorz z Nazjanzu (Bazyli z pierwszym Grzegorzem mieli jeszcze siostrę, Makrynę, dziewczynę tak skromną, pobożną i wdrażająca w życie chrześcijańskie zasady, na przykład w dziedzinie stosunku do niewolników, że też została uznana za świętą). Grzegorz z Nyssy w dziele *Życie Mojżesza*, analizując przygody wielkiego patriarchy, pokazuje, jak odkrywa on, że Bóg nie jest ciemnością, ale nie jest też światłem! Po kilku kilometrach tej drogi zmysły, podstawowe narzędzie, którym poznajemy świat, możemy zostawić na poboczu. Bóg „przekracza wszelkie poznanie, otoczony ze wszystkich stron niemożliwością zrozumienia jak ciemnym obłokiem", „Boga widzi się przez niewidzenie". Inny wielki pisarz tamtych czasów, nazywany Pseudo-Dionizym Areopagitą (bo podawał się za jednego z tych, którzy słuchali słynnej przemowy świętego Pawła na ateńskim Areopagu), sugerował, że jeśli już musimy mówić o Bogu, powinniśmy mówić, że jest zarazem „dobry" i „nie- dobry", „sprawiedliwy" i „nie-sprawiedliwy", a takie rozważanie prowadzi nas w „ciemność ponad intelektem".

Chcesz dotknąć Boga? Przestań dumać nad tym, co widzisz, co czujesz (apofatyk powie ci wręcz, że nie czując, czujesz bardziej prawdziwie, niż gdybyś czuł). Wyrzuć zmysły, słowa, piękne metafory, wszystkie tkwiące w każdym z nas od pierwszej katechezy wyobrażenia „boziulki". Były przydatne na podejściu, nie bierz ich jednak, gdy wyruszasz na górską ścianę, mogą ściągnąć cię na dół. Co zrobisz, gdy przywiązany do wizji Boga z semicką brodą albo takiego, który mówi cichym głosem, przekonasz się, że jego twarz i to, co słyszysz, niczego ci nie przypomina? Czytałem wyznania fizyka zauroczonego tym, że Boga porównuje się ze światłem. Ileż możliwych interpretacji! Gdy przedmiot zbliża się do prędkości światła, upływ czasu zwalnia, a gdy ją osiągnie – czas przestaje płynąć. Metafora wystarczy nam jednak do chwili, gdy okaże się, że w jakiejś nieznanej jeszcze galaktyce coś porusza się szybciej niż światło... Co zrobić? Unieważnić całą podpierającą się takim wyobrażeniem teologię?

A takich poznawczych podpórek nazbierało się przez lata mnóstwo. Ich naprawdę wybitnym producentem był choćby żyjący trochę ponad sto lat przed Grzegorzem i spółką Orygenes. Skończony geniusz, w niektórych kręgach znany głównie dzięki wrednej plotce Euzebiusza z Cezarei głoszącej, że z powodu swego zbyt dosłownego czytania Pisma (sugerującego, by odciąć członki, które są powodem grzechu) dał się w młodości wykastrować. Ten naprawdę retorycznie „jechał po całości", tłumacząc (wspominałem już o tym), że całe życie człowieka jest w istocie powrotem do jasno oświetlonego domu, w którym był już kiedyś mieszkał. Przed stworzeniem nasze dusze istniały szczęśliwe w Bogu, dziś wtłoczone w ciało muszą pobłąkać się troszkę po ziemi, ale później znów „wstępować" będą, by roztopić się kompletnie w Bożym świetle. Orygenesa nazywa się „mistykiem światła", tyle w jego pisaniu ekspresji, pasji, nawiązań do sfery erotycznej człowieka (asceza pozwoliła mu „ocalić" język namiętności do wyższych celów). „Bolesną namiętność" przypisuje też samemu Bogu, komentując zaś najbardziej erotyczny fragment Pisma – księgę Pieśni nad Pieśniami – malowniczo opisuje swoje stany. Pisze, jak ugodził go „czarujący pocisk", jak nie jest w stanie wzdychać ani pragnąć niczego innego niż Boga, czuje się chory, „ranny z miłości". Orygenesa wzięli dziś na warsztat profesjonaliści od psycho- i seksuologii, dopatrując się w jego słowach konkretnych rozmiarów nerwicy. A może, skoro nie ma właściwego do tego języka, niech każdy – nawet najbardziej nieporadnie – opisuje to prostu, jak chce? Wielka filozofka (i ekscentryczka) Simon Weil zanotowała, że „kiedy ktoś zarzuca mistykom, że kochają Boga za pomocą zdolności do miłości seksualnej, to jakby wyrzucał malarzowi, iż tworzy obrazy z farb składających się z substancji naturalnych".

Ciekawym miksem i rozwinięciem Orygenesa oraz Ojców Kapadockich będzie myśl świętego Augustyna, który z jednej strony pisze w *Wyznaniach* o swoim kontakcie z Bogiem tak, że aż ciarki przechodzą po krzyżu, z drugiej tłumaczy, że „jeśli pojmujesz Boga, to już nie jest Bóg". Nie odbędziemy z Nim raczej nastoletniej randki, gdy dwie rozpalone emocjami osoby nie wiedzą już same, gdzie jedna się kończy, a druga zaczyna, nie grozi nam też przerażający opis małżeństwa z twórczości Boya-Żeleńskiego: „dwie dusze w jednym ciele, flaki w niedzielę". Powtarzany setki razy cytat z Augustyna: „Niespokojne jest serce moje, dopóki nie spocznie w Tobie", nie oznacza, że człowiek ma stracić w zetknięciu z Bogiem tożsamość, a Bóg transcendencję i poznawczą niedostępność. Mistyka nie polega na tym, by zrezygnować z siebie, ale na tym, by z siebie wyjść, przekroczyć ograniczenia.

Zamknąć oczy na to, co widzimy na zewnątrz, uruchomić tkwiący w nas, być może nigdy nieużywany, wzrok wewnętrzny. W mistyce – powtórzę – wbrew temu, co się powszechnie sądzi, wcale nie chodzi o emocje. Ekstaza to nie „odlot", ale wyjście ze swojego kokonu, otwarcie na inny byt. Mistycy to ludzie, którzy zostawiają wszystko, czym posługuje się człowiek – uczone księgi, zmysły, cały swój poznawczy aparat – i prują do Boga na skróty. Ich mózg nie szuka już argumentów, serce jakichkolwiek podniet. Oba te organy pozostają w stanie poznawczego szoku, uniesienia. Człowiek, który z ziemi trafia na chwilę w świat bez wymiarów, gdy wraca, jest pobudzony, to jasne, kto by nie był? Nie ma jednak słów zdolnych opisać zmianę, która w nim zaszła, gdy całym sobą przekonał się, że jest coś jeszcze, jakiś inny świat.

Tezy posiane w starożytności zaczynają ciekawie owocować w średniowieczu. Na gruncie przygotowanym przez Orygenesa (między innymi, bo przecież nie tylko przez niego) wyrasta słynny niemiecki dominikanin, żyjący w XIII wieku Mistrz Eckhart. Z jednej strony pisze on, że „Bóg wznosi się ponad byt tak wysoko, jak anioł nad komara", z drugiej – w nim też jest tyle pasji, pragnienia namiętności, że także bierze dosłownie fragment Pisma mówiący, że „Bóg wybrał nas sobie przed założeniem świata", i głosi, iż przed stworzeniem byliśmy myślami Boga, a po śmierci na powrót się w Nim rozpłyniemy. Ta myśl jest taka cudowna, pozytywna, dowartościowująca. Musi być jednak trzymana w ryzach – bo *primo*: nie możemy się w Bogu „rozpłynąć" (On jest nieskończonym Ty, ja – skończonym ja, te dwie tożsamości nigdy nie zleją się w jedno – może pogrążą się w perychorezie, swoistym tańcu bez wzajemnego przenikania), *secundo*: ten powrót będzie jednak powrotem z jakimś żniwem, a nie prostym zatoczeniem pętli (gdyby na początku i na końcu z automatu miałoby być dokładnie to samo, jaki sens miałoby nasze ziemskie życie?). W tym samym czasie mistycy wschodniego Kościoła (bo w 1054 roku podzielił się on na dwie części) proponują nam zaś hezychazm, modlitwę spokoju i milczenia. Pokazują, jak w praktyce wyłączyć swoje zmysły, zamiast pędzić za tajemnicą, otworzyć się na nią, zamiast biec do nieba, dać się tam po prostu porwać (tak powstała „modlitwa Jezusowa" – zwyczaj powtarzania setki razy dziennie krótkiego wezwania: „Panie, Jezu Chryste, Synu Boga Żywego, zmiłuj się nade mną grzesznikiem", doprowadzania do sytuacji, w której modlitwa staje się sprzężona z oddechem).

Niesamowitą szkołę tego, czym może być mistyka, dała żyjąca w XVI wieku święta Teresa Wielka wraz ze swoim młodszym kolegą, świętym Janem od Krzyża. Oboje to twórcy tak zwanej duchowości karmelitańskiej. Teresa była cudownie konkretną kobietą, która nie miała w zwyczaju patyczkować się ani z Panem Bogiem, ani ze sobą, ani ze współsiostrami (a książki – niedościgły ideał – pisała w dwa miesiące, nie czytając i nie redagując niczego, i nie przejmując się, że myśl zmieniła jej się w trakcie opowieści). W jej pracach aż kipi od hiszpańskiego temperamentu, jest też jednak precyzyjnie opisana droga stopniowego oczyszczania religijności i wiary z przywiązań, interesów, własnej pychy, zmysłów, aż przychodzi moment, gdy człowiek widzi, że nic już nie musi robić, bo prostu z Nim jest. Teresa porównuje te dwa etapy do zbiornika zasilanego w wodę przez pracowitą plątaninę wodociągów i takiego, który buduje się wprost na źródle. Mistyka nie polega więc na tym, że mam zanegować siebie. Mam jedynie otrząsnąć się z całej ziemskiej biżuterii krępującej mi ruchy. Dotrzeć do punktu, w którym zaistnieję w czystej postaci, wolny od wszelkich wpływów, konieczności, wyobrażeń i bożków (również tych, których z zaciśniętymi powiekami sam sobie w głowie rysuję, by mieć poczucie, że wiem, do kogo chcę się modlić).

Żeby jednak dojść do miejsca, w którym nie potrzeba żadnych dróg, trzeba ruszyć… właśnie. Ci, którzy do końca świata będą siedzieć w miejscu, mówiąc, że nie mieliby nic przeciwko temu, gdyby Bóg zechciał uprzejmie dowieść im jednak, że jest i że się troszczy, nigdy Go nie spotkają. Tak jak musiał ruszyć się patriarcha Abraham, tak każdy, kto chce spotkać Boga, musi wyjść z tego, w czym poznawczo tkwi, z domu. Musi mieć w sobie decyzję – chcę Cię szukać. Później idziemy powoli. Święta Teresa pisze, że pierwszym etapem w kontaktach z Bogiem jest rozmowa z nim (rozmowa, nie monolog) w myśli, ot, pogawędka z przyjacielem. Po jakimś czasie takiej praktyki widzimy, jak myśli milkną, słowa zaczynają zanikać, jako kolejna znika wyobraźnia, a na końcu pamięć. Przestajesz biegać wokół Pana Boga jak podniecony terier, radośnie znosząc Mu wszystkie zabawki z najdalszych zakamarków mieszkania. Po prostu siedzisz przed Stwórcą wszechświata. Jesteś. Wiesz, że jeśli On ma zadziałać – przepraszam, ale nie mogę się powstrzymać od tego porównania – i zrobić ci przywracającą właściwy rytm serca kardiowersję (zsynchronizowaną defibrylację, nieprawdaż), ty musisz najpierw przestać drgać w swoim własnym rytmie. Mistycy ten stan „świętej bierności" nazywali odpoczynkiem, z tym ze znanych rzeczy najbardziej im się kojarzył. U świętej Teresy były i dodatkowe atrakcje w postaci lewitacji, kosmicznych wizji, nie brakuje jednak mistyków, którzy swoje ekstazy przeżywali „skromniej", jak założyciel jezuitów święty Ignacy Loyola. Po prostu coś takiego im się przytrafiło. Zmieniło całe ich życie, ale nie są w stanie powiedzieć o tym ani słowa więcej.

Ten proces trwa zwykle latami. To nie kurs, który można zaliczyć eksternistycznie albo wręcz kupić stosowne papiery jego ukończenia. Trzeba godzin, dni, lat wysiedzianych, wyklęczanych, wychodzonych przed Bogiem, zbliżania się do płomienia, który powoli wypali wszystko to, co jest zbędne. Z grubsza wygląda to tak, że początkowo siedzisz i „nadajesz" Panu Bogu swe tematy. Gdy robisz to regularnie, wszystko zaczyna dziać się jak w normalnym związku, gdzie ludzie, którzy są ze sobą na co dzień, nie muszą się non stop „update'ować z newsów". Z czasem zaczynasz zauważać, że On jest zupełnie inny, niż ci się dotąd wydawało. Że nie jest interesowny, że chce ci dać wszystko, o co prosisz, rzecz w tym, żebyś ty był na to gotowy. Że nie jest słodką Bozią, która tylko czeka na to, by rzucić Jej się na szyję, że miłość nie oznacza u Niego słodkiego „ciu, ciu, ciu", a bojaźń Boża nie znaczy, że chce, by się Go teraz lękać. Coraz mniej patrzysz, coraz mniej czujesz, coraz większa przepełnia cię świadomość, że On jest i w zasadzie o nic więcej nie musisz już pytać.

Mam przyjaciół, którzy od dwudziestu lat szykują się, by wyjechać do Nowej Zelandii. Badają za i przeciw, podchodzą do formalności, co tydzień czytają newsy, sprawdzają pogodę. Jeśli chcesz, ty też możesz zostać tutaj, żebym dalej karmił cię pojęciami i piętrzył metafory (a mam teraz chęć na esej o tym, w jak cudowny sposób w Bogu miesza się kocia niezależność z psią wiernością i lojalnością). Odłóż tę książkę. Miej w nosie argumenty. Zapytaj siebie, czy masz dostatecznie dużo ciekawości i przekory, by spotkać żywego Boga nawet tam, gdzie czasem trzeba odkopać Go spod masy ludzkich słabości. Jeśli tak – weź Pismo Święte, idź do kościoła. Usiądź i siedź całe życie. Kiedyś się spotkamy, a wtedy opowiesz, jak zabawne było to, co do tej pory miałeś na myśli, kiedy mówiłeś o Sensie.

Poradnik

Chciałem to napisać przy okazji relacjonowania politeistycznych przygód Izraela, chciałem, gdy Mojżesz wchodził w ciemny obłok, chciałem przy Trójcy Świętej, wyrzucę to z siebie teraz, gdy pieczętujemy konstatację: Bóg jest totalnie niepojęty. O mój Boże, jak ja bardzo Ci za to dziękuję! Za każdym razem gdy wchodzę do angielskiej czy amerykańskiej księgarni i kieruję swe kroki do działu Duchowość, mam ochotę paść na kolana i wielbić Cię głośnymi hymnami, kiedy z półki uśmiecha się do mnie dajmy na to Rael, autor kultowej w latach siedemkdziesiątych pozycji *The Message Given To Me By Extra-Terrestrials. They Took Me To Their Planet* (Przesłanie przekazane mi przez Przybyszów spoza Ziemi. Zabrali mnie na swoją planetę). Raelianie (podobno 80 tysięcy wyznawców wciąż rozsianych po świecie) wierzą, że ich szef osobiście spotkał Jezusa, Buddę i Muhammada na owej innej planecie, wyznając też ideologię wolnej miłości oraz – skądinąd całkiem przytomnie – zauważając, że na świecie nie byłoby wojen i zamachów terrorystycznych, gdyby wszyscy chodzili goli. Tego typu artystów mam obecnie w swojej kolekcji około pół setki (może napiszę kiedyś o nich książkę). Jadę do Brazylii, a tam stykam się z wcale nie najgorzej mającym się ruchem Santo Daime, założonym w ubiegłym wieku przez pewnego amazońskiego rolnika, który nauczył się nadużywać halucynogennego napoju ayahuasca i robił to na tyle konsekwentnie, aż zaczęła mu się ukazywać (siedząca na hamaku, w świetle księżyca) Klara, Królowa Lasu. Z trwających lata libacji i towarzyszących im duchowych podróży zrodził się kult, w którym jest i Jezus, i święci, i jakieś dziwne stwory, wszystko razem wymieszane i możliwe do poznania wyłącznie na sakralnym rauszu. Ruch działa dziś (i wygrywa sądowe sprawy w sprawie stosowania narkotyków) i w Holandii, i we Francji, i we Włoszech. Takich ruchów też jestem w stanie wymienić z pięćdziesiąt.

Człowiek zrobi czasem absolutnie wszystko, by mieć Boga na wyciągnięcie ręki. Gdy jednak próbuje, niczym radzieccy piloci za pomocą tlenku srebra, rozpędzić otaczający Go obłok niewiedzy, „na chama" brukać jego boską Autonomię, koniec może być tylko jeden – praw wszechświata się nie zmieni, satysfakcja będzie tylko chwilowa, ostatecznie wszyscy się jednak z nas śmieją, wychodzimy na totalnego głupka.

Gdy popatrzysz na pierwsze wieki chrześcijaństwa z lotu ptaka, zobaczysz moment zakładania ogrodu, w którym setki ogrodników próbują posiać to, co ich zdaniem jest niezbędne, najlepsze, najbardziej odżywcze. Nawzajem się inspirują, chwalą, wyklinają. Tu widać, jak niezwykłym wydarzeniem było przyjście na świat Boga Wcielonego, jak potężnego energetycznego kopa dostał świat, z jaką prędkością zaczął się nagle kręcić. Męczennicy oddają życie, pierwsi mnisi wyruszają na pustynię, o naturę Chrystusa spierają się przekupki. Lubimy myśleć, że Pan Bóg w zasadzie niczego od nas nie chce, jak tylko tego, byśmy byli tu, gdzie jesteśmy, i byli w miarę „dobzi". To były cudowne czasy ludzi, którzy z powagi całej „Panabożej" sfery zdawali sobie sprawę do tego stopnia, że rozumieli, iż to nie tylko emocje i myśli, ale i decyzje – rzucali wszystko i poświęcali jej całe życie.

Prawda jak dzwon brzmi w tym, co jest napisane w Katechizmie: że szukając Boga, najpierw musimy rozejrzeć się po tym, co On stworzył, a patrząc w górę, pamiętać, że gdy mówimy, iż coś jest podobne do Boga, niepodobieństwo zawsze jest jeszcze większe. Teologia apofatyczna wcale nie „wygania Boga do nieba", nie robi z niego Wielkiego Obcego, który kompletnie nie orientuje się w naszych ziemskich sprawach. To, że Ktoś jest od nas Inny, nie oznacza, że musi być Obcy. Ta jedna myśl wystarczy, by wysadzić lodowe góry, którymi ludzkość przez wieki zasłaniała sobie Boga, mówiąc, że Bóg Niepojęty to „nieludzki" Bóg. Szczypta apofatyki pomoże ci też odzwyczaić się trochę od obrazu Bozi oczywistej i znanej, która dzięki Wcieleniu jest na wyciągnięcie ręki. Warto raz na jakiś czas odświeżać w sobie zmysł tajemnicy, przypomnieć sobie na przykład, że Komunia Święta to Ciało Przedwiecznego Boga, a nie duchowy prozac, który możesz łyknąć zawsze, gdy łapie cię dół.

(Do)czytania

- James A. Wiseman OSB, *Historia duchowości chrześcijańskiej* (tłum. A. Wojtasik, Kraków 2009) – przystępna rzecz dla wszystkich, którzy chcą prześledzić zmagania ludzi z Bogiem Innym Niż Im Się Wydaje. Próby odpowiedzi na pytanie, dlaczego właściwie mistycy (i ich egzaltowane kopie w postaci dewotów i dewotek) wciąż odwoływali się do Pieśni nad Pieśniami i skojarzeń z seksem (i czy to sprzężenie zwrotne z piosenkarkami, które ogłaszają, że jest im jak w niebie). Są tu też na przykład szkice o duchowości anglikańskiej (słowo daję, nie miałem pojęcia, czym się odznacza), feministycznej i teologii wyzwolenia. Krótko, zwięźle i na temat.

- Bernard McGinn, *Fundamenty mistyki* (tłum. T. Dekert, Kraków 2009) – obszerny podręcznik o źródłach mistyki zachodniego chrześcijaństwa, o tle greckim, żydowskim i rzymskim, kopalnia detalicznej wiedzy dla bardziej zainteresowanych.

- Grzegorz z Nyssy, *Życie Mojżesza* (tłum. S. Kalinkowski, Kraków 2009) – klasyka, bez obaw, język taki, że można czytać do poduszki. Mój ulubiony fragment – egzegeza tego fragmentu Pisma, w którym mówi się o tym, że Bóg odwrócił się do Mojżesza plecami.

- *Obłok niewiedzy* (tłum. W. Unolt, Poznań 2001) – klasyka klasyki z teologii apofatycznej. Średniowieczne, ale w niczym nieustępujące pismom Grzegorza i pozostałych Kapadocczyków.

[Już za chwileczkę, już za momencik]

– Sąd Ostateczny zacznie się kręcić...

Gdy wyznaczona przez założyciela Świadków Jehowy na 1914 rok data ostatecznego końca świata nie potwierdziła się, Joseph Franklin Rutheford, drugi prezes Towarzystwa Strażnica, z Biblią w ręku dokonał ponownych obliczeń. Podtrzymał w nich roboczą tezę, że proces „zamykania ksiąg czasu i historii" zaczął się już w roku 1874, gdy Jezus rozpoczął podobno w niebie pakowanie się do desantu na ziemię (jedni świadkowie mówią, że przesiadł się na obłok, inni, że po prostu „zwrócił uwagę ku sprawom ziemskim", jeszcze inni, że zaczęła się już wtedy wielka wojna między Chrystusem a Antychrystem, rzecz jasna wszystko niewidzialne). Nowym momentem węzłowym ogłosił jednak rok 1925. To wtedy miało rozpocząć się bezpośrednio poprzedzające Sąd Ostateczny tysiącletnie królestwo Jezusa, najpierw z mnóstwem apokaliptycznych nieszczęść, później – stopniowym wydoskonalaniem się ziemi. Znakiem początku końca miało być pojawienie się na świecie Abrahama, Izaaka i Jakuba oraz zmartwychwstawaniem wszystkich zmarłych po kolei (temu, jak postępować, by najpierw zmartwychwstali nasi bliscy zmarli, Rutheford poświęcił stosowną broszurę). Żeby znakomici goście mieli gdzie spać, prezes pobudował ze składkowych pieniędzy luksusową willę w San Diego, do garaży wstawił parę nowiutkich cadillaców. Skoro Abraham i spółka się nie pojawili, Rutheford zamieszkał w owym domu sam. Ściągnęło to na niego gromy, Ameryka była po uszy w kryzysie, szybko wytłumaczono sobie jednak, że chodzi o zdrowie przywódcy. Poza tym trzeba być naprawdę małostkowym, by gdy idzie koniec świata, chandryczyć się o marne cztery kółka.

Tym bardziej że korzystał z nich człowiek naprawdę wyjątkowy. Rutheford należał najprawdopodobniej do grona stu czterdziestu czterech tysięcy sprawiedliwych, którzy od wiosny 1918 roku (Pan Bóg jeden raczy wiedzieć, dlaczego właśnie od wtedy) przechodzili w niebie sąd, by następnie dołączyć do Jezusa i stanowić niejako ministrów w Jego tymczasowym, poprzedzającym właściwy koniec świata rządzie. Szacuje się, że na ziemi żyje do tej pory kilka tysięcy takich przebywających jednocześnie w niebie i na ziemi świętych, większość – to chyba oczywiste – z nich w strukturach kierowniczych świadków Jehowy. Zdekonspirują się w pełni, gdy pod koniec tysiącletniego niewidzialnego królowania Jezusa nastąpi ostateczna próba i na ziemię spadnie po raz drugi (bo po raz pierwszy właśnie spada) szatan, który porwie ze sobą znaczną część ludzkości. Ostatecznie zostanie jednak pokonany, a na ziemi mieszkać będzie odtąd garstka kilku milionów tych, którzy sprawnie przejdą poprzedzające *grande finale* testy: trzęsienia ziemi, choroby, klimatyczne komplikacje, wzrost przestępczości, pokusy materialne i duchowe. Do nieba będzie miała wstęp tylko wspomniana już grupa stu czterdziestu czterech tysięcy i nikt więcej.

W każdym z nas jest chyba „mały głód" apokalipsy, bo gdy widzimy coś o końcu świata, rzucamy się do monitora albo do lektury. Nawet jeśli te wieszczby miałyby się nie sprawdzić, wywołują dreszczyk emocji, lawinę pytań, od głupiutkich dociekań przy grillu w sprawie roku 2012 i ilości odnóży mających wtedy przylecieć kosmitów po wznoszące się ponad nierozstrzygalne detale wątpliwości: jak i po co żyć, gdy siekiera końca świata wisi nam nad głową? Nic dziwnego, że grupy takie jak świadkowie Jehowy, którzy na apokaliptyce oparli swoje nauczanie i od drzwi pytają, czy mamy ochotę żyć w ziemskim raju (na niebo szans raczej nie mamy, patrz wyżej), wciąż budzą liczone w setkach tysięcy osób zainteresowanie.

Intuicja w sumie trafna (koniec świata i spotkanie z Panem bardzo blisko), gorzej, gdy wykorzystuje się ją do zbudowania systemu przypominającego dystrybucję tak zwanych miejsc do leżenia w PRL-owskim pociągu. Każdy, kto przed 1989 próbował wykupić kuszetkę, by, dajmy na to, udać się nad morze, wie, z jaką mieszaniną strachu, napięcia, a nawet swoistego emocjonalnego uzależnienia od decydującej o jego być czy nie być kasjerki trzeba było zmierzyć się, by dotrzeć do jelitkowskiego czy usteckiego raju. Emocje rządziły wszystkim, bo na rozum systemu reglamentacji miejscówek nie dało się rozgryźć za Chiny. Miałem w życiu okres, gdy celowo zaczepiałem na ulicy komiwojażerów Dobrej Nowiny, pobierając od nich kilogramy ozdobionych rajskimi pejzażami materiałów (uśmiechnięty pan i pani z uśmiechniętym dzieckiem, prawie że uśmiechniętym lwem, wodospadem, palmą, niebem, światłem), studiowałem teksty źródłowe i opracowania, przyznaję się jednak do intelektualnej porażki, nie jestem w stanie spiąć ze sobą wszystkich podawanych (i po drodze gęsto zmienianych) danych. Pogubiłem się kompletnie choćby w tym, kiedy tak naprawdę w całym opisanym tu systemie nastąpi zmartwychwstanie (podobno rozpoczęło się już – choć w „ciałach niebieskich"; ciekawostka: czy niepoprawnie niesprawiedliwi – w tym duchowni katoliccy – nie mają szans na zmartwychwstanie)? Ile potrwa Sąd Ostateczny i czy będzie jeden, czy też będzie ich kilka (bo podobno mają być dwa – jeden „szybki" na wstępie, a później drugi – trwający przez całe millennium)? Czy zagłada Wielkiego Babilonu (chyba chodzi o chrześcijaństwo) będzie wstępem do Armagedonu i jak ma się on do początku millennium? Próbowałem pytać o to wszystko ulicznych ewangelizatorów. Czerwienieli, cmokali, powtarzali: „Widzimy, że jest pan szerzej zainteresowany, zapraszamy na spotkanie z kolegą, który w tych tematach bardziej...". Zapewniali, że wycofali się już z wyznaczania sztywnych dat. I jak tu wyszykować się na koniec świata, skoro nawet jego naczelni akwizytorzy nie mają zbyt wielkiego pojęcia o terminach?

Podobnych wrażeń dostarcza próba prześledzenia eschatologii (nauce o rzeczach ostatecznych) w wydaniu Adwentystów Dnia Siódmego. Z ich publikacji można się dowiedzieć, że czasy ostateczne rozpoczęły się wraz ze słynnym wielkim trzęsieniem ziemi w Lizbonie w 1755 roku. Zaliczyliśmy już odtąd niemal wszystkie opisane w Apokalipsie świętego Jana (traktowanej w tego typu denominacjach niczym literalna „instrukcja końca świata") punkty. Mamy wzrost rozpusty i psucie ziemi przez człowieka i wojny, spełniliśmy nawet kryteria pozytywne – rozwój technologiczny i gospodarczy oraz wzrost wysiłków na rzecz pojednania na ziemi (niektórzy adwentyści widzą tu pozytywną rolę ONZ, którą z kolei niektórzy świadkowie Jehowy uznają za Babilon i wcielenie szatana). Co do tego, kiedy nastąpi koniec świata, jasności nie ma, choć wiadomo, że nie mógł on nastąpić przed rokiem 1844 (darujemy sobie tłumaczenie dlaczego), a właśnie wtedy zaczął się w niebie proces śledczy, podczas którego Chrystus bada uczynki każdego człowieka. Gdy tylko skończy, zaraz do nas wróci. Przyjdzie na obłoku, ale będzie na nim siedział, dopóki na ziemi nie zbiorą się wszyscy sprawiedliwi (jak będą podróżować i czy nie przeszkodzi im w tym obłok, niczym wulkaniczna chmura z islandzkiego Eyjafjallajökull, nie wiadomo). Obłok ma się pojawić na wschodzie i początkowo być wielkości połowy ludzkiej dłoni, później będzie blask, zabrzmi trąba oraz wydawany przez Chrystusa okrzyk. Cały ten spektakl będzie trwał siedem i pół dnia, towarzyszyć mu będzie nadejście ostatniej apokaliptycznej plagi, później Jezus stoczy bitwę ze Złem (tu z kolei będzie trzęsienie ziemi i grad), wskrzesi sprawiedliwych, po czym – po tysiącu lat – znów wróci na ziemię (po raz trzeci) i dokona ostatecznego sądu nad ludźmi i aniołami. Nad naszymi głowami będzie się wtedy przesuwał ruchomy fotoplastykon z obrazami wszystkich grzechów, ludzie zwiedzeni przez szatana będą chcieli zaatakować Święte Miasto, ale Chrystus eksterminuje ich wszystkich przez spalenie. Tu uwaga: wśród adwentystów nie ma zgodnego stanowiska, w której grupie znajdą się przez jednych chwaleni, przez drugich uważani nieomal za satanistów tacy jak my, prości, nieuczeni katolicy. Uff...

Można śmiać się z przypominających opowiadania w „Nowej Fantastyce" albo scenariusz gry na Play Station 3 wizji apokaliptycznych kaznodziejów, można z uśmiechem politowania czytać kazania naszych własnych (odgłos bicia w piersi) katolickich mistrzów słowa, którzy w średniowieczu czy w XVI wieku kreślili jeszcze bardziej „mięsne" wizje albo wyliczali daty końca świata, stosując ulubiony przez apokaliptyków przelicznik rodem z Listu świętego Piotra („jeden dzień u Pana jest jak tysiąc lat, a tysiąc lat jak jeden dzień"). Oni błądzą z nadmiaru, my za to przymieramy głodem. Nasi księża dziś mają mnóstwo do powiedzenia o sprawach bieżących, o pożądanej mechanice życiowych wyborów modelowego chrześcijanina. Jesteśmy mistrzami świata w rozkminianiu na czynniki etyki seksualnej, społecznej, sporów o moralność duchowieństwa. Gdy przychodzi jednak do rozmowy o tym, co przed nami, a co *de facto* już w naszym życiu się staje (chrześcijanin nie robi nic w czasie teraźniejszym, co nie tworzyłoby jego czasu przyszłego), nabieramy wody w usta. Słucham mniej więcej dwustu kazań w roku, przez dwadzieścia już zgoła lat świadomego życia w Kościele nie słyszałem dobrego kazania o paruzji (powtórnym przyjściu Jezusa), o zmartwychwstaniu ciała, o Sądzie Ostatecznym, czegokolwiek odmiennego od literalnego powtórzenia bezpiecznych formułek z katechizmu. Na moje molestowania znajomi duchowni odpowiadają ludowymi mądrościami w gatunku: mówimy o tym, na co mamy wpływ, a nic nam po tym, na co wpływu nie mamy. Ewangelia mówi, że nawet Syn nie zna godziny końca świata, tylko Ojciec, po co mieszać się więc w sprawy tak wysokie? Pan Bóg przyjdzie, kiedy będzie chciał, nic nam do tego, koniec, kropka.

Po pierwsze – Syn zna godzinę końca świata, bo jest Bogiem (wyjaśniałem to już w stosownym rozdziale). Poza tym – na logikę – nikt nie może znać „daty końca świata", ponieważ koniec świata wydarzy się już poza porządkiem, w którym będą obowiązywać jakiekolwiek daty. Po drugie: jak można mówić, że jeśli idzie o sprawy ostateczne – nic nam do tego?! To nie bajki dla pobożnych dzieci, tezy, w które trochę wierzymy, ale bezpieczniej wydaje się nam założyć, że co będzie, to samo życie pokaże. Nasze spotkanie z Bogiem wreszcie bez zasłon, obrazów, teorii – twarzą w twarz, będzie faktem tak samo „twardym" jak urodziny, Komunia czy wakacje na Mazurach!

Jasne, że my w katolicyzmie wychodzimy z innych pozycji niż świadkowie Jehowy czy adwentyści. Dla nich opowieści o końcu świata to – jak pisze wybitny znawca tematu Zbigniew Danielewicz – czasem nieprawdopodobne „reportaże z przyszłości", my odwrotnie – na podstawie tego, co jest teraz, ostrożnie meblujemy przyszłość doświadczeniami naszej teraźniejszości. Nasza nauka o rzeczach ostatecznych nigdy nie będzie więc pewnie tak spektakularna, nie oznacza to jednak, że może być dla nas mniej bolesną (dla niektórych – przyjemną) szpilką w duszy niż wizja obłoku opuszczającego się przez trzy i pół godziny z głośnym świstem i w rytm sonaty na trąbę.

Nim obudzimy się z ręką w nocniku, warto wyzbyć się logiki „starzy z domu, chata wolna", podpowiadającej, że na razie bawmy się, ile wlezie, a jak Pan Bóg przyjdzie, wtedy będziemy się martwić. Czasy ostateczne to nie żadna przyszłość Kościoła, to się dzieje „już"! I to od pewnego czasu, gdyż zaczęły się one ni mniej, ni więcej, tylko w chwili zmartwychwstania Jezusa Chrystusa. Bóg po prostu objawił już światu wszystko, co miał objawić, wszystkie słowa, znaki, gesty już padły i teraz całe stworzenie czeka na to, aż przyjdzie po raz drugi, by otworzyć nowy rozdział, o którym nikomu z chodzących po tej ziemi się nie śniło.

Kiedy Joan Rowling wydaje nowy tom przygód Harry'ego Pottera, pod księgarniami dniami i nocami stoją spragnione lektury nowych przygód czarodzieja kolejki. Na palcach jednej ręki każdy z nas może policzyć w swoim otoczeniu chrześcijan rzeczywiście przebierających nogami na myśl o tym, „co przygotował Bóg tym, którzy Go miłują". Stratą czasu i atłasu są badania, czy pewnego dnia zobaczymy na niebie wielki krzyż, czy trzęsień ziemi będzie pięć dziennie, czy może siedemnaście na miesiąc (gdy nadejdzie ten dzień, przestaniemy poruszać się w czasoprzestrzennej logice, więc jaki sens ma ustalanie, co będzie najpierw: obłok czy trąba). Pytania o nazwisko Antychrysta też warto sobie odpuścić (i to mimo iż katolicki pisarz Michael O'Brien przewidział, że będzie on prezydentem Unii Europejskiej; Antychrystem ogłosił się też swego czasu wybitny amerykański konstruktor rakiet i silników odrzutowych John Whiteside Parsons). Antychrystów spotykamy wszak codziennie. Przepowiadanych przez Apokalipsę plag już doświadczamy, o czym przekonuje nas każde wydanie wiadomości i każda wizyta w szpitalu. Jesteśmy w samym centrum opisywanej tam walki zła z dobrem, czasów fałszywych mesjaszy, umacniania się świętych przez męczarnie. Czy to znaczy, że mamy łapać za broń, biec do walki z siłami Mordoru? Człowiek czasów ostatecznych to niekoniecznie krzyżowiec, Legolas, detektyw. Zło w końcowym rozrachunku ma moc pokonać tylko sam Bóg. Nam zostawiając w Ewangelii program, który tylko z pozoru (przyzna to każdy, kto zna trochę rozkład ciśnień panujących na tym świecie) jest programem minimum: „Kto wytrwa do końca, ten będzie zbawiony".

Teologowie nie dają jednak za wygraną, rozprowadzając akademickie dylematy: czy koniec świata nastąpi, gdy zepsuje się on tak, że stanie nad przepaścią, czy przeciwnie – gdy rozwinie się tak pozytywnie, że będzie musiał „eksplodować" w kierunku Boga? A może przyjdzie wtedy, gdy do tego dojrzeje Jego Kościół? Zbigniew Danielewicz zwraca uwagę, że nie są to wykluczające się wizje, Jezus sam mówił w przypowieści, że należy pozwolić, by zboże i chwast rosły razem aż do żniwa, gdy odpowiednio się je posegreguje i co trzeba, trafi do spichlerza, a resztę wyśle się do pieca.

Ta reszta sama się zresztą tam uda. O paruzji, powtórnym przyjściu Chrystusa, nie da się mówić w oderwaniu od celu tego przyjścia. Jezus tym razem nie wpada na chwilę, ale przychodzi, by przypieczętować nasz wydany na siebie samych wyrok. Sąd nad każdym z nas z osobna dokonuje się wszak już teraz, nie ma przecież potrzeby teatralnego zapisywania każdego naszego dobra i zła w jakichś księgach, każdy nasz gest zmienia nasz świat, sami sobie gotujemy przyszły los, sąd po śmierci nic nam nie doda ani nie ujmie, będzie tylko wnioskiem z naszej własnej działalności. O sądzie jednak pisaliśmy już dużo gdzie indziej (patrz *Tabletki z krzyżykiem*).

Tu piszemy o ponownym przyjściu Boga – wydarzeniu, na które cała ziemia czeka z utęsknieniem, mam czasem wrażenie, że z wyłączeniem katolików. Pierwsi chrześcijanie, by tak powiedzieć, byli „napędzani" wizją rychłego końca świata, robili Bogu wyrzuty, dopytując, dlaczego się spóźnia? Wiedli życie ludzi na walizkach, przekonani, że to wszystko, co oglądają: mściwi politycy, korupcja, krew, że to wszystko minie, że to tylko zło, którego miara musi się dopełnić – bici po nogach, żyli z głową w innym świecie. I dlatego właśnie to z tamtego czasu mamy tylu świętych, tyle – mimo skrajnych warunków – wcale nie ponurych, ale uśmiechniętych, spełnionych wzorów tego, jak żyć.

Przez dwa tysiące lat osiedliśmy, zapuściliśmy korzenie, a kufry, które nasi przodkowie trzymali wciąż w pogotowiu, rozpakowaliśmy na dobre. Modlitewne wyznanie pierwszych chrześcijan: „*Marana tha*", „Przyjdź, Panie", pełne tęsknoty, wyrywania się ku niebu, w naszych czasach funkcjonuje jako nieco sentymentalna prośba o rozwiązanie bieżących problemów. Tu jest teraz nasz dom, jak więc mamy tęsknić za niebem? Opowieści Jezusa o tym, że jesteśmy „synami światła", a nie świata, traktujemy metaforycznie jako przestrogę, by broń Boże nie ulec światowej rozpuście. Nie o to w nich chodzi! Chodzi o zaznaczenie, że przez chrzest staliśmy się ludźmi „stamtąd", nie „stąd". Ale my wolelibyśmy być stąd. Nie mówimy o niebie, bo boimy się dnia, w którym ktoś skończy nasze *dolce vita*, jacyś aniołowie będą nas ganiać, kazać śpiewać pobożnie nudne pieśni – gdyby wysłać współczesnych katolików na hipnozę i podać im hasło „paruzja", wygenerowaliby pewnie obraz mieszczący w sobie więzienny apel skrzyżowany z chaosem wielkiej przeprowadzki. Geniusz w dziedzinie popularnej eschatologii Peter Kreeft pisał, że współczesnym chrześcijanom

Bóg w niebie jawi się jako Prezes Znudzonych, w najlepszym razie słodka, trochę przygłucha i dobrotliwie niedowidząca „dziadkowa poczciwość".

Zaskoczenie będzie wielkie. Po pierwsze zatka nas i wbije w ziemię świadomość, że Bóg, którego wówczas spotkamy, jest dokładnie tym samym Bogiem, którego spotykaliśmy przez całe życie. Nie pokaże nam się żaden inny Chrystus w armagedonowej wersji 2.0. Nie może być inny niż ten, który przychodzi do nas w czasem upierdliwych bliźnich, którego przyjmujemy w Komunii, nie wierząc zwykle, że jest tam cokolwiek poza jakimś poświęconym opłatkiem. Jezus nie zniknął, nie zamknął okienka, udając się na boską przerwę, a teraz przesiada się na obłok, bo już czas przylecieć. Od dwóch tysięcy lat jest cały czas („Jestem z wami aż do skończenia świata"), słucha, czeka, załatwia za nas miliony różnych spraw. Po drugie – przekonamy się, że rzeczywiście Bóg jest nieskończenie inny od człowieka, że nie ma w Nim cienia rozrachunkowej mentalności wrednego pedagoga, a sąd nie będzie niczym innym niż powiedzeniem całej prawdy o tym, co się na świecie stało, jakie skutki spowodowało *et cetera*. Nikogo nie będzie palił, nie będzie masakrował swych stworzeń (nie stworzył złych ludzi, ludzie stworzyli swoje złe zachowania).

Pytanie – czy czytając to wszystko, nie myślimy sobie czasem: słodkie bajki... Co to za czasy, w których ludzie latają w kosmos, ale zwykły promyk nadziei jest dla jednych obciachem, a dla innych niedosięgłym luksusem... Gdy na ziemię przyjdzie Jezus, przedmiot naszych wątpliwości stanie przed nami w ciele (przecież ciała Jezus po zmartwychwstaniu nie stracił, nie zdjął i nie powiesił na wieszaku po dotarciu do nieba). Gdyby ktoś chciał pytać, co robi teraz Bóg, jedyna sensowna odpowiedź brzmiałaby: czeka na koniec świata. Żeby jak najszybciej życie każdego człowieka i każdej rośliny na ziemi zaczęło wyglądać tak, jak miało to być na samym tej historii początku. Co więc robić, gdy pytają nas, kiedy będzie koniec świata? „Już. Jeszcze nie". To jedyna właściwa odpowiedź. Marnie z nami będzie, jak nie zrobimy z tego programu na życie.

Poradnik

- Danuta Szaflarska, gdy na jakimś spotkaniu życzono jej „sto lat", odpowiedzieć miała: „Chciałabym jeszcze pięć". Szatan od założenia świata wciska człowiekowi kit, otaczając go obłokami rozweselającego gazu: nie ma co myśleć o śmierci, to wszystko będzie później, co się okaże, to się okaże, nie znasz innego siebie, innych światów, na razie dla siebie jesteś wieczny. Z tej hipnozy tylko na krótkie chwile wyciąga nas pogrzeb bliskiego, zima, noc. Ludzie na spowiedzi i na internetowych forach zadają absurdalne pytania: czy koniec świata będzie za ich życia, wypierając myśl, że ich własny koniec świata na sto procent kiedyś ich dopadnie. Jak zmieni się twoje widzenie spraw i ludzi, gdy uświadomisz sobie teraz, że ilość lat, które masz tu do spędzenia, da się wyrazić – jak u Danuty Szaflarskiej – w konkretnych, zwykle niewielkich liczbach?

- Choć powinno to się znaleźć o punkt niżej, nie mogę wprost się powstrzymać już tu: chcesz rady? Rzucaj wszystko i łap się za *Wszystko, co chciałbyś wiedzieć o Niebie… ale nie śniło ci się zapytać* Petera Kreefta (tłum. J. Petry Mroczkowska, Kraków 2010). Kreeft pisze o pewnej odbywanej w akademiku debacie, podczas której uczestnicy odblokowali się i zaczęli zadawać głośno pytania zwykle uznawane za idiotyczne. „Czy mój kot będzie żył w Niebie? Jeśli nie, jak będę tam mógł być szczęśliwy? Jeśli tak, czy będzie jadł kocie jedzenie? Jeśli nie, j a k będzie mógł być szczęśliwy? Jeśli będzie je jadł, skąd ono się tam weźmie? Czy w Niebie będziemy mieć organy płciowe? Jeśli nie, czy będziemy wykastrowani? Jeśli tak, do czego ich będziemy używać, jeśli nie będzie kopulacji?

Jakim językiem będziemy wtedy mówić?

Czy będziemy mogli słuchać IX Symfonii Beethovena?".

To wtedy, gdy Kreeft odkrył, że skoro Bóg stworzył wszystko, wszystko, co przeżywamy na ziemi, każda niby to błahostka ma związek z wiarą, zakochał się w teologii. Dla mnie początkiem (na razie niezwykle nieśmiałego, sztubackiego, pełnego zawstydzonych rumieńców i błędów w liścikach) uczucia do niej była książka Kreefta (chciałbym móc napisać, że *Summa* świętego Tomasza, ale cóż). Kreeft w tej akurat książce (w innych zdarzało mu się odlecieć w tę czy inną stronę lub nieco przesadzić) podrzuca dziesiątki genialnych intuicji. Nie tylko zajmuje się „jutrem", tłumaczy, że w niebie z pewnością wszyscy nie będziemy sobie równi ani – czytając to, poczułem dziwną ulgę, jakby spadała mi z barków obietnica niechcianego awansu – nie będziemy wiedzieć wszystkiego (bo nie przestaniemy być ludźmi). Przypomina też o rzeczach fundamentalnych „na dziś", pokazuje, że rozmowa o sprawach ostatecznych to spekulacje bez znaczenia, pobożne bajeczki. To – kurczę blade, jak to powiedzieć, by zapadło w pamięć – absolutne serce chrześcijaństwa! Ten cytat (w jego pierwszej części pozamieniałbym „żeby było" na „jest", ale to drobiazg) jest tak ważny, że potraktuję go jako osobną poradę.

„To właśnie niebo i piekło dodają smaku chrześcijańskiej wizji życia na ziemi, tak jak gra o wysoką stawkę dodaje smaku grze, wojnie lub zalotom. Piekło jest także częścią tej wizji, szczyt góry jest doceniany z głębi doliny. Żeby zwycięstwo było dramatyczne, musi istnieć możliwość przegranej. Żeby zbawienie było „dobrą nowiną", musi też być „zła nowina", od której będziemy wybawieni. Jeśli wszystkie drogi życia prowadzą do jednego miejsca, nie ma znaczenia, jaką drogę wybierzemy. Ale jeżeli prowadzą do przeciwstawnych miejsc, do nieskończonej szczęśliwości lub nieskończonej niedoli, do niewyobrażalnej chwały lub do niewyobrażalnej tragedii, jeśli drogi ducha są równie rzeczywiste i obiektywnie różne jak drogi ciała i drogi rozumu i jeśli te drogi prowadzą do celów tak rzeczywiście i obiektywnie innych jak dwa różne miasta czy dwa inne matematyczne wyniki – życie jest wówczas sprawą życia-albo-śmierci, ostrzem brzytwy i nasz wybór dróg jest nieskończenie ważny".

(Do)czytania

Falę wielkich upałów i powodzi już mamy, jaki będzie następny z katalogu kataklizmów, które musimy „zmęczyć", nim nadejdzie koniec świata – nieuleczalna choroba, zmiana całej światowej wody w przypominającą krew ciecz, chmura wulkanicznego pyłu – na te i inne fascynujące pytania (na przykład, czy katolik ma o czym gadać ze świadkiem Jehowy) odpowiedzi szuka Zbigniew Danielewicz w książce *W oczekiwaniu na paruzję. Nauka Adwentystów Dnia Siódmego i Świadków Jehowy* (Lublin 1999). Tym, którzy umierają z ciekawości, czy na łonie Abrahama będzie zimno, wypada polecić najpełniejsze kompendium wiedzy o sprawach z granicy czasu i bezczasu – tegoż autora *Traktat o rzeczywistości ostatecznej* (w: *Dogmatyka*, t. 6, Warszawa 2007). Obie rzeczy może nie popularne, ale z pewnością możliwe do przeczytania dla normalnego człowieka, Danielewicz ma niesamowity nos do pysznych ciekawostek (tak jak ta z cadillacami Rutheforda).

Czy Jezus nie przyjdzie, dopóki nie nawrócą się Żydzi, i dlaczego Henoch i Eliasz muszą wcześniej pojawić się w Jerozolimie i dać się tam zabić (oraz czy życie wieczne rzeczywiście zaczyna się w martwocie, bezruchu i ciszy) – skąd takie pomysły na sprawy ostateczne mają prawosławni, można dowiedzieć się z pracy Andrzeja Sarwy *Rzeczy ostateczne człowieka i świata. Eschatologia Kościoła wschodniego* (Łódź 2003), cudownie zaprawionej wschodnią mistyką, dzięki której najbardziej nawet zadziwiających koncepcji nie ma się ochoty dyskutować, lecz od razu padać na kolana i pogrążać się w kontemplacji (mają ci nasi wschodni bracia jakiś dar, by omijając spekulatywny rozum, trafiać wprost w sedno duszy).

Apokalipsa świętego Jana to jedna z najtrudniejszych i najbardziej „zakręconych" ksiąg Biblii, na czynniki pierwsze, wiersz po wierszu i słowo po słowie (nawet z ćwiczeniami na końcu każdego rozdziału), rozbiera ją ksiądz Piotr Ostański w książce *Objawienie Jezusa Chrystusa. Praktyczny komentarz do Apokalipsy* (Ząbki 2005). Zadziwiająco dobrze się czyta, dla chcących ponad wszelką wątpliwość ustalić, o co chodziło z tymi jeźdźcami i czy Jezus sam nie przyjedzie przypadkiem na koniu robić końca świata.

[Na razie...]

– Jerozolima. Pustka po Bogu

Ci, którzy nie wiedzą, jak spotkać Boga, powinni zacząć od lotniczego biletu. Muzułmanie *hadżdż*, czyli pielgrzymkę do Mekki, mają wpisaną w zestaw obowiązkowych rzeczy do zaliczenia przed tym, nim ujrzą Allaha twarzą w twarz. Na tę okoliczność przez całe życie zbierają grosz do grosza nawet najubożsi, ci bogatsi zawiązują specjalne organizacje, by pomóc tym, których na taką wyprawę nie stać. Ich wzorem każdy chrześcijanin obowiązkowo powinien przynajmniej raz w życiu wybrać się do Ziemi Świętej. Nie po to jednak, by włóczyć się w wymęczonej grupie z aparatem na ramieniu i próbować w jak najkrótszym czasie nabyć jak największą ilość sprzedawanych na pęczki w większości chińskiej produkcji różańców (dziesięć euro za pęczek). Tę ziemię trzeba odwiedzić, by własnymi zmysłami dowiedzieć się czegoś niezwykle ważnego o Bogu. W Jerozolimie trzeba być, by dotknąć miejsca, które Bóg opuścił. Poczuć na własnej skórze, że ziemia nigdy nie będzie jak dom. Nie ma już jerozolimskiej Świątyni, Świętego Świętych z zasłoną. Bóg jest u siebie, gdziekolwiek i jakkolwiek to jest. W Jezusie jest z nami w Kościele. W Jerozolimie widać jednak, że faktycznie nie zmienił się ani na jotę od czasów patriarchów, to wciąż ten sam Bóg, który do Eliasza przychodził w postaci nieuchwytnego wiatru. Ten Bóg nie da się zamknąć w posągu, w muzeum, w jakimś najświętszym kamieniu. Jezus nie zostawił po sobie materialnych pamiątek. Nie chce, by Go tropiono, dotykano.

Jeśli nie umiesz znaleźć Go w rozmyślaniach, debatach, kazaniach, poszukaj Go tutaj w pustce. W Jerozolimie, poza pewnikami natury geograficznej – świątynnym wzgórzem i Górą Oliwną, nie ma namacalności, która pozwalałaby wierze zmienić się w twardą wiedzę. Przewodnik wyjaśnia: To z wielkim prawdopodobieństwem Golgota (a w pobliżu Kamień Namaszczenia, różowa płyta, na której zdaniem naukowców nigdy nie leżało ciało Jezusa, ale nie przeszkadza to wiernym pokrywać jej pocałunkami i robić przy niej zdjęć), w tym miejscu pewnie kiedyś był Wieczernik, to mógł być ogród Getsemani. Drogą Krzyżową, którą idzie się w każdy piątek, Jezus pewnie nie szedł, choć przeciskając się wśród szykujących się do święta przekupniów, mógł mieć podobne wrażenia.

Jerozolima to wielka lekcja Boga. Widać w niej choćby to, że jeśli zdecydujesz się na szukanie przyjaźni z Bogiem, na wzmożenie relacji z tobą automatycznie zdecyduje się Zły. On jest zawsze tam, gdzie jest Bóg. Gdy Jezus zjawił się na naszej planecie, wielu w Niego uwierzyło, ich życie zmieniło się w mgnieniu oka, w wielu obudziły się też jednak najgorsze, najbrudniejsze instynkty. Dziś to miasto zbudowane z kamieni, po których chodził Bóg, ma twarz oszpeconą kręcącą się w najlepsze spiralą izraelsko-palestyńskiej wzajemnej nienawiści. Gdy widzę górę Syjon, nie wiem, jak to się dzieje, coś we mnie powtarza słowa psalmu: „Każdy człowiek narodził się na nim" (Ps 87, 4). Dwadzieścia minut marszu i przez plątaninę uliczek dzielnicy chrześcijańskiej i arabskiej docieram do Bazyliki Grobu Pańskiego, która rzeczywiście jest pustym Grobem Pańskim: masz poczucie, że wydarzyło się tam coś niesłychanego, ale grób - jak to grób, jest też pełen - jak pięknie określa to Pismo - wszelkiego plugastwa. Tę świątynię podzielono na co do centymetra wyznaczone sektory sześciu chrześcijańskich wyznań, non stop pilnujących, by nikt nie posprzątał, a co za tym idzie, nie uznał za swój choćby milimetra więcej. Bazylikę codziennie otwiera więc i zamyka bezstronny muzułmanin w towarzystwie izraelskiej policji, po czym przekazuje klucz innemu muzułmaninowi, który występuje w roli depozytariusza. Mnich jednego ze wschodnich Kościołów (przez litość nie wspomnimy którego) jest bramkarzem pilnującym wejścia do samej groty Grobu. Gdy dochodzi do wniosku, że ktoś spędza tam za wiele czasu, wyciąga go „za fraki", nierzadko popierając stek głośno rzucanych wyzwisk konkretnym kopniakiem. Kiedyś zostałem jednak dłużej, by móc lepiej przyjrzeć się działalności wykidajły. Mamrocząc, obchodził grotę Grobu i natknął się na pustą plastikową butelkę. Z wprawą brazylijskiego wirtuoza futbolu kopnął ją na stronę innej denominacji, po czym zaczął drzeć się na tamtejsze siostry, by posprzątały ten bałagan. W 2004 roku jedno z wyznań uznało za obrazę otwarte drzwi do katolickiej kaplicy, wywiązała się bitwa na pięści, kilku mnichów aresztowano. W listopadzie 2008 roku pobili się ze sobą mnisi greccy i ormiańscy. I tak dalej, i tym podobnie. Pewnie do skończenia świata.

W Bazylice Narodzenia Pańskiego w Betlejem klimaty jak z palestyńskiej gospody. Prawosławni przekrzykujący się z katolikami, kto głośniej odprawi mszę i kto tu tak naprawdę rządzi. Wszędzie wszechobecne bramki izraelskiej policji, tajniacy, tłumy ciągnących z całego świata grup wycieczkowych zapędzanych przez naganiaczy do autobusów, które zawiozą ich na obowiązkowy przystanek: do supermarketów aż kipiących od różańców i Jezusów drewnianych, miedzianych i plastikowych (a jeśli nie wydasz w nich określonej sumy, do tej pory miły jak aniołek zakutany w arafatkę kierowca autobusu nagle zmieni się w groźnego wujka i za bilet policzy ci potrójnie). Przejście między Izraelem a Autonomią: setki ludzi wędrujących codziennie w tunelach zwieńczonych drutem kolczastym (podobny widok to dziś niestety codzienność w wielu miejscach popękanego w poprzek ludzkości globu, zapraszam na granicę amerykańskiego El Paso z meksykańskim Ciudad Juarez), upokarzanych przez młodocianych strażników. Ortodoksyjni Żydzi obrzucający kamieniami lub co najmniej stekiem obelg tych, którzy nie zdążyli wrócić do domu przed piątkowym zachodem słońca. Upokarzające procedury na Lotnisku Ben Guriona. Moi znający Izrael lepiej ode mnie przyjaciele mówią, że to fantastyczny kraj, ojczyzna nieprzeciętnych, gościnnych ludzi. Być może i takie oblicze Ziemi Świętej uda mi się kiedyś odkryć, dziś pozostaje dla mnie bliskowschodnią klasyką – cudownym, czasem niebezpiecznym bałaganem, pod spodem aż buzującym od czekających, by wybuchnąć, emocji.

Chodząc po ulicach Najświętszego Miasta, nie da się nie obracać w sercu pytania, dlaczego jedni Żydzi byli gotowi, by Mu we wszystko uwierzyć, inni do końca byli Mu przeciwni. Dlaczego to Bóg, który gdyby chciał, mógłby objawić się w sposób niewątpliwy, popierając całą rzecz trzęsieniem ziemi, deszczem ognia i zestawem dowolnie zmiksowanych efektów dźwiękowych, zdecydował się uzależnić swój los od opinii społecznej? Patrząc, z jaką pieczołowitością religijni Żydzi oddają się spełnianiu setek przepisanych prawem nakazów i zakazów, nie można nie odnieść wrażenia, że w kulturze, w której warunkiem dobrego kontaktu z Bogiem jest wdrożenie w życie dziesiątków drobiazgowych przepisów, Mesjasz, który przychodzi, oferując zbawienie wszystkim: i tym, którzy nie mieszają ze sobą wełny (to zakazane), i tym, którzy nie widzą w tym problemu, nie może odnieść spektakularnego sukcesu. Więcej – taki Mesjasz to niesprawiedliwość, coś, co burzy odwieczny porządek świata. A może zaważyło coś jeszcze?

Relacjonowano mi fascynującą rozmowę między katolickim duchownym a miejscowym profesorem (rozmowa odbyła się podobno na specjalnych wykładach dla księży organizowanych przez instytut Yad Vashem), wykładowcą instytutu Yad Vashem. Rozmawiano o Auschwitz, o wojnie. Profesor mówił o tym, że choć bardzo szanuje decyzję ojca Maksymiliana Kolbego, który zdecydował się oddać życie za nieznanego współwięźnia, sam by pewnie takiej decyzji nie podjął. Jego zdaniem (nie wiem, czy ten pogląd podzielają wszyscy Żydzi) w judaizmie świętość darowanego przez Boga życia jest tak wielka, że nie można wystawiać go na szwank z uwagi na żadne inne dobro. Mesjasz może więc być królem, ale Mesjasz, który ginie – niejako na własne życzenie – Mesjaszem nie jest z pewnością. Jest w naszych starszych braciach jakaś przejmująca, głęboka, aksamitna melancholia, jest tęsknota za Mesjaszem, o którym ja wiem, że już na pewno nie przyjdzie. Jasne, wróci na końcu czasów, rozmawiając ze znajomymi Żydami, mam jednak czasem wrażenie, że sami już chyba za bardzo w inne niż ostateczne przyjście tegoż Mesjasza nie wierzą. Czekamy więc razem, wciąż jesteśmy najbliższą rodziną, winniśmy więc sobie szacunek.

Warto jechać do Jerozolimy, by przekonać się, że centrum świata nigdy nie jest tam, gdzie proklamują je ludzie. Centrum żydowskiego świata była jerozolimska Świątynia, gdyby żyła Kleopatra Filopator, twierdziłaby z pewnością, że sercem świata jest Egipt. Za czasów Jezusa miało ono znajdować się na dworze

Oktawiana, później Tyberiusza. Przez dwadzieścia parę lat to serce biło jednak zupełnie gdzie indziej, w ukryciu, w rybackich wioskach Galilei (gdy wyjedzie się z Jerozolimy na północ, naprawdę nie można oprzeć się wrażeniu, że Jerozolima to ambona, na którą trzeba się wspiąć, miejsce właściwe, by powiedzieć ważne rzeczy i umrzeć, żyć można tylko w Galilei). Kiedy Jezus wjeżdżał do miasta, wielu Żydów przekonanych było, że Życie jest tam, gdzie zmieniający się na wachcie kapłani pozbawiają życia kolejne setki zwierząt, by spalić je przed obliczem Pana. Pomylili się o kilkaset metrów, Życie było nad sadzawką Bethesda, gdzie Jezus nakazał człowiekowi, który zmarnował tam kilkanaście lat w nadziei na cud, żeby wstał, szedł do domu i jeszcze trochę pożył. Gdy wiosną 31 lub 33 roku wszyscy pędzili w zamieszaniu na wielkie święto, serce świata znów było opodal, tuż za miejskim murem, gdzie zabijano skazańców. W Jerozolimie uczysz się, że wiara to również intuicja, spostrzegawczość, zdolność realnej, nieulegającej stereotypom oceny. To również odwaga pójścia pod prąd, gdy wszyscy krzyczą, że ci, co nie płyną z prądem, to wrogowie, wichrzyciele.

Modlić nauczysz się na Górze Oliwnej. Kiedyś zielonym odpoczynku od zgiełku miasta, dziś po prostu kolejnej, nieco peryferyjnej dzielnicy, gdzie na dawnych kościołach czyta się arabskie napisy i ogląda zielone flagi Proroka. Wdrapać się o świcie na tę górę, wejść do kościółka Dominus Flevit (Pan zapłakał). Tu rzadziej dochodzą kłębiący się na dole przy domniemanym Ogrodzie Oliwnym sprzedawcy rozpadających się po minucie parasoli czy różańców. Później przez całe życie można mieć pod powiekami to miejsce, gdy rano i wieczorem idzie się do Przyjaciela, by zamienić z Nim kilka słów przed wyjściem w samo serce miejskiego bałaganu czy po powrocie zeń.

Na zboczach Góry Oliwnej rozciąga się wielki cmentarz. Złożenie tu kości kosztuje – plotkuje się – ponad sto tysięcy dolarów. Cenę wywindowało wywiedzione z Pisma i chasydzkich opowieści przekonanie, że gdy nadejdzie koniec świata, ta właśnie Góra rozstąpi się, a Boży Pomazaniec przejdzie przez ów cmentarz, wskrzeszając w pierwszej kolejności właśnie tych umarłych, i razem z nimi przez (zamurowaną złośliwie przez muzułmanów Bramę Złotą) wejdzie do swojej Świątyni. Następnie przejdzie do pobliskiej Doliny Jozafata, gdzie poczekamy, aż aniołowie wskrzeszą pozostałych i odbędzie się tam sąd. Warto pojechać do Jerozolimy, by uwierzyć w Mesjasza, w spotkanie z którym nie trzeba inwestować waluty, a który zachęca do tego, by rozliczać się z Nim bezgotówkowo.

Da Bóg, że jeszcze przed śmiercią wrócę do Jerozolimy. Ucieknę od pytań stale dopraszających się odpowiedzi. Pozwolę otoczyć się jerozolimskiej pustce, przekonać się, że całe gadanie o Bogu niewarte jest funta kłaków, bo On i tak nam się wymknie. Odetchnę tym samym powietrzem co apostołowie. Zrozumiem (znowu na chwilę), że zamiast próbować Go gonić, ciekawiej jest pozwolić się poprowadzić. Bo tylko On zna odpowiedź na pytanie – że znów zacytuję Kreefta – czy śmierć jest bramą, czy dziurą, czy życie jest przypadkiem, czy tańcem? Jerozolima, miasto po ludzku w sumie brzydkie, uczy, że na modlitwie nie trzeba wcale być pięknym, wystarczy być cholernie cierpliwym. Hans Urs von Balthasar trafił w punkt: „Tylko ten, kto nie chwyta ramionami Zmartwychwstałego, chcąc go siłą zatrzymać na ziemi, doświadczy w swoim sercu, dokąd On zmierza i gdzie znajdzie się on sam”.

Konsultantem teologicznym tej książki była doktor Elżbieta Wiater, której dziękuję za wysiłek włożony w prostowanie pokrętnych dróg mojego rozumowania i wytrwałe „nawracanie" na ortodoksję. Wielokrotnie się z Panią Doktor nie zgodziłem, jeszcze częściej przyznawałem jej rację, uznawałem własną niewiedzę, z radością przyjmowałem jej intuicje i umieszczałem w tej książce jako swoje. Nasz twórczy spór nieraz osiągał temperaturę wrzenia, ja formułowałem oskarżenia o „skrzywienie katechetyczne", o jednej z polecanych przeze mnie okołobiblijnych lektur przeczytałem zaś – aluzja do może czasem zbyt „popowego" języka – że jest cienka „jak sik pająka" (to określenie też zresztą przejąłem i też popisuję się, że to moje). To duża przyjemność z taką pasją spierać się o rewiry Pana Boga. Dziękuję!

Spis treści

Społeczny Instytut Wydawniczy Znak,
ul. Kościuszki 37, 30-105 Kraków. Wydanie I, 2010.
Druk: Opolgraf S.A., ul. Niedziałkowskiego 8–12, Opole.